Dem Veterinär ist nichts zu schwer erzählt von einem Leben in Afrika, einem Schloss in Pommern und einem Familienurlaub mit unvorhergesehenen Konsequenzen; von mutigen Entscheidungen und glücklichen Umständen; von Reisen in die Wildnis und einem Beruf, der zur Berufung wird.

Fast fünfzig Jahre lang lebt und arbeitet Walter Eschenburg als Tierarzt im südafrikanischen Busch. Nachdem er prägende Jahre seiner Kindheit auf einem pommerschen Schloss verbracht hat, nur knapp den Kriegswirren entkommen ist und seine Lehrjahre in Johannesburg absolviert hat, lässt er sich mit seiner Familie im Waterberg nieder. Dort wird er schon bald zu einem Pionier in Sachen Wildtiermedizin und lernt, auf seine Fähigkeiten, seinen siebten Sinn und sein Talent zur Improvisation zu vertrauen. Walter arbeitet mit Nashörnern, Büffeln und gefährlichen Giraffen. Er begegnet nicht nur Eulen, Schlangen und charmanten Elefanten, sondern auch Katzen, Kühen und liebenswerten Löwen. Er behandelt seine Patienten mit viel Wissen, Geduld und Güte, während er den Besitzern Verständnis, Freundschaft und oft auch eine gute Dosis Humor zukommen lässt.

Dem Veterinär ist nichts zu schwer ist eine Geschichte über die Liebe und das Leben; über zwei- und vierbeinige Freunde und Familie; über Natur, Wissbegierde und das Verständnis für Zusammenhänge. Es ist die Geschichte eines Mannes, der das Leben liebte – und dem Fortuna des Öfteren zugelächelt hat.

Stephanie Rohrbach, geboren 1973 in Marburg an der Lahn, hat in Deutschland Tiermedizin studiert. Zur Zeit lebt und schreibt sie in Südafrika. Die Memoiren des Buschtierarztes Walter Eschenburg hat sie zuerst 2013 unter dem Titel: ***„Healing Rhinos and Other Souls** – The Extraordinary Fortunes of a Bushveld Vet"* auf Englisch veröffentlicht.

Stephanie Rohrbach

Dem Veterinär ist nichts zu schwer

ISBN-13: 978-1979952408
ISBN-10: 197995240X

6 Klipstraat, Prince Albert, 6930, South Africa
www.peppertreechronicles.com
Verlag: CreateSpace Independent Publishing Platform
(Amazon Media EU S.à r.l., 5 Rue Plaetis, L-2338, Luxembourg).
Umschlaggestaltung: Design for Writers - www.designforwriters.com

Stephanie Rohrbach

Dem Veterinär ist nichts zu schwer

Memoiren eines Buschtierarztes

DEN EULEN

Ein Wort zuvor

Dies ist weder Roman, noch ist es, im eigentlichen Sinne, eine Biografie. Vielmehr handelt es sich um eine Lebensgeschichte, eine mehrstimmige Sammlung von Erinnerungen und Anekdoten, ein mit Worten gezeichnetes Portrait.

Es ist die Geschichte von Walter Eschenburg, der nicht nur ein hochgeschätzter, wenn auch zuweilen recht unorthodoxer Tierarzt war, ein liebevoller Familienmensch, ein bahnbrechender Naturliebhaber, ein widerwilliger Geschäftsmann und ein überschwänglicher Autofahrer, sondern einfach auch ein außergewöhnlicher Mensch und großartiger Geschichtenerzähler. Wie jeder gute Racconteur nahm er es allerdings mit der Wahrheit nicht immer so ganz genau. Er schmückte aus und übertrieb, oder er unterschlug Einzelheiten, wenn es seiner Geschichte zuträglich war. Er kondensierte Ereignisse und überzeichnete so manch einen seiner Helden, manchmal bis zur Karikatur. Er beschrieb das Leben in den schillerndsten Farben, immer darum bemüht, das Wesentliche zu erkennen und die Zusammenhänge hervorzuheben.

Um das Bild eines anderen Menschen zu zeichnen, Chronist eines anderen Lebens zu sein, braucht es – unter anderem – auch ein gewisses Maß an künstlerischer Freiheit. Einige Namen habe ich geändert, und einige Geschichten sind so oft schon erzählt worden, dass sie im Laufe der Zeit ein gewisses Eigenleben entwickelt haben. Manch einer erkennt sich vielleicht wieder, oder aber mag sich an bestimmte Ereignisse ganz anders erinnern; vielleicht möchte er laut rufen: »Das habe ich so nie gesagt!« Eventuell gibt es Fehler in dieser Geschichte; möglicherweise habe ich wichtige Ereignisse oder Personen ausgelassen, vielleicht sogar Missverständnisse hervorgerufen. Es ist durchaus möglich: Denn obwohl ich mir die beste Mühe gegeben habe, so ist und bleibt dies doch eine sehr persönliche Geschichte. Es ist mein ganz eigenes Bild von Walter.

Wie alles begann

Walter Eschenburg setzte sich in seinem alten, blauen Lieblingssessel zurecht und begann zu erzählen. Nur kurz ließ er sich unterbrechen vom Ruf der Eule, die wie so oft auf einem der hohen Seringa-Bäume im Garten saß. Er lauschte für einen Moment, dann fuhr er fort, mir die Geschichte seines Lebens zu erzählen. Er sprach von seinen Abenteuern als Tierarzt im südafrikanischen Busch, und er grub Kindheitserinnerungen aus, die uns in längst vergangene Zeiten zurückversetzten und uns zu dem Schloss im fernen Pommern führten, wo er und seine Familie während des Zweiten Weltkriegs gestrandet waren.

Er redete, als hätte er es eilig, als würde ihm die Zeit davonlaufen, und das Bedürfnis, seine Geschichte weiterzugeben, war deutlich spürbar. Heute denke ich, dass es ein ganz ähnliches Gefühl war, was mich ein paar Tage zuvor veranlasst hatte, bei den Eschenburgs anzurufen.

»Wenn du dieses Buch mit Walter zusammen schreiben willst, dann musst du es jetzt tun.« Wie aus dem Nichts war er gekommen, dieser Gedanke, der sich auf unser gemeinsames Buchprojekt bezog, das wir schon so lange vor uns hergeschoben hatten, dass sich keiner mehr erinnern konnte, wessen Idee es eigentlich gewesen war. Endlich, so schien es, war es genug mit der Aufschieberei, und ich fragte Walter, ob er noch Interesse daran hätte.

»Na klar!« Seine Antwort war unmissverständlich. »Wann kommst du?«

Während Walter und ich nun also im Wohnzimmer der Eschenburgs saßen, war Topsy noch in der Küche beschäftigt, wo ihr fünf Hunde zu Füßen lagen und hofften, dass der eine oder andere Rest des köstlichen Abendessens, mit dem sie uns gerade verwöhnt hatte, in ihre Richtung fallen würde. Natürlich hörte sie unserem Gespräch mit einem Ohr zu und beteiligte sich hin und wieder mit einer spitzen Bemerkung oder auch einem wohlwollenden Kommentar.

Wir waren satt und zufrieden, und Walter rieb sich immer wieder den Bauch mit seinen Händen, denen man ansah, dass sie ein ganzes Leben lang hart gearbeitet hatten. Sein Hemd spannte etwas, und die Knöpfe waren kurz davor abzuspringen. Gutes Essen hatte schon immer eine wichtige Rolle gespielt in seinem Leben, und Topsys exquisite Kochkünste hatten über die vielen Jahre ihrer Ehe hinweg unübersehbare Spuren hinterlassen.

Meine Gedanken wanderten zurück zu unserem ersten, zufälligen Zusammentreffen. Das hatte damals allerdings nichts mit Essen zu tun, sondern mit der Kastration von zwei jungen Hengsten. Wir begeneten uns zuerst auf einer Farm im Waterberg, einem abgelegenen Landstrich im Norden des südafrikanischen *Bushvelds*. *Triple-B Ranch* und *Horizon Horse Trails*, eine große Rinderfarm mit dazugehörigem Reiterhof, waren nur ein paar Meilen entfernt vom Zuhause der Eschenburgs in Vaalwater. Solange man zurückdenken konnte, war Walter dort nicht nur der zuständige Tierarzt gewesen, sondern auch ein unerschütterlicher Berater in allem, was mit Pferden, Rindern oder Hunden zu tun hatte.

»Ja, der Walter, der wird dir gefallen«, hatte Shane gesagt, der zusammen mit seiner Frau Laura auf *Horizon* die Zügel in der Hand hielt. Er war ein echter Pferdemensch, der allerdings nicht nur seine Vierbeiner verstand, sondern auch über eine ganz ausgezeichnete Menschenkenntnis verfügte. Den australischen *Akubra*-Hut tief ins Gesicht gezogen, stand er lässig an die Umzäunung eines der Paddocks gelehnt.

»Er ist schon immer unser Tierarzt hier gewesen, und er ist einfach der beste. Da besteht kein Zweifel. Ich weiß gar nicht, was wir ohne ihn machen würden. Aber du wirst schon sehen.« Wie so oft, schweifte sein Blick in die Ferne, während er, als wolle er sich selbst bestätigen, immer wieder leicht mit dem Kopf nickte.

Die zwei Jährlinge standen schon bereit, aber glücklicherweise schien ihnen nicht bewusst zu sein, was sie erwartete. Sie waren völlig zufrieden damit, ausnahmsweise auf dem Rasen vor der Küche grasen zu dürfen; dort wo in Kürze die Kastration stattfinden sollte.

»Kleinere Operationen machen wir immer hier auf dem Rasen«, hatte Shane auf meinen erstaunten Blick hin geantwortet, »das war Walters Idee. Da ist viel weniger Sand und Staub, deshalb ist das Infektionsrisiko geringer.«

Schweigend beobachteten wir zwei junge Männer, die ein Stück weiter auch am Zaun lehnten. Es waren Gäste aus England, die ihre Ferien auf *Horizon* verbrachten. Ganz offensichtlich kamen sie aus der Großstadt und hatten gerade erst den Stress, der zu ihrem Leben als Investmentbanker in der *City of London* gehörte, abgelegt. Sie waren noch ein klein wenig unerfahren, was das Leben im Busch betraf, aber abenteuerlustig und neuen Erfahrungen gegenüber aufgeschlossen. Sie wollten alles gerne einmal ausprobieren und hatten angeboten, dem Tierarzt bei der Kastration zu assistieren. Zu Hause, in ihrem vornehmen Reitstall, wäre so etwas undenkbar, aber *Horizon* war anders. Hier wurden sie wie selbstverständlich mit einbegriffen in die tägliche Arbeit mit Pferden und Rindern. Sie durften reiten, so viel sie wollten, wie echte Cowboys Rinder treiben oder sich beim Polocross amüsieren. Vor allem aber konnten sie viel von Shane lernen, der in seiner Bescheidenheit alle Vergleiche mit dem berühmten Pferdeflüsterer von sich wies.

»Jetzt wird sich zeigen, aus was für einem Holz die beiden wirklich geschnitzt sind«, murmelte dieser nun lächelnd. Er hatte das alles schon öfter miterlebt.

»Oh, da kommt er ja!« Shane deutete auf eine Staubwolke über der Zufahrtsstraße, die von zwei Reihen hoher Eukalyptusbäume flankiert war.

»Walter kann ziemlich unorthodox sein mit seinen Methoden«, fügte er hinzu, »aber du wirst schon sehen, er weiß einfach Bescheid. Er ist wirklich gut, um nicht zu sagen brillant. Mir ist noch nie ein Tierarzt begegnet, der Anästhetika so wohldosiert verabreichen kann wie er. Wenn es irgendwie möglich ist, dann lasse ich nur Walter meine Tiere behandeln.«

Abrupt kam ein etwas verbeulter blauer *Bakkie* mitten auf dem Hof zum Stehen. Die Fahrertür öffnete sich mit einem Quietschen, und ein eher wohlbeleibter, älterer Herr stieg aus. Die nicht ganz saubere Brille saß ihm schief auf der Nase, und sowohl sein Hemd als auch die kurzen Khakihosen waren voller Flecken, die nur getrocknetes Blut sein konnten. Er fuhr sich mit der linken Hand durch sein volles, weißes Haar, während er sich auf dem Hof umsah und die Situation mit einem Blick erfasste.

Wie nicht anders erwartet, verliefen die Operationen gut. Innerhalb einer Stunde waren die zwei Pferde wieder auf ihren Beinen, zwar noch etwas benommen, aber schon wieder am Gras interessiert.

Die zwei jungen Engländer hingegen präsentierten ein anderes Bild. Geoff, der größere und lautere der beiden, saß auf den Stufen, die zur Küche hinaufführten, und hielt sich den Kopf. Chris hingegen lag heftig atmend und mit geschlossenen Augen flach auf dem Rücken im Gras. Beide sahen etwas grün um die Nase herum aus, und eine gar nicht vornehme Blässe war über ihre sonst sonnenverbrannten Gesichter gekrochen.

Walter grinste nur. Es war nicht das erste Mal, dass sich ein paar junge Kerle angeboten hatten, ihm zu helfen. Er hatte mit der Zeit gelernt, dass es immer eine gute Idee war, noch jemanden dabeizuhaben, der etwas mehr Erfahrung hatte. Frauen konnten mit Kastrationen in der Regel besser umgehen als Männer. Diese zwei hatten sich eigentlich ganz tapfer geschlagen; sie hatten die Seile gehalten, mit denen er die Jährlinge dazu gebracht hatte, sich hinzulegen, und dann mit großem Interesse verfolgt, wie er den Emaskulator vorbereitet hatte. Aber mit der Tapferkeit war es vorbei gewesen, als er die nunmehr abgetrennten Hoden den Hunden zugeworfen hatte. Es war eine ganz besondere Köstlichkeit, und noch jetzt leckten sich Fred und Dingo die Lippen.

»Er macht das immer, und die Hunde wissen das natürlich«, grinste Shane. »Kann sein, dass er einen etwas ungewöhnlichen Sinn für Humor hat. Aber ist dir aufgefallen, wie sicher jede Bewegung bei ihm sitzt? Das nenne ich Können!«

Wie viele Jahre praktischer Erfahrung brauchte ein Tierarzt, bis er dieses Niveau an Fertigkeit und an Selbstvertrauen entwickelte, wunderte ich mich.

»Walter, wie wär's mit einer Tasse Kaffee?«, fragte Shane nun.

»Hast du was gesagt?« Walter sah fragend auf. Der gute Tierarzt schien etwas schwerhörig zu sein. »Oh ja, ein Kaffee wäre jetzt genau das Richtige. Warum fragst du denn überhaupt? Und du weißt ja, zwei Löffel Zucker bitte, ich mag meinen Kaffee auf die gute, südafrikanische Art...«

Nur wenige Minuten nachdem Shane uns miteinander bekannt gemacht hatte, wurde ich eingeladen, das nächste Wochenende bei den Eschenburgs zu verbringen. Erst später sollte ich erfahren, dass Walter und Topsy es sich zur Gewohnheit gemacht hatten, sowohl zwei- als auch vierbeinige ›Streuner‹ aufzulesen und sie mit einer Gastfreunschaft zu verwöhnen, für die sie weit über die Grenzen des Waterbergs hinaus bekannt waren. Es war, wie man so schön sagt, der Anfang einer langen, wunderbaren Freundschaft.

Nun, ganze zehn Jahre später, saß Walter in seinem blauen Sessel, und Tessa, seine alte, schwarze Labradorhündin lag laut schnarchend neben ihm. Während er mir von seinem Leben berichtete, von fünfundsiebzig Jahren voller Erfahrungen und Abenteuer, versicherte er sich mehrmals, dass das Diktiergerät auch wirklich eingeschaltet war, dass nicht ein einziges Wort verloren ging.

Immer wieder fuhr er sich durch seinen noch immer beeindruckenden Haarschopf oder rückte seine Brille zurecht, die, wie eh und je, alles andere als sauber war. Dies schien jedoch keinerlei Einfluss auf sein Sehvermögen zu haben; sein Blick war so scharf, dass er nicht die kleinste Bewegung draußen im Busch verpasste. Es waren seine Ohren, die ihm und seiner Umgebung hin und wieder Schwierigkeiten bereiteten.

»Ja, ja, *Oom* Walter ist etwas schwerhörig geworden«, sagten die Leute, und Topsy, die ihn nach fünfzig Jahren Ehe besser kannte als alle anderen, pflegte darauf zu antworten:

»Yes, there's none so deaf as those that will not hear!« – Es ist keiner so taub wie der, der nicht hören will!

Wie immer fühlte ich mich ausgesprochen wohl und genoss meine Zeit bei den Eschenburgs. Die Tage begannen früh. Um fünf Uhr waren wir auf, um die Kühe, Pferde und Vögel zu füttern. Danach führten uns Walters tierärztliche Hausbesuche oft in die abgelegensten Ecken des Waterbergs, und der Anruf eines besorgten Patientenbesitzers genügte, um uns mit Höchstgeschwindigkeit über die staubigen Schotterpisten düsen zu lassen. Unterwegs hielten wir oft, um dem Ruf eines Vogels zu lauschen, Fährten auf der Straße genauer zu untersuchen, oder ein paar Kudus beim Äsen zu beobachten; gelegentlich schlugen wir uns durchs Gebüsch, um steinzeitliche Felsmalereien zu bewundern oder einen außergewöhnlich majestätischen Baum zu würdigen.

Wir assistierten Walters Kuh dabei, Zwillinge auf die Welt zu bringen, behandelten ein Fohlen mit Blutvergiftung und versuchten, die Ursache für die Lahmheit eines Vielseitigkeitspferdes zu finden, die, davon war Walter überzeugt, beim Reiter lag.

Oft hielten wir unterwegs für ein kleines Schwätzchen, und Gott und die Welt schien es zu freuen, ein Wort mit dem Doc über das Wetter oder andere weltbewegende Neuigkeiten wechseln zu können.

Abends unterhielten wir uns dann noch ausgiebig mit George, der schon seit einer kleinen Ewigkeit für die Eschenburgs arbeitete, sahen noch einmal nach den Pferden und Kühen und versicherten uns, dass sich keine Schlange im Hühnerhaus versteckt hatte. Danach schauten wir Topsy zu, wie sie ihre geliebten Buschbabys fütterte, bevor sie dazu überging, auch uns wieder mit einer köstlichen Mahlzeit zu verwöhnen.

Nach einer Woche in Vaalwater fiel es mir schwer, mich zu verabschieden. Ich versprach, alle Aufnahmen zu Papier zu bringen und damit anzufangen, unser gemeinsames Buch zu schreiben, während Walter vorhatte, noch tiefer in seinen Erinnerungen zu wühlen. Dann, irgendwann in der nicht allzu fernen Zukunft, würden wir uns wiedertreffen, die letzten Fragen aus dem Weg räumen und die Lücken füllen.

Es sollte wohl nicht sein.

Was wir nicht wussten, war, dass das Leben andere Pläne hatte, und dass wir uns nie wiedersehen würden.

Erinnerungen

Wir haben die Kriegsjahre in Juchow verbracht, alle sechs. Das hat sehr viele und tiefgreifende Erinnerungen hinterlassen. Es gab traurige Momente, wenn sogar uns Kindern klar wurde, dass Krieg war. Es gab so viele Tote! Trotz allem gab es für uns zwischen diesen tragischen Zeiten auch gute. Außerdem kam es uns so vor, als würden in Juchow Dinge geschehen, magische, wunderbare Dinge, die es sonst nirgendwo auf der Welt gab. Es ist wohl so, dass wir damals noch nicht wirklich verstanden, was für Ausmaße der Horror angenommen hatte, der sich über Europa gesenkt hatte; es wurde alles Teil unseres Lebens. Und das Leben ging weiter. Es musste weitergehen.

Jetzt, mehr als fünfundsechzig Jahre später, sind einige dieser Erinnerungen noch so frisch, als wäre alles erst gestern passiert. Gleichzeitig ist wohl manches, was ich hier erzählen werde, etwas verschwommen und verzerrt vom Lauf der Zeit.

Aber vielleicht sollte ich von vorne anfangen.

Es war im Januar 1939, als ich zuerst eine Ahnung davon bekam, dass sich die Welt, so wie ich sie kannte, bald ändern sollte. Wir waren zu der Zeit schon eine fünfköpfige Familie. Hermann, der Älteste, war 1931 auf die Welt gekommen und ich folgte 1934. Elsa, unsere kleine Schwester, war erst ein paar Monate alt, als ich zufällig mitbekam, wie unsere Eltern über Deutschland sprachen. Wir lebten damals auf Uhlenhorst, unserer Farm, die ein wenig außerhalb von Johannesburg gelegen war. Die Felder, auf denen mein Vater Blumen züchtete, um sie dann auf dem Markt in Johannesburg zu verkaufen, der Stall für die Milchkühe und der Pfirsichgarten – das war unsere Welt damals.

Für eine deutschstämmige Familie in Südafrika war es natürlich nichts Außergewöhnliches, wenn über Deutschland gesprochen wurde, aber an jenem Nachmittag im Januar hörte ich, wie meine Eltern über einen Brief mit scheinbar unerwartetem Inhalt diskutierten. Mein Vater wurde darin aufgefordert, dringend seine Eltern in Lübeck zu besuchen, und zwar zusammen mit Frau und Kindern – mit uns also!

Danach schien es häufiger Streit darüber zu geben, wer wann wohin reisen sollte. Meine Mutter hing sehr an Uhlenhorst, das sie mit viel Liebe, Mühe und harter Arbeit aufgebaut hatte. Sie war offensichtlich ganz und gar nicht davon überzeugt, dass es eine gute Idee war, Haus und Hof in der Verantwortung des Farmverwalters und seiner Familie zu lassen. Die van Veterens waren erst kurz zuvor von Holland nach Südafrika ausgewandert und arbeiteten seit ihrer Ankunft hier für meinen Vater. Der war äußerst zufrieden, sie an Bord zu haben, denn die ganze Familie war extrem fleißig und sparsam, aber meine Mutter fand nie wirklich Gefallen an ihnen. »Ich weiß nicht, was es ist«, sagte sie oft, »aber ich traue denen einfach nicht über den Weg.«

Irgendwann gelang es meinem Vater aber dann doch, sie zu überzeugen. Natürlich würde alles gutgehen, gar keine Frage. Und letztendlich würden wir ja nur ein paar Monate lang weg sein.

Die van Veterens hatten zwei Söhne, und obwohl sie in etwa in unserem Alter waren, spielten Hermann und ich nicht gerne mit ihnen. Genau wie unsere Mutter waren wir ziemlich misstrauisch gegenüber den Neuankömmlingen, vielleicht einfach, weil wir sie nicht richtig verstanden. Wir sprachen ja deutsch zu Hause und sonst afrikaans, aber die van Veterens unterhielten sich immer auf Holländisch, und das klang in unseren Ohren äußerst *snaaks*, also seltsam.

Unser Misstrauen ging so weit, dass Hermann eines Tages vorschlug, unsere Lieblingsspielzeuge zu verstecken, so dass die van Veteren-Jungs in unserer Abwesenheit nicht damit spielen konnten. Daraufhin waren wir die nächsten Tage voll und ganz mit diversen Ver- und Wiederausgrabungsarbeiten beschäftigt, und unsere Spielsachen wurden so einer recht rauen Behandlung unterzogen. Als meine Mutter dann herausbekam, was wir vorhatten, beruhigte sie uns und erklärte, dass wir noch ein paar Monate Zeit hätten vor der geplanten Abreise im Mai, und sie versprach, uns rechtzeitig zu warnen.

Mai war noch so weit weg! Eine Zeit lang wurde die Reise kaum erwähnt, und auf Uhlenhorst nahm das Leben weiterhin seinen gewohnten Lauf. Die Kühe mussten gemolken werden; die Blumen wurden gegossen und gepflückt, dann gebündelt, in spezielle Kisten verpackt und zum Markt gefahren oder direkt zu den Blumenläden in Johannesburg.

Normalerweise fuhr mein Vater die frischen Schnittblumen selbst in die Stadt, aber gelegentlich hatte er diese Aufgabe Mr Ouwens überlassen, unserem alten Farmverwalter. Er war schon lange bei meinem Vater angestellt war, und der vertraute ihm bedingungslos.

Während einer dieser Verkaufsfahrten bat ein chinesischer Blumenkäufer auf dem Markt Willem Ouwens, ihm drei Pfund Sterling zu leihen; das war die Währung, die damals im Land benutzt wurde. Willem zögerte erst, aber er war jung und ehrgeizig, und das Angebot eines guten Zinssatzes für das Darlehen, nämlich fünfzig Prozent pro Woche, überzeugte ihn. Auf der Fahrt nach Hause fragte er sich allerdings, ob das wohl eine Dummheit gewesen war, denn sein Gehalt war erst einmal weg; was sollte er nur seiner Frau erzählen? Nun, er hätte sich nicht zu sorgen brauchen.

Am darauffolgenden Montag erhielt Willem nämlich sein Geld mitsamt den Zinsen zurück. In der Tat machte er viel mehr Gewinn, als er je zu hoffen gewagt hatte. Der Chinese war so froh über seinen Kredit, dass er, als Dankeschön, Willem ein Stück Papier in die Hand drückte, auf das er eine Reihe von Nummern gekritzelt hatte. Dazu gab er strikte Anweisungen. Am folgenden Freitag sollte Willem zu den Hunderennen gehen und dort die Nummern genau so spielen, wie sie auf dem Papier standen. Dann sollte er all seine Gewinne in die nachfolgenden Rennen investieren, aber nicht ins dritte.

Willem folgte den Anweisungen ganz genau, wettete den Instruktionen entsprechend, und am Ende des Tages kam er mit genügend Geld in der Tasche nach Hause, um sich einen nagelneuen Lastwagen kaufen zu können. Und am nächsten Tag kündigte er dann. Obwohl er sich immer gut mit meinem Vater verstanden hatte, war die Aussicht, unabhängig und sein eigener Boss zu sein, doch zu verführerisch. Danach war es Herr van Veteren, der aushilfsweise zum Blumenmarkt fuhr.

Die meisten Felder waren an unser Bewässerungssystem angeschlossen, aber einige der Blumenbeete mussten per Hand gegossen werden. Das Wasser wurde mit Eimern aus einem tiefen Wasserloch geschöpft, was für uns Kinder absolut verbotenes Gebiet war. Doch die Versuchung war groß, und an heißen Sommertagen beobachtete ich neidisch, wie mein großer Bruder und seine Freunde nackt ins kühle Nass sprangen. Unweigerlich kam der Tag, an dem ich das selbst ausprobieren musste. Vorsichtig schlich ich mich an das Wasserloch mit seinen steilen Wänden heran, nur um auf dem schlammigen Boden auszurutschen und kopfüber hineinzufallen.

Glücklicherweise war Hermann, mein Schutzengel, ganz in der Nähe. Er sah das Wasser aufspritzen, kam angerannt und zog mich an den Füßen heraus. Ich überlebte dieses kleine Abenteuer unbeschadet, aber seitdem habe ich einen gesunden Respekt vor Wasser jeglicher Art.

Hermann war übrigens nach unserem Vater benannt worden, der als ältester Sohn einer vornehmen Lübecker Familie in der Hansestadt an der Ostsee aufgewachsen war. Er hatte Landwirtschaft studiert und war 1927 nach Südafrika ausgewandert. Bald hatte er ganz in der Nähe von Johannesburg ein Stück Land gefunden, das ihm gefiel, und 1929 die Farm *Rietfontein 33* erworben. Das alte Farmhaus war von großen Eukalyptusbäumen umgeben, und wegen der vielen Eulen, die dort wohnten, erhielt es den Namen Uhlenhorst.

Noch im selben Jahr hatte mein Vater Ursula Wilhelmi, meine Mutter, kennengelernt. Sie war eine Südafrikanerin deutscher Abstammung, und meine Eltern erzählten mir später beide, dass es Liebe auf den ersten Blick gewesen sei. Nach der Hochzeit zog meine Mutter mit nach Uhlenhorst, das die beiden schon bald in einen blühenden Milch- und Blumenzuchtbetrieb verwandelten.

Irgendwann kam der Mai dann doch. Ich hatte die bevorstehende Reise so gut wie vergessen, aber eines Tages kamen Hermann und ich ins Haus und sahen eine große Glasschüssel auf dem Esstisch stehen. Sie war halb gefüllt mit Wasser und ein äußerst seltsames Ding schwamm darauf herum.

»Mami, Mami, was ist das denn?«, fragten wir.

»Das, meine lieben Kinder, das ist eine Prophezeiung«, lächelte sie.

»Eine Prophe-was?« Ich verstand gar nichts mehr.

»Ja, seht ihr das denn nicht? Das ist ein Segelschiff! Das soll heißen, dass da ein großes Schiff auf uns wartet, und zwar in Kapstadt! Mit dem werden wir nach Deutschland segeln.«

Wir waren erst einmal sprachlos, aber das hielt nicht lange an. Weder Hermann noch ich wussten genau, wo Deutschland lag, oder wie lange es dauern würde, dorthin zu kommen.

Es folgten unzählige Fragen und Erklärungen sowie eine ganze Reihe ungewöhnlicher Aktivitäten; Koffer und Kisten wurden ins Haus geschleppt, Kleider sortiert und Haushaltsgüter weggepackt. Um es kurz zu machen, die ganze Sache war unglaublich spannend.

Ein paar Tage später erwartete uns wieder eine Überraschung.

»Mami, Mami, warum steht denn da so eine komische Eisenbahn auf dem Tisch?«

Aus dem Schornstein der Modelllokomotive schien ein Blumenstrauß zu wachsen.

»Naja, wisst ihr, bevor wir mit dem Schiff lossegeln können, müssen wir nach Kapstadt reisen, und zwar mit dem Zug.«

»Wann?«

»Übermorgen.«

»Oh je, dann müssen wir uns aber beeilen und schnell unser Spielzeug verstecken!« Ich wollte sofort nach draußen. Hermanns roter Lkw und mein kleiner Plymouth, der das Ebenbild von Vaters Lieferwagen war, mussten dringend vergraben werden! Aber halt, zuerst gab es Mittagessen. Ich für meinen Teil war so aufgeregt, dass ich kaum einen Bissen herunterbrachte. Dann, endlich, konnten Hermann und ich die lang erwartete Aufgabe in Angriff nehmen.

Wir hatten damals natürlich nicht die geringste Ahnung, dass es acht lange Jahre dauern würde, bis wir unser Spielzeug wiedersehen würden.

Ich erinnere mich noch genau daran, wie wir uns von Amma, unserer Großmutter, und den vielen anderen Verwandten mütterlicherseits verabschiedeten. Manche von ihnen würden wir nie wiedersehen. Als Tante Freya, Mutters Schwester, uns dann zur *Park Station* in Johannesburg brachte, da glaubte ich meinen Augen nicht zu trauen.

Während ich Mutters Hand ganz fest hielt, liefen wir an einem Zug entlang, der absolut gigantisch war. Er hatte eine schwarze Lokomotive und mehr braune Wagen, als ich zählen konnte. Ich war ja nur ein kleiner Farmjunge damals und entsprechend beeindruckt. Irgendwann fanden wir dann auch unser Abteil, stiegen ein, und der Zug ruckelte los.

Für mich fühlte sich das alles an wie der Anfang eines ganz großen Abenteuers. Wir sahen so viel Neues; wechselnde Landschaften, endlose Wiesen mit Pferden und Rindern, Maisfelder, Bäche, Flüsse, Staudämme, große Sumpfgebiete voller Wasservögel, ab und zu sogar ein paar Springböcke und dann, später, in der Karoo, jede Menge Schafe.

Es war während dieser Reise, dass wir unseren Vater eigentlich erst richtig kennenlernten. Zu Hause, auf der Farm, sahen wir ihn hauptsächlich zu den Essenszeiten oder wenn er sich in seinen grünen Lieferwagen setzte, um in die Stadt zu fahren. Abends brachte er entweder noch einmal Farmprodukte zum Markt oder er schlief ein. Hier im Zug und dann später auf dem Schiff verwandelte er sich in einen allwissenden Helden; einen Helden, wie ihn nur kleine Jungen wirklich zu schätzen wissen.

Er erzählte uns viel über Deutschland und über unsere Tanten, Onkel, Cousins und Großeltern, die wir dort besuchen würden. Er erklärte uns mit einer Engelsgeduld alles, was wir unterwegs sahen, nur um ganz plötzlich zu verstummen. Dann waren ihm die Augen zugefallen. Er hatte diese Gabe, immer und überall ein Nickerchen halten zu können, nur um dann ein paar Minuten später aufzuwachen und so zu tun, als wäre nichts gewesen. Meistens war das natürlich sehr von Vorteil für ihn, aber uns amüsierte es immer wieder köstlich, wenn er sich, sagen wir mal während eines Gottesdienstes in der Kirche, plötzlich räusperte und mit einem lauten »Ja, hmmmm«, wieder aufrecht hinsetzte.

Irgendwann kamen wir am Hafen von Kapstadt an. Ich erinnere mich noch gut an die Ozeanriesen, die Boote, Kräne und Schleppkähne und auch an die Menschen dort, die ein ganz anderes Afrikaans sprachen, als das, was wir von zu Hause gewohnt waren. Und natürlich ans Meer und den Tafelberg, der über der Stadt thronte mit seiner typischen, weißen Wolkendecke. Der ganz spezielle Geruch der großen Schiffe, muffig und etwas eng, ist mir genauso in Erinnerung geblieben wie die schrillen Schreie der Möwen, die mich immer daran denken lassen, wie ich zum ersten Mal das Meer sah.

Bald war es Zeit, an Bord der *Pretoria* zu gehen, die zur Flotte der *Deutschen Afrika Linie* gehörte. Ihr Schornstein war mit jeweils einem breiten schwarzen, weißen und roten Querstreifen markiert. Wir liefen die lange, ein wenig schaukelnde Gangway hinauf. Es war eine ausgesprochen festliche Angelegenheit, eine Blaskapelle spielte und farbige Bänder wurden vom Deck ans Ufer geworfen. Es schienen tausende Schaulustige am Kai zu stehen, um die Reisenden zu verabschieden, und alle winkten und riefen: *»Bon voyage, bon voyage!«* Und dann, weil es ja ein deutsches Schiff war: »Leinen los!«

Während der nächsten Tage erkundeten Hermann und ich das Schiff. Wir bewunderten das große Schwimmbad und freuten uns darüber, wie unser Vater scheinbar mühelos alle möglichen Wettbewerbe an Deck gewann. Er wurde Erster beim Tontaubenschießen und bei allen Tauchwettbewerben. Wir platzten fast vor Stolz. Unser Vater war wirklich ein Held!

Nach ein paar Tagen auf See kam uns das Schwesterschiff der *Pretoria* entgegen; die *Windhuk* war auf dem Weg von Deutschland nach Südafrika. Wir waren ganz in der Nähe des Äquators und als es dämmerte, wurden wir alle an Deck gerufen. Zum ersten Mal in meinem Leben bekam ich ein richtiges Feuerwerk zu sehen. Beide Schiffe waren hell beleuchtet mit Lampen in allen Farben, und große Feuerräder sowie unzählige bunte Feuerwerkskörper erhellten die Nacht. Sobald sie einander richtig nah waren, schossen sich die beiden Schiffe gegenseitig Raketen vor den Bug, während gleichzeitig die Schiffskapellen die neueste Schlagermusik spielten. Was für eine Erinnerung!

Fliegende Fische! Die Welle der neuen Eindrücke und Entdeckungen wollte einfach nicht enden. Ich hatte noch nie zuvor von so seltsamen Wesen wie fliegenden Fischen gehört und konnte mir auch gar nicht vorstellen, wie die wohl auszusehen hatten. Meine Eltern hatten schon eine ganze Zeit lang versucht, sie mir zu zeigen, als ich sie endlich sah. Ich traute meinen Augen nicht. Ich hatte etwas Großes erwartet und konnte einfach nicht glauben, dass diese kleinen Tierchen nicht für immer im riesigen Meer verlorengingen. Wir beobachteten, wie sie einzeln oder in Gruppen aus dem Wasser kamen und dann über lange Distanzen neben dem Schiff durch die Luft glitten. Ich erinnere mich noch, dass ich meinen Vater fragte: »Sind die auch auf dem Weg nach Deutschland?«

Wir hatten Uhlenhorst zu Beginn des südafrikanischen Winters verlassen. Es war noch nicht richtig kalt geworden, aber das *Veld* war schon trocken, das Gras gelb und braun. Zu unserem großen Erstaunen erwartete uns in Europa ein grüner Frühling. Dieses schillernde, brillante, fast schon strahlende Grün, das war eine Farbe, wie wir sie noch nie gesehen hatten.

Heringsmöwen begannen unser Schiff zu umkreisen. Sie stürzten sich auf Brotkrumen, die wir für sie über Bord warfen. Auch alle anderen Passagiere schienen plötzlich ganz aufgeregt zu sein über die baldige Ankunft, aber es sollten noch einige Stunden vergehen, bis es endlich soweit war. Schließlich mussten wir noch die Elbe hinaufschippern, bevor wir den Hamburger Hafen erreichten.

Dort wartete mein Großvater auf uns, der uns dann zur Villa Eschenburg in Lübeck brachte.

Familienangelegenheiten

Seit ihrer Ankunft in Deutschland waren nun schon fast zwei Monate vergangen. Ursula, Walters Mutter, stand am Fenster ihres Zimmers im zweiten Stock der Villa Eschenburg. In der Ferne konnte sie die Trave sehen, wie sie sich durch Lübeck wand. Der Fluss war die Lebensader dieser ältesten deutschen Stadt an der Ostsee, die außerdem ein wichtiges Mitglied der Hanse war. Ursula beobachtete, wie schwer mit Holz beladene Kähne den Fluss hinaufschipperten. Handel mit den anderen Ostseeanrainerstaaten, insbesondere mit Skandinavien, war die Grundlage für den Wohlstand der Heimatstadt ihres Mannes und auch, so hatte sie erst vor Kurzem erfahren, das Fundament des Eschenburgschen Unternehmens. Dieses hatte der Familie über die vergangenen Jahrhunderte hinweg fantastischen Wohlstand und somit auch bedeutenden Einfluss und Macht beschert.

Ihre Gedanken wanderten zurück zu jenem erinnerungswürdigen Sonntagnachmittag im Sommer 1929, als sie Hermann Eschenburg zum ersten Mal begegnet war. Groß, schlank und gutaussehend hatte ihr dieser junge Mann sofort gefallen. Er war von einem gemeinsamen Freund zu einer Party auf *Driefontein*, der Farm ihrer Mutter, mitgebracht worden. Diese hatte es sich zur Gewohnheit gemacht, während der Sommermonate rauschende Feste zu veranstalten, an denen die junge Johannesburger Gesellschaft mit großer Begeisterung teilnahm. Unter den Gästen fanden sich immer auch einige prächtige Junggesellen. Meist handelte es sich dabei um erst kürzlich eingewanderte junge Männer aus Deutschland, und Ursulas Mutter hegte ohne Zweifel die Hoffnung, dass eines Tages eine gute Partie für ihre Tochter dabei sein würde. Ganz besonders angetan hatte es ihr der junge Herr Eschenburg. Sie war überzeugt, dass es sich bei ihm um einen exzellenten Fang handelte. Als er nur wenige Wochen nach ihrem ersten Treffen um Ursulas Hand anhielt, war sie begeistert.

Hermann hatte nie viel über seine Vergangenheit und sein früheres Leben in Deutschland gesprochen, aber über die Jahre hinweg war es Ursula gelungen, die Geschichte ihres Mannes zusammenzufügen. Jetzt, nachdem sie seine Familie kennnengelernt hatte, verstand sie; der Instinkt ihrer Mutter hatte nicht getrogen.

Es war nicht lange nach ihrer Ankunft gewesen; sie war durch die prunkvolle Villa ihrer Schwiegereltern gewandelt und hatte die große Banketthalle, die hohen Fenster, die Stuckornamente und den Wintergarten mit seinem gläsernen Dach bewundert, da hatte ihre Schwägerin sie hinter vorgehaltener Hand informiert: »Du weißt doch, dass unser Vater der drittreichste Mann in ganz Deutschland ist, oder?«

Als Ursula, neugierig geworden, Hermann darauf angesprochen hatte, hatte dieser nur gebrummt: »Das letzte Mal, als sie damit angegeben hat, hat sie behauptet, er sei der fünftreichste. Wen kümmert das überhaupt? Mit uns hat das außerdem gar nichts zu tun.«

Hermann war zehn Jahre zuvor ausgewandert und danach zu urteilen, was Ursula gehört hatte, war es kein fröhlicher Abschied gewesen. Als ältester Sohn hätte er eigentlich das Familien-unternehmen in Lübeck übernehmen sollen, aber augenscheinlich hatte sein jüngerer Bruder Wolfgang deutlich mehr Interesse und vor allem Geschäftssinn an den Tag gelegt. Er war schnell zu Vaters Liebling geworden. Hermann hingegen war ein Landgut, das seine Familie in Pommern besaß, versprochen worden, und so hatte er beschlossen, in München Landwirtschaft zu studieren. Weitläufige Ländereien und liebliche Landschaften, sanfte Hügel und Wälder, Felder und Wiesen; er hatte sich darauf gefreut, in Pommern zu leben und zu arbeiten, und hatte davon geträumt, sein eigenes Herrenhaus zu bauen. Außerdem würde er die besten Kartoffeln produzieren, ganz hervorragende Rinder züchten und natürlich auch Pferde. Pferde waren schon immer seine große Leidenschaft gewesen. Pferde und schöne Frauen. Mehr als einmal war er in Ungnade gefallen wegen seiner ›Affären‹, wie sie sein Vater zu nennen pflegte.

Ursula wusste nicht genau, was vorgefallen war. Sie hatte das Gefühl, es ging um gebrochene Herzen, aber sie verzichtete darauf, ihrem Mann eine Erklärung abzuverlangen. Letztendlich war es ihr nicht wirklich wichtig, vielmehr war sie ausgesprochen froh und dankbar, dass sich die Dinge so entwickelt hatten und nicht anders. Was auch immer die Gründe waren, das pommersche Landgut war einem Cousin übergeben worden, und Hermann war in See gestochen, auf der Suche nach neuen Ufern. Er war durch Südamerika gereist und hatte Chile und Argentinien erkundet, bevor er sich nach Südafrika wandte. Dort hatte er sich sofort wohlgefühlt und mit der Entschädigung, die ihm anstelle seines Erbes ausgezahlt worden war, Uhlenhorst erworben.

»Und da wäre ich jetzt gerne«, dachte Ursula, während sie weiter aus dem Fenster starrte. Sie vermisste ihr Fleckchen Land, ihr Stück rote Erde. Ihr fehlten der große, afrikanische Himmel, die schier endlose Weite und das starke Gemeinschaftsgefühl, das sie dort empfand. Doch mehr als alles andere war ihr klargeworden, dass sie sich frei fühlte in Südafrika, oder zumindest ein ganzes Stück freier als in der feinen Gesellschaft Lübecks, mit all ihrer sogenannten Kultiviertheit und Hochnäsigkeit. Außerdem war sie es gewohnt, hart zu arbeiten, den ganzen Tag aktiv zu sein und nicht untätig herumzusitzen, wie man es hier von ihr zu erwarten schien.

Von ihrem Aussichtspunkt aus konnte Ursula nun sehen, wie sich von der Straßenecke her ein kleines Grüppchen der Villa Eschenburg näherte. Ihr Herz begann schneller zu schlagen. Da kamen ihre Kinder, zusammen mit Marie, dem deutschen Kindermädchen. Sie lächelte, während sie beobachtete, wie Walter und Hermann vorneweg marschierten, beide in ihrem besten Sonntagsstaat, gefolgt von Marie, die die kleine Elsa auf dem Arm trug. Elsa war nun schon fast ein Jahr alt. Die Zeit verging wirklich wie im Fluge.

Ursula musste mit einem leisen Lachen daran denken, wie ihre beiden Söhne während ihrer letzten Schwangerschaft versucht hatten, deren Ausgang zu beeinflussen. Hermann wünschte sich ein kleines Schwesterchen, und irgendwo hatte er aufgeschnappt, dass man nur Zucker auf die Fensterbank streuen müsse, damit dieser Wunsch in Erfüllung ginge. Walter hingegen, der die Nase voll hatte, immer der ›kleine Bruder‹ zu sein, hoffte auf ein noch kleineres Brüderchen. Geduldig wartete er, bis Hermann aus dem Zimmer war, dann wischte er den Zucker von der Fensterbank und streute Salz darauf. Das Baby würde ein Junge werden, daran bestand kein Zweifel!

Walter kam nun ins Zimmer gestürmt und rannte so schnell er konnte in Ursulas weit geöffnete Arme.

»Mami, Mami, mit Marie spazieren zu gehen, das macht überhaupt keinen Spaß.«

»Aber warum denn nicht? Es tut euch doch gut, ein bisschen frische Luft zu schnappen.«

»Ja, ich weiß, aber warum müssen wir denn immer Schuhe anziehen? Darin tun mir die Füße weh. Und Marie sagt, dass wir immer sauber und ordentlich aussehen müssen, bevor wir rausgehen. Ich mag aber nicht sauber und ordentlich sein. Und dann schrubbt sie mir den Hals und die Ohren, bis es wehtut. Das macht wirklich keinen Spaß.«

Ursula musste lachen. Walter und Hermann waren zwei richtige kleine Farmjungen, die es gewohnt waren, sich frei zu bewegen. Zu Hause mussten sie nur sonntags Schuhe tragen, um in die Kirche zu gehen.

»Und wenn wir mit ihr in den Park gehen«, fuhr Walter fort, »dann dürfen wir auch gar nicht rumrennen. Es ist so langweilig, Mami! Wann fahren wir wieder nach Hause?«

»Bald, mein Lieber, bald.« Ursula seufzte.

»Das sagst du immer!«

»Ist ja gut, mein Kleiner. Warum gehst du denn nicht mit Hermann zu eurem Großvater? Der möchte euch gerne sehen.«

Während Walter und Hermann ihren Großvater in seinem Herrenzimmer besuchten, lief Ursula ruhelos mit Elsa in den Armen in ihrem Zimmer auf und ab. Ungeduldig wartete sie auf ihren Mann, der mit seinem Bruder unterwegs war, um die Holzlager des Unternehmens am Flussufer zu inspizieren. Sie musste mit ihm reden, unbedingt. Musste ihm sagen, dass die Zeit gekommen war, nach Hause zu fahren. Sie durften nicht länger warten.

Ursula wusste, dass Hermann seinen Aufenthalt in Lübeck genoss, jetzt, da er Frieden geschlossen hatte mit seiner Familie. Zwar war er am Boden zerstört gewesen, als er Deutschland hatte verlassen müssen, aber mittlerweile war er mehr als zufrieden mit seinem Schicksal. Erst vor Kurzem hatte er Ursula gegenüber erwähnt, wie oft er an Uhlenhorst dachte, und wie dankbar er war, dass es ihn nach Südafrika geführt hatte. Er war unabhängig, hatte seine eigene Farm aufgebaut und liebte sein Leben dort. Ein Dasein als Geschäftsmann in der geschlossenen Lübecker Gesellschaft wäre nichts für ihn gewesen. Und wenn er ganz ehrlich war, hatte er ihr gegenüber gestanden, so meldete sich auch bei ihm langsam das Heimweh nach Südafrika.

Aber da war noch mehr, fand Ursula. Mehr als nur der Wunsch, heimzufahren und ihre Familie wiederzusehen. Es war die politische Situation, die ihr zu schaffen machte. Zwar interessierte sie sich nicht wirklich für Politik und beteiligte sich nie an irgendwelchen Diskussionen, aber sie fühlte sich nicht wohl mit der vorherrschenden Nazi-Ideologie, und das konnte und durfte sie nicht laut aussprechen. Sie hörte immer geduldig zu, wenn ihr erzählt wurde, wie Deutschland es aus der wirtschaftlichen Depression geschafft hatte, dass es aufwärts ging, dass mehr Menschen Arbeit hatten und dass nun ›Recht und Ordnung‹ herrschten. Aber die antisemitischen Äußerungen, die sie überall zu hören bekam, gingen ihr gegen den Strich. Sie musste dann immer an ihre geliebte Tante Juliet denken, die in Johannesburg lebte und Halbjüdin war. Und natürlich war es nicht nur Juliet. Sie hatten zu Hause viele jüdische Freunde, Bekannte und Geschäftspartner. Was sie jedoch am meisten beunruhigte, war, dass in den letzten Wochen immer öfter über Krieg gesprochen wurde. Sie war sich nicht ganz sicher, wieso und weshalb, aber sie wusste ganz genau, fühlte es sozusagen in ihren Knochen, dass sie so schnell wie möglich nach Hause fahren mussten. Es schien ihr, als zöge sich eine dunkle Gewitterfront am Horizont zusammen.

Plötzlich hielt Ursula in ihren Bewegungen inne. Sie hatte sich entschieden. Morgen würde sie zur Geschäftsstelle der *Deutschen Afrika Linie* gehen und sich nach Möglichkeiten für ihre Überfahrt nach Südafrika erkundigen. Vielleicht gab es ja noch Platz auf einem der Schiffe, eine Möglichkeit, früher als geplant abzureisen.

Großvater Eschenburg

In meiner Erinnerung ist Großvater Eschenburg ein sehr imposanter Mann, der mich immer ein wenig eingeschüchtert hat. Wir mussten uns verbeugen und die Hacken zusammenschlagen, wenn wir ihn begrüßten oder sein Zimmer betraten. Es war das sogenannte Herrenzimmer, wo er uns meist zusammen mit seinem Hund, dem Dackel ›Männe‹, empfing.

Er schien unsere Besuche zu genießen, und offensichtlich gefiel es ihm, uns über die lange Geschichte unserer Familie aufzuklären. Die Eschenburgs lebten nämlich schon seit dem 15. Jahrhundert in Lübeck, seit unser Urahn, ein gewisser Laurentz Eskeburg, der schwedischer Herkunft war, sich dort niedergelassen hatte. Die Familie wuchs und ihre Geschäfte florierten. Ursprünglich waren sie Gerber, später Kaufleute, und über die Jahrzehnte hinweg wurden sie zu Holzhändlern, Bürgern, Senatoren und Gelehrten. Unser Urgroßvater Eschenburg war wohl auch Bürgermeister von Lübeck, und das gleich zweimal. Großvater hingegen schien sich nie wirklich für Politik zu interessieren, war dafür aber viele Jahre lang der Vorsitzende der Lübecker Industrie- und Handelskammer.

Ganz besonders gefiel es Großvater, uns mit Geschichten über den Kaiser zu beeindrucken. Stolz erzählte er, wie sein Vater damals regelmäßig Umgang mit Kaiser Wilhelm II. pflegte, ein Privileg, das eigentlich dem Adel und sonst nur wenigen auserwählten Würdenträgern vorbehalten war. Der Kaiser besuchte die Villa Eschenburg oft, und die Kinder, unser Vater eingeschlossen, mussten für ihn stramm stehen.

»Wisst ihr, als eure Großmutter Hedwig noch jung war«, so pflegte er uns zu erzählen, »da war sie eine ganz wunderschöne Frau. Sie war so schön, dass der Kaiser sie als seine Tischdame beanspruchte, wenn er in der Stadt war. Davon war ich damals allerdings nicht wirklich begeistert.«

In der Geschichte, die mir am besten gefiel, ging es um eine Regatta. Es war 1912, als Großvater sich eine ganz moderne, den höchsten Standards entsprechende Segelyacht bauen ließ und sie ›Heti‹ nannte, denn er hatte beschlossen, dass er von nun an an der alljährlichen Kaiserlichen Yachtregatta teilnehmen wollte. Und dann gewann er diese doch tatsächlich noch vor dem Boot des Kaisers. Die Überraschung war groß, als der ihm daraufhin einen Adelstitel anbot. Noch überraschender war allerdings Großvaters Antwort: »Nein danke«, sagte der voller Stolz. »Ich ziehe es vor, der erste Bürger meiner Stadt zu sein und nicht der letzte Adlige.«

Er war schon ein Mordskerl, unser Großvater Eschenburg!

Entscheidungen

Der europäische Sommer näherte sich seinem Ende, und es schienen sich immer mehr dunkle Wolken über dem Kontinent zusammenzuziehen. Man sprach von Problemen mit Polen. Ursula war zum Büro der Schiffahrtsgesellschaft gegangen und hatte erfahren, dass die *Windhuk* ihrem Fahrplan gemäß bald gen Südafrika segeln sollte. Es war auch noch Platz an Bord, aber das würde heißen, zwei Wochen früher als geplant abzureisen. Voller Hoffnung beriet sie sich mit ihrem Mann und seiner Familie.

»Nein, du bist ja verrückt! Euren Urlaub zu kürzen, das wäre ja noch schöner«, sagten alle.

»Bleibt hier. Und selbst wenn es Krieg geben sollte mit Polen, was an sich schon unwahrscheinlich ist, dann wird der höchstens zwei, drei Tage dauern und dann ist die Sache vom Tisch.«

»Aber wenn...«, versuchte Ursula es noch einmal, »ich habe Angst, dass...«

»Kein wenn und aber«, beendete Großvater Eschenburg die Diskussion. »Ihr seid gerade erst angekommen; ich habe meinen Sohn seit über zehn Jahren nicht gesehen, und jetzt willst du ihn mir schon wieder wegnehmen? Und noch dazu früher als geplant? Nein. Das gibt es nicht.«

Ursula fügte sich, wenn auch widerwillig.

Die junge Familie Eschenburg blieb in Lübeck, und bald wurde allen klar, dass ihr Aufenthalt nun viel länger dauern würde als geplant, und dass an eine baldige Heimreise nicht zu denken war. Tatsächlich marschierte Deutschland am ersten September 1939 in Polen ein, und zwei Tage später erklärten Frankreich und England Deutschland den Krieg.

Es war auch klar, dass die sogenannten ›Problemchen mit Polen‹ nicht ruck, zuck vom Tisch gefegt würden und dass so schnell kein

Passagierschiff mehr nach Südafrika fahren würde. Wegen des Seekriegs waren alle zivilen Seereisen gestrichen worden. Der frühe Termin auf der *Windhuk* wäre ihre letzte Chance gewesen, Europa zu verlassen.

»Ich habe dir ja gesagt, dass wir hätten fahren sollen, als wir noch konnten«, warf Ursula ihrem Mann nur ein Mal vor.

»Ich weiß, ich weiß«, brummte der, und es war offensichtlich, wie sehr er es bereute, dass er wieder einmal seinen Vater über den Kurs seines Lebens hatte bestimmen lassen.

Schon bald forderte der Krieg seine ersten Opfer, und unzählige junge Männer wurden an die Front geschickt. In der Villa Eschenburg jedoch herrschte nach wie vor Konsens, dass diese Ungereimtheiten bald vorbei sein würden und dass Wolfgang und Roland, die zwei Söhne, die einberufen worden waren, schon bald wieder nach Hause zurückkehren würden.

Ursula war unglaublich erleichtert, dass ihr Mann wegen seines südafrikanischen Passes für den Kriegsdienst als untauglich befunden worden war.

Woche um Woche verging, und die Situation verbesserte sich nicht. Möglichkeiten wurden diskutiert, was denn nun aus der jungen südafrikanischen Familie werden sollte.

»Ich habe beschlossen, dass ich euch nach Juchow schicken werde. Was haltet ihr davon?«, verkündete Großvater Eschenburg eines Tages, nachdem er Ursula und Hermann zu sich ins Herrenzimmer gebeten hatte.

Juchow, ein großes Landgut in Pommern, gehörte den Dennigs, entfernten Verwandten der Eschenburgs.

»Heinz-Jürgen Dennig ist eingezogen worden und Onkel Boli auch«, fuhr der Patriarch fort. »Deshalb ist seine Frau Erica ganz alleine dort und könnte etwas Hilfe gebrauchen. Ich schlage vor, ihr fahrt alle nach Juchow, bis dieser ganze Schlamassel hier vorbei ist, oder zumindest bis die Schiffe wieder fahren. In der Zwischenzeit könnt ihr Erica helfen, das Gut zu führen.«

So kam es, dass Hermann, Ursula und ihre drei Kinder im Spätherbst 1939 in einen Zug stiegen und nicht auf ein Schiff und dass sie gen Osten reisten, anstatt nach Süden. Wieder bewunderten sie die am Zugfenster vorbeiziehenden Landschaften.

Ihre Reise führte sie durch die flachen und fruchtbaren Ländereien Norddeutschlands. Sie fuhren an abgeernteten Weizenfeldern vorbei, durch endlose Wälder in ihren erstaunlichen Herbstfarben sowie unzählige kleine Dörfer und Städte, von denen viele an tiefblauen Seen lagen.

Je weiter sie nach Osten kamen, desto spärlicher bevölkert war die Landschaft. Pommern, insbesondere Hinterpommern, wo Juchow lag, war nach wie vor eine durch und durch ländliche Region.

Auch auf dieser Reise erklärte Hermann Eschenburg seiner Familie, was sie sahen, und wohin sie fuhren.

»Wisst ihr, Jungs«, begann er, denn Elsa war noch zu klein, um ihn wirklich zu verstehen, »all diese Seen, an denen wir hier vorbeifahren, sind Überbleibsel der vergangenen Eiszeiten. Und man sagt, dass hier einst Riesen gelebt haben, die sogenannten Hünen. Ihre Gräber findet man heute noch hier in den Wäldern.«

»Wirklich, Vati? Riesen?«

Hermann war etwas skeptisch, aber Walter hörte mit Begeisterung zu.

»Erzähl uns mehr! Weiter, weiter!«, bat er.

Und so begann Vater Eschenburg, seinen Söhnen die Geschichte der Region in aller Ausführlichkeit darzulegen. Er erklärte, dass Pommern eine ziemlich turbulente Zeit hinter sich hatte. Er sprach von Menschen und Völkern, die kamen und gingen, von vielen Schlachten und Kämpfen. Aber auch davon, dass Pommern ein Land des Säens und Erntens war, ein Land voll Kartoffeln, Weizen, Rindern und Gänsen; dass es ein Land der harten Arbeit war, nach wie vor tief eingebunden in althergebrachte Taditionen, Bräuche und nicht zuletzt auch Aberglauben.

Er berichtete, wie die Gegend von Steinzeitmenschen bevölkert worden war, nachdem sich die letzte Eiszeit zurückgezogen und eine Vielzahl von Seen, Muränen und Findlingen hinterlassen hatte. Diese

Jäger und Sammler hatten das Land mit den Vorfahren der heutigen Wisente, Rentiere und Wildpferde geteilt, bevor sie dann über die nächsten Jahrtausende hinweg sesshaft geworden waren. Noch heute sichtbare Spuren dieser ursprünglichen Siedlungen seien deren megalithische Gräber; die Gräber der Riesen, die er erwähnt hatte, Zeugen lang vergangener, mysteriöser Zeiten.

»Dann, vor ungefähr zweitausend Jahren, ließen sich die ersten nordgermanischen Stämme hier nieder«, fuhr er fort, »bevor sie ungefähr fünfhundert Jahre später ihre Wanderung gen Süden fortsetzten. Die nun so gut wie leeren Landstriche wurden daraufhin von slawischen Volksgruppen besetzt, die sich westwärts bewegten. Anfang des neunten Jahrhunderts ging die große Völkerwanderung, die Europas Geschichte vier Jahrhunderte lang geprägt hatte, zu Ende, und die Situation stabilisierte sich. Die Westslawen, die im Norden von Pommern lebten, hießen nun *Pomorani*, was so viel bedeutete wie ›die, die am Meer leben‹, im Gegensatz zu den Ostslawen, die weiter im Süden siedelten und *Polani* genannt wurden. In den darauffolgenden Jahrhunderten kämpften skandinavische, dänische, wendische, polnische und deutsche Fürstentümer um die Kontrolle des Gebietes. Schließlich wurde es christianisiert und am Ende des zwölften Jahrhunderts wurde das Herzogtum Pommern Teil des Heiligen Römischen Reiches unter Friedrich Barbarossa. Da das Land immer noch nur dünn besiedelt war, wurde die Einwanderung von Bauern, Handwerkern, Händlern und Geschäftsleuten aus den westlichen, dichter bevölkerten Gegenden Deutschlands vom regierenden Adel vorangetrieben.«

Als sie endlich die Oder überquerten, waren die Kinder längst eingeschlafen und auch Ursula fiel es immer schwerer, ihre Augen offen zu halten. Diese Namen bedeuteten ihr alle nichts, und die Reise war lang. Aber Hermann fuhr unbeirrt mit seinem Geschichtsunterricht fort. Er berichtete, dass Pommern sich bald im Aufschwung befunden hatte, dass Städte gegründet worden waren, und dass, Generationen später, nachdem noch viele Schlachten mehr geschlagen worden waren, Preußen die Herrschaft über die Region übernommen hatte. So war es dann auch der König von Preußen gewesen, der die Kartoffel nach Pommern gebracht hatte. Friedrich der Große hatte diese neue Frucht des Feldes seinen Untertanen anfänglich aufzwingen müssen, und erst im 19. Jahrhunderts war die Kartoffel weitläufig akzeptiert worden. Ursula war nicht so ganz klar, warum ihr Mann plötzlich über Kartoffeln sprach, aber es stimmte wohl, dass sie jetzt, hundert Jahre später, zu einem der wichtigsten Bestandteile der hiesigen Landwirtschaft geworden waren.

Hin und wieder mussten sie umsteigen, und je länger die Reise dauerte, desto kleiner wurden die Ortschaften, in denen der Zug hielt. Endlich erreichten sie Eulenburg, das aus wenig mehr als ein paar Häusern, einem Postamt und dem Bahnhof bestand. Dort erwartete Erica Dennig sie auf dem einzigen Bahnsteig; sie empfing die Eschenburgs mit offenen Armen und einem breiten Lächeln.

Tante Erica, wie sie von den Kindern genannt wurde, war eine zierliche, elegante Frau, die voller Energie steckte, und die sich, wie sie bald lernen sollten, nicht vor harter Arbeit fürchtete. Eigentlich ein Stadtkind, hatte sie in Hamburg als Sekretärin gearbeitet, bevor Heinz Jürgen Dennig um ihre Hand angehalten hatte. Sie hatte sich schnell an das Leben auf dem Lande gewöhnt, und seit ihr Mann einberufen worden war, verwaltete sie das große Juchower Gut ganz alleine.

Zu Walters großer Freude war Tante Erica mit einem Zweispänner am Bahnhof vorgefahren, und er nahm begeistert neben ihr auf dem Kutschbock Platz. Er war zutiefst beeindruckt, wie souverän sie die zwei Braunen lenkte und lauschte dem Klappern der Hufe auf dem Kopfsteinpflaster der schmalen Straße, die durch den dichten Buchenwald von Eulenburg nach Juchow führte.

Als sie dort ankamen und vor einem Gebäude hielten, was im Allgemeinen nur als ›das Schloss‹ bezeichnet wurde, glaubte Walter seinen Augen nicht zu trauen. Großvater Eschenburgs Haus in Lübeck hatte ihn schon überrascht, groß und prunkvoll wie es war. Aber was er jetzt erblickte, übertraf all seine Vorstellungen.

My Home is my Castle

Die Kutsche hielt vor einer weit ausladenden Treppe, die zum Hauptportal des Schlosses hinaufführte. Staunend betrachtete Walter die imposante Fassade, die sich vor ihm erhob. Die zwei Reihen großer Fenster über der Eingangstür waren flankiert von symmetrischen, schlanken, hohen Türmen, auf deren spitzen Dächern die Wetterfahnen in der Herbstsonne schimmerten.

Links erhob sich der sogenannte neue Flügel, nicht ganz so elegant wie das Hauptgebäude, aber vielleicht noch beeindruckender. Und rechts, die dritte Seite des hufeisenförmigen Gebäudekomplexes bildend, ruhte ein solides, doppelstöckiges Haus mit rotem Ziegeldach. Hier waren die Vorratskammern und Abstellräume untergebracht, und hier lebte der Butler mit seiner Familie. Die Dimensionen dieses Hauswirtschaftsgebäudes waren derart groß, dass ihr Farmhaus dort mehrfach hineingepasst hätte.

Und die Bäume! Überall um diesen Palast herum und vor allem dahinter standen die größten, stolzesten und farbenfrohesten Bäume, die Walter je gesehen hatte.

Auf der anderen Seite der gepflasterten Straße, die vom Schloss zum Dorf führte, sah er den Juchower See durch die Bäume schimmern. Etwas weiter ragte ein Schornstein hervor, und das dazugehörige Gebäude erinnerte an eine Fabrik. Es war die Brennerei, so sollte er später erfahren, wo Kartoffeln in Schnaps verwandelt wurden. Daneben lag ein großer Hof, umgeben von einer Scheune und mehreren Ställen für Kühe, Pferde und Schweine.

Etwas weiter in Richtung Dorf erhob sich der Turm der Marienkirche, die, auch aus rotem Backstein, ihrer größeren, älteren Schwester in Lübeck überraschend ähnlich sah.

Die meist kleinen Häuser im Dorf waren einfach. Ihre Grundmauern und der untere Teil der Wände waren aus runden Feldsteinen gebaut, worauf sich Backsteinmauern erhoben. Die Fenster waren klein und die Dachvorsprünge hingen tief; manche waren mit trockenem Gras gedeckt, andere mit roten Ziegeln. Jede Behausung war von einem kleinen Garten und einem in heller Farbe gestrichenen Holzzaun umgeben.

Tante Erica und ihr Mann, Onkel Heinz-Jürgen, bewohnten den neuen Flügel des Schlosses zusammen mit ihren sechs Kindern, und die Eschenburgs bezogen drei Räume im zweiten Stock des alten Teils, direkt hinter einem der zwei Türmchen.

Die nächsten Wochen waren geradezu paradiesisch für Walter und Hermann. Zusammen mit ihren Cousins und Cousinen und all den anderen Kindern, die im Schloss wohnten, erkundeten sie dieses bis ins kleinste Stübchen und Kämmerchen. Jeden Tag enteckten sie etwas Neues; die Schlosshalle, an deren Wänden unzählige Jagdtrophäen und Geweihe prangten; das Spielzimmer mit einem Schrank voller Schätze; die berühmte Bibliothek, die angeblich die zweitgrößte in der ganzen Region war; die Jagdstube mit ihrem geheimnisvollen Gewehrschrank; den Keller und natürlich den Dachboden.

Oft kam es Walter vor, als würde er bis ans Ende seiner Tage damit beschäftigt sein, alle Geheimnisse zu entdecken, die das Schloss verborgen hielt. Es erschien ihm riesig, mit schier unendlich vielen Zimmern. Kurz nach ihrer Ankunft hatte er zwar versucht, sie alle zu zählen, musste sich aber bald geschlagen geben. Es waren einfach zu viele.

»He, Hermann«, rief er seinem Bruder zu, »ich glaube, hier gibt es mindestens neunundneunzig Zimmer. Wenn nicht mehr!«

Allmählich fanden die jungen Eschenburgs auch heraus, was es mit der Geschichte des Schlosses und seiner Umgebung auf sich hatte.

Zum Landgut, so lernten sie, gehörten der Juchower See, das Dorf, die ausgedehnten Wälder und die scheinbar endlosen Kornfelder. Karl August Dennig hatte es mitsamt den umliegenden Ländereien im Jahre 1874 von den von Kleists erworben, einer Familie des hinterpommerschen Uradels, die seit dem frühen dreizehnten Jahrhundert in der Gegend ansässig war. Für Karl August

Dennig, Sohn einer erfolgreichen Familie von Geschäftsleuten im süddeutschen Baden, war Juchow ein Prestigeprojekt. Landbesitz von solchen Ausmaßen, wie man ihn sich noch in Pommern aneignen konnte, gab es dort, wo er herkam, schon lange nicht mehr. Außerdem war die etwas romantische Idee, ein Landgut in Deutschlands östlichen Gefilden zu besitzen, in Mode gekommen. Das machte man eben so, wenn man es sich leisten konnte. Dazu kam, dass der Boden fruchtbar war, die Wälder außerordentlich gut geeignet für Holzwirtschaft und Jagd, und dass man Umgang pflegen konnte mit den adeligen Familien der Region.

Auf den Grundmauern des Gutshauses der von Kleists, das aus dem 18. Jahrhundert stammte, bauten die Dennigs einen Palast, der in Pommern seinesgleichen suchte. Sein eklektischer Stil war genauso einzigartig wie der neu angelegte Park mit einer Vielfalt an einheimischen und exotischen Bäumen.

Karl August Dennigs Sohn Georg, der das Gut von seinem Vater übernommen hatte, beschloss 1882, anlässlich seines 33. Geburtstages, dass es an der Zeit war zu heiraten. Sowohl in Pommern als auch im heimischen Baden machte er sich auf die Suche nach einer passenden Braut, bevor er ganz unerwartet in Berlin die sechzehnjährige Ina Eschenburg aus Lübeck kennenlernte, in die er sich sofort und unsterblich verliebte. Bald erfuhr Georg, was es hieß, eine Tochter aus der ersten Familie der Hansestadt hofieren zu wollen. Es dauerte ganze zehn Monate, bis er Zugang fand zur unnahbaren Lübecker Gesellschaft und bis ihr Vater, Walters Urgroßvater, einer Audienz zustimmte.

Nach einer standesgemäßen Hochzeit zog Ina ein Jahr später nach Juchow. Mittlerweile waren die Dennigs wohl etabliert in der Gegend. Ihr Schloss war berühmt und die Bevölkerung des dazugehörigen Dorfs zählte nun mehrere hundert Menschen, von denen die meisten auf dem Gut in Anstellung waren.

Die Eschenburgs waren nicht die einzige Familie, die auf Juchow Zuflucht gefunden hatte. Verwandte aus ganz Deutschland waren dorthin geflüchtet oder hatten ihre Kinder geschickt, möglichst weit weg von den Grausamkeiten des Krieges. Ungefähr zwanzig Mädchen und Jungen fanden sich zu den Mahlzeiten am sogenannten Kindertisch ein. Wie es üblich war in den Gutshäusern in Pommern, wurden sie streng nach preußischer Manier erzogen. Im Schloss durfte man sie zwar sehen, aber nicht hören. Die Buben mussten die Hacken zusammenschlagen und sich gleichzeitig verbeugen, wenn sie einen Erwachsenen grüßten, und die Mädchen hatten zu knicksen.

Walter gewöhnte sich schnell an das Leben auf dem Schloss. Er freundete sich mit den anderen Kindern an und lernte, wer wo was zu sagen hatte. Bald fand er heraus, dass es sich lohnte, immer freundlich zur Mamsell zu sein, die nicht nur in der Küche regierte, sondern Königin des gesamten Haushalts war. Sie war um die fünfzig und mochte den scheuen aber ausnahmslos höflichen, blonden Jungen, der immer Hunger hatte. Walter musste nur seinen Kopf durch die Küchentür stecken, da schob sie ihm schon ein Stückchen hausgemachte Wurst zu und manchmal auch eine Scheibe frisch gebackenes Brot. Zu ganz besonderen Anlässen ließ sie ihn sogar den Kuchenlöffel abschlecken. Allerdings durfte man Mamsell nicht mit Mademoiselle Jacqueline verwechseln, die Gouvernante und Französischlehrerin war. Ihre Aufgabe war es, für die zukünftige Weltgewandheit der Schlosskinder zu sorgen. Beide Frauen, die robuste, voluminöse Mamsell sowie die zierliche und elegante Mademoiselle, ärgerte es ganz ungemein, wenn sie mit der falschen Anrede angesprochen wurden.

In ihrem Bemühen, den Kindern eine niveauvollere Bildung zu vermitteln, als die Dorfschule das vermochte, wurde Mademoiselle Jacqueline von Herrn Petzold, dem Hauslehrer, unterstützt. Außerdem waren da noch Fräulein Russ, eine zweite Gouvernante, und Toni Friedrich, das Kindermädchen.

Die Dennigs hatten Toni, die verwaiste Tochter entfernter Verwandter, bei sich aufgenommen, nachdem die Nazis ihre Mutter ermordet hatten, weil sie blind war.

Auch ein Waisenkind war Hänschen Bautz, der Enkelsohn des Butlers. Er war im selben Alter wie Walter, und die zwei wurden schnell beste Freunde.

Im Schlosshof freundete sich Walter mit den Jagdhunden an, hauptsächlich Pointer und Weimaraner, die in einem Zwinger direkt neben der Garage untergebracht waren. Dort lernte er auch den Chauffeur Kuhnert kennen, und manchmal durfte er ihm helfen, sich um den schwarzen Ford zu kümmern. Obwohl dieser wegen des kriegsbedingten Mangels an Benzin kaum gefahren wurde, polierte Kuhnert den Wagen täglich. Er war sein ganzer Stolz, dicht gefolgt von seinem meisterhaft gezwirbelten Schnauzbart, den er fast genauso gut pflegte und auch, davon waren alle Kinder überzeugt, regelmäßig polierte.

»Mami, was ist denn das für komisches Zeug, was dem Kuhnert da aus der Nase gekrochen kommt?«, fragte Elsa eines Tages, sehr zur Freude ihrer Brüder.

Da war Teggerts, der Kutscher, der für die Pferde verantwortlich war. Er brachte den neugierigen Kindern nur zu gerne alles bei, was er wusste, auch wie man einspannte und eine Kutsche lenkte.

Und dann war da noch Herr Dummke, der Förster, in dessen Fußstapfen Walter eines Tages treten wollte. Er mochte es ganz besonders, wenn Herr Dummke ihn zu einem Spaziergang in den Wald mitnahm, ihn auf die Fährten von Hirschen und Wildschweinen aufmerksam machte, die verschiedenen Vogelstimmen erklärte und, ganz besonders wichtig, ihm die essbaren Früchte und Pilze zeigte. In Beliebtheit übertroffen wurde Herr Dummke nur vom alten Böhm, dem Rinderhirten, der die Kinder mit seinen Weidenflöten und kleinen Windmühlen bezauberte, bis er von einem zornigen Bullen getötet wurde.

Walter und Hermann lernten auch die anderen Viehhirten kennen, außerdem die Stallburschen und den Schmied; die Küchenmägde, Zimmermädchen und Wäscherinnen; Festangestellte, Deputanten sowie Saisonarbeiter und langsam, aber sicher auch alle Dorfleute.

Lebensweise und Struktur dieser ländlichen Gesellschaft hatten sich hier seit Kaisers Zeiten so gut wie nicht geändert. Die Industrielle Revolution und die Weimarer Republik hatten kaum Spuren hinterlassen. Der Landbesitz lag nach wie vor in erster Linie in der Hand der Gutsherren, von denen viele dem Adel angehörten. Zwar war die Leibeigenschaft seit mehr als hundert Jahren abgeschafft, doch hatte sich an den Abhängigkeitsverhältnissen in der dörflichen Realität wenig geändert.

Wie auf den meisten anderen Gutshöfen hatten auch in Juchow die Angestellten des Schlosses eine relativ hohe Position im Dorf inne. Ihnen wurde freie Unterkunft gewährt sowie ein kleines Stück Land, auf dem sie Kartoffeln und Rüben anbauen konnten. Je eine Kuh und ein Kalb durften sie auf den Weiden des Guts grasen lassen, und die Gänse konnten gegen einen Tribut, nämlich jede siebte Gans, nach der Ernte auf die herrschaftlichen Stoppelfelder geschickt werden. Dort durften sie sich noch ein paar Gramm Fett anzufressen, bevor sie im Winter geschlachtet wurden. Bezahlt wurden die Deputanten für ihre Dienste meist in Naturalien, nämlich Getreide, Kartoffeln und Brennholz.

Nur einige wenige der Dorfleute waren unabhängige Bauern, die selbst Land besaßen, aber alle hatten ihr eigenes Vieh. Kühe, Schweine und Gänse gehörten zu jedem Haushalt, und die meisten konnten sich selbst mit dem Nötigsten versorgen. Sie produzierten Milch und Butter, kochten Wurst, pökelten Fleisch und sammelten Beeren und Pilze im Wald.

Männer, Frauen und Kinder hatten alle ihre Aufgaben. Jeder hatte seinen festen Platz in der dörflichen Gesellschaft, und nichts schien sich je zu ändern.

Auch die Eschenburgs fanden bald ihre Positionen im Juchower Gefüge und nicht lange nach ihrer Ankunft wurde beschlossen, dass Walter und Hermann zur Schule gehen sollten, genau wie alle anderen Schloss- und Dorfkinder.

Ursula, die trotz ihrer deutschen Herkunft im Dorf nur als ›die englische Lady‹ bekannt war, übernahm schon bald die Stelle des Dorfschullehrers, da dieser kurz zuvor einberufen worden war. Begeistert von ihrer neuen Aufgabe, brachte sie den Kindern Lesen,

Schreiben und Rechnen bei und unterrichtete sie in Geschichte, Sachkunde und Geografie.

Die Dorfleute waren alle äußerst zufrieden mit der neuen Lehrerin, aber die Behörden hatten ihre Zweifel. In diesen Zeiten des Krieges, des Nationalsozialismus und der Rassenhygiene, konnte man da wirklich einer sogenannten englischen Lady vertrauen, dass sie den deutschen Kindern die rechten Werte vermittelte? Eine offizielle Ermittlung wurde angekündigt, und Walter meinte zu spüren, dass die Atmosphäre im Schloss etwas angespannt war. Tante Erica und sein Vater hatten scheinbar erfahren, dass die Beamten Ursulas Deportation in Erwägung zogen. Man ließ Beziehungen spielen, ein Schwein wurde gespendet und die Lage beruhigte sich. Ursula durfte bleiben und auch weiter unterrichten, allerdings nicht ohne ermahnt zu werden, die korrekte politische Erziehung in ihren Unterricht miteinzubeziehen.

Die ersten Herbststürme begannen über Pommern hinwegzuziehen, und die Bäume verloren ihre letzten Blätter. Ihr erster europäischer Winter hieß die südafrikanischen Kinder mit eisigen, bitterkalten Ostwinden willkommen, die von den sibirischen Steppen herüberwehten und kalte Luft mit sich brachten sowie ungewöhnliche Mengen an Schnee.

Der erste Schnee überraschte sie, genauso wie die Tatsache, dass der Juchower See eines Morgens zugefroren war, und zum ersten Mal in ihrem Leben machten sie die Erfahrung, wie sich wirkliche Kälte anfühlte. Ein kühler Wintermorgen in Südafrika, an dem das Gras vielleicht von einer dünnen Schicht Reif bedeckt war, den die Sonne aber innerhalb weniger Stunden wegschmelzen würde, war damit nicht zu vergleichen. Aber schnell lernten sie, wie man sich warm hielt, und wie viel Freude es machte, Schlittschuh zu laufen und Ski zu fahren. Sie rasten mit dem Schlitten den Friedhofsberg hinunter und ließen sich von Vater, dem alten Pferdeveteran, der schon im Ersten Weltkrieg gedient hatte, durch den Schnee ziehen.

Das Landleben auf Juchow wurde von den Eigenarten der Jahreszeiten und den damit verbundenen, althergebrachten Ritualen, Zeremonien und Festen bestimmt. Manche waren christlicher Natur, andere hatten einen heidnischen Hintergrund, und die meisten waren eine Kombination von beidem. Einige gipfelten in ausgiebigen Gelagen, während andere mit harter Arbeit verbunden waren. Aber eines war allen gemein: sie waren zutiefst mit dem Land und seinen Erzeugnissen verbunden und waren so oder in ähnlicher Form schon seit Jahrhunderten gefeiert worden.

Für Walter schien das erste Jahr in Pommern von einer Festlichkeit zur nächsten zu schwingen. Einige, wie Weihnachten, Neujahr oder Ostern, kannte er natürlich, aber es gab auch andere, von denen er noch nie zuvor gehört hatte.

Pfingstwasser und Erntekronen

Pfingsten wurde im Mai gefeiert. Der Winter war schon lange vergessen, die Bäume hatten ausgeschlagen, und alles grünte und blühte, dass es nur so eine Freude war. Dieses herrlich frische und intensive Frühlingsgrün, das es nur in der Natur gibt, das hat mich mein Leben lang immer wieder in Erstaunen und Begeisterung versetzt.

»Morgen ist Pfingsten!«, klang es durch Schloss und Dorf.

So weit ich mich erinnern konnte, hatte Pfingsten in unserem früheren Leben, in Südafrika, nie wirklich eine Rolle gespielt.

»Ja, morgen ist Pfingsten, und da müssen wir alle ganz besonders früh aufstehen. Aber denkt dran, ihr müsst mucksmäuschenstill sein! Euch darf kein Wort über die Lippen kommen, bis ihr das Pfingstwasser geholt habt!«

Das Pfingstwasser, so erklärte uns Tante Erica, musste von einer kleinen Quelle im Schlosspark geholt werden. Angeblich hatte dieses Wasser magische Eigenschaften. Es sollte nicht nur Glück bringen, sondern auch alle Mädchen wunderschön machen – aber nur, wenn es schweigend und bei Sonnenaufgang geholt wurde. Als ob das alleine nicht schon schwer genug wäre, machten sich ein paar der älteren Jungs jedes Jahr einen Spaß daraus, uns zu erschrecken oder zum Lachen zu bringen, obwohl das doch den Zauber brechen würde. Worum es eigentlich ging bei dieser Pfingstwassergeschichte, das war mir nie so ganz klar, aber sie wurde sehr ernst genommen.

Nachdem wir uns ganz andächtig mit dem magischen Wasser gewaschen und dann unsere feinsten Sonntagskleider angezogen hatten, fuhren wir alle, erleichtert, dass wir wieder reden durften, mit dem Heuwagen in den Birkenwald. Wir hatten kleine Beile, Äxte und Sägen dabei, und jeder von uns fällte ein paar der jungen, grünen Birken, und dann luden wir sie auf den Wagen. War der erst einmal voll, fuhren wir, stolz auf der hohen Ladung sitzend, die Dorfstraße entlang. Wir hielten vor jedem Haus und lieferten dort jeweils zwei der kleinen

Bäumchen ab, die dann neben der Haustür aufgestellt wurden. Am Ende waren nur noch sechs oder acht Birken übrig, und die stellten wir beim Schloss auf. Nachdem jedes Gebäude gebührlich mit diesem Frühlingssymbol geschmückt war, gingen wir alle in die Kirche. Während des Pfingstgottesdienstes saßen wir, die Eschenburgs und die Dennigs, auf den für uns reservierten Bänken ganz vorne, während die Dorfleute alle hinter uns Platz fanden.

Der Höhepunkt der Feierlichkeiten war für uns Jungs, dass wir die Kirchenglocken läuten durften. Abwechselnd zogen wir an den Seilen, und die großen Glocken begannen in rhythmischen Wellen zu schwingen und zu läuten, und unsere ganzen Körper schienen davon zu vibrieren. Das kann ich heute noch spüren!

Nach dem Gottesdienst ging es in der Schlosshalle weiter, die mit Blumen und grünen Zweigen und all den Frühlingsfreuden üppig dekoriert war. Der große Tisch war gedeckt, und ich werde nie dieses erste richtige Festessen vergessen, bei dem ich dabei war. Ich weiß noch genau, dass ich aß und trank, bis ich nicht mehr konnte, und dann wollten mir die Augen zufallen. In der Zwischenzeit gab es Prozessionen und Polonaisen rund um die Halle, Gedichte wurden aufgesagt und danach wurde gesungen und getanzt bis spät in die Nacht hinein.

Der Monat Mai bescherte mir noch ein ganz wunderbares, fast möchte ich sagen magisches Erlebnis. Jedes Jahr im Mai nahm mich mein Vater abends mit in den Wald, wo wir die Rehe bei ihrem Paarungsritual beobachteten. Es gab da einen ganz bestimmten Rehbock, den wir jedes Jahr wiedersahen. Er kam immer auf dieselbe Lichtung, und jedes Jahr war er größer und stärker.

Mein Vater konnte den Paarungsruf der Ricke imitieren. Mit gespitzten Lippen machte er ein paar quietschende Laute, und nach ein paar Versuchen erschien der Bock. Er stürmte aus dem Unterholz und sprang mit allen vier Füßen senkrecht in die Luft, genauso wie das in Südafrika die Springböcke machen, wenn sie ›den Wind trinken‹, wie man hier so schön sagt. Wenn ein Rehbock das macht, also mit gestreckten Beinen auf der Stelle auf und ab springt, dann nennt man ihn einen Maibock, denn dieses Verhalten zeigte er nur im Mai zur Paarungzseit.

Im Sommer drehte sich alles ums Schwimmen im See. Ein sandiger Pfad führte durchs dichte Gebüsch ans Ufer zu unserem Schwimmplatz, der, ganz zufällig natürlich, vom Schloss aus nicht einzusehen war.

Schloss- und Dorfjugend spielten fröhlich miteinander, und das Einzige, was zählte, war, wie weit man schwimmen konnte. Eigentlich war es so vorgesehen, dass wir, also die Schlosskinder, Schwimmanzüge tragen sollten, während die Dorfkinder ganz ungeniert nackt badeten. Aber sobald wir außer Sichtweite der Erwachsenen waren, wurden auch wir die lästigen Badekleider los. Der Schwimmplatz war ideal zum Baden, denn das Gras reichte bis ans Ufer, aber ein paar Meter weiter gab es die sogenannte Hechtlaiche, wo es hieß, dass die Hechte ihre Eier legten. Dort war es immer so richtig schön matschig, und am besten gefiel uns, dass der Schlamm pechkohlrabenschwarz war. Eines unserer besten Spiele bestand darin, uns darin herumzurollen und dann vollzuschmieren, bis wir von Kopf bis Fuß schwarz eingeschlammt waren.

Im Hochsommer stand dann die Schwimmprüfung auf dem Programm, ein Ritual, das jedes Jahr durchgeführt wurde und das für uns eine ganz besonders wichtige Rolle spielte. Das Resultat dieses Tests bestimmte nämlich, ob wir weiterhin als klein betrachtet wurden oder vielleicht doch schon als halb-groß oder gar groß.

Der Juchower See war über fünf Kilometer lang, aber nah am Dorf war er nur zwei- oder dreihundert Meter breit. Wer die Schwimmprüfung bestehen wollte, der musste traditionsgemäß einmal quer durchschwimmen, vom Schwimmplatz bis zur Rindertränke am gegenüberliegenden Ufer. Es war ein furchterregendes Abenteuer. Der See schien unergründlich und es gingen Gerüchte um, dass ein Drache in seinen Tiefen hauste. Während des vorangegangenen Winters hatte ich mit eigenen Augen gesehen, dass ein Teil des Sees nie zufror, auch wenn die Temperaturen bis weit unter den Gefrierpunkt fielen und überall meterhoch Schnee lag.

»Das ist der Drache«, hatte man mir zugeflüstert, »der atmet nämlich Feuer, deshalb schmilzt das Eis.«

Ein paar Jahre später sollte mir dann aufgehen, dass es das warme Abwasser der Schnapsbrennerei war, was verhinderte, dass der See völlig zufror. Trotzdem behielt ich immer einen gebührenden Respekt. Man konnte ja nie wissen.

Auf jeden Fall spukte mir dieser Drache im Kopf herum, als ich mich zum ersten Mal der Schwimmprüfung stellte, aber ich war fest entschlossen, sie zu bestehen. Ich war so fest entschlossen, dass ich dabei beinahe ertrunken wäre. Ich konnte damals zwar schon richtig schwimmen, aber ich galt immer noch als klein, wenn nicht sogar als sehr klein, und das wollte ich unbedingt ändern. Also schwamm ich und schwamm und schwamm immer weiter, und irgendwie muss ich dann die Rindertränke am gegenüberliegenden Ufer verpasst haben und landete ein Stück weiter westlich. Dort wuchs so viel Schilf, und die Pflanzen standen so dicht, dass sie mir völlig die Sicht versperrten und ich plötzlich nicht mehr wusste, wie ich ans Ufer kommen sollte. Da tat sich vor mir ein Gang im Dickicht auf. Die Jäger hatten hier das Schilfrohr gekappt, um freie Bahn zum Entenschießen zu haben. Was ich allerdings nicht wusste, war, dass die Stümpfe bis dicht unter die Wasseroberfläche reichten. Als ich erleichtert in den vermeintlich rettenden Korridor schwamm, hielten sie mich von unten fest. Natürlich kam mir sofort der Drache in den Sinn.

Glücklicherweise hatte ich, wie so oft im Leben, einen Schutzengel. Mein großer Bruder Hermann, der mich nie wirklich aus den Augen ließ, kam zu meiner Rettung. Trotz dieses kleinen Missgeschicks bestand ich die Schwimmprüfung und mein Status wurde gehoben – auf halb-groß.

Im Herbst feierten wir das Erntedankfest. Jedes Jahr, zu Ende der Erntezeit, kamen die Dorfleute zu einer großen Prozession zusammen und zogen zum Schloss. Alle hatten sie Geschenke dabei, meist einen kleinen Teil der eigenen Ernte. Ein Bündel Roggen, Weizen oder Hafer, einen Korb Äpfel oder Gemüse aus dem eigenen Garten. Diese Gaben wurden in die große Schlosshalle gebracht, die an diesem einen Tag des Jahres allen offen stand.

Uralten Traditionen folgend überreichte dann der Dorfälteste die Erntekrone an das Oberhaupt des Schlosses. Normalerweise wäre das Onkel Heinz-Jürgen gewesen, aber da der ja im Krieg war, ging diese Ehre an Tante Erica. Die Krone war aus Stroh gebunden und würde später einen Ehrenplatz im Schloss finden, bis zum nächsten Erntedankfest. Danach bedankte man sich erst lauthals bei seinem Gegenüber und dann alle gemeinsam im Chor beim lieben Gott, bevor das Fest wirklich beginnen konnte.

Zu meiner große Freude waren unter den Feiernden jedes Jahr auch einige ganz spezielle Gäste, nämlich die Glücksbringer. Da gab es den Tanzbären, der sich verträumt im Rhythmus der Musik zu wiegen schien. Der Schornsteinfeger, mit seiner Leiter und dem schwarzen Zylinderhut, war immer hinter den jungen Frauen her und versuchte, sie mit seinen rußigen Fingern zu markieren. Es gab immer auch ein Glücksschwein und den Klapperstorch, der eine Hasenklappe dabei hatte, wie sie sonst zur Treibjagd gebraucht wurde. Der war natürlich auch hinter den Mädels her, und wenn er eins mit seinem spitzen, roten Schnabel erwischte, dann, so hieß es, würde sie im folgenden Jahr ein Kind auf die Welt bringen.

Erntedank war immer ein lautes, ausgelassenes und fröhliches Fest. Erst gab es viel Kaffee und Kuchen, dann Tanz und Musik, und schließlich flossen Bier und Schnaps in Strömen.

Die Kartoffelernte fand immer erst nach dem Erntedankfest statt. Seltsam, denn Kartoffeln waren bei weitem das wichtigste Erzeugnis in unserer Gegend. Sie gediehen gut im sandigen Boden von Hinterpommern und wurden von dort ins ganze Land versandt. Aber die Leute dort aßen nicht nur jede Menge Kartoffeln, sie tranken sie auch. Kartoffelschnaps, auch ›pommerscher Landwein‹ genannt, war allgegenwärtig im täglichen Leben, und egal ob man in den vornehmsten Gutshäusern oder der einfachsten Landarbeiterhütte zu Hause war, ein Gläschen Schnaps wurde überall genossen. Oder auch zwei oder drei. Der Bedarf an Schnaps war so groß, dass so gut wie jedes Landgut eine eigene Brennerei hatte.

Das Kartoffellesen war die letzte Ernte der Saison, und das war wirklich harte Arbeit. Die Felder waren riesig, jede einzelne Kartoffel wurde von Hand aufgelesen, und alle Hände wurden dafür gebraucht. Es gab damals so etwas wie ein frühes Modell einer Kartoffelerntemaschine, die von drei Pferden gezogen wurde. Diese grub jeweils eine oder zwei Reihen Kartoffeln aus, und wir alle liefen ihr hinterher. Um ehrlich zu sein, mir, und ich glaube auch den anderen Kindern, hat das immer viel Spaß gemacht. Anstatt in die Schule zu gehen, sammelten wir Kartoffeln. Und was uns am besten daran gefiel, war die Tatsache, dass wir dafür genauso bezahlt wurden wie die Dorfleute. Wir füllten Körbe und Kiepen und erhielten dafür, wenn wir sie voll ablieferten, je nach Größe bestimmte Metallscheiben. Am Ende der Ernte bekamen wir dann unseren Lohn, je nach Anzahl der Kartoffeln oder vielmehr der Metallscheiben, die wir gesammelt hatten.

Am frühen Morgen war es meist schon ziemlich kalt und wir lernten schnell, wie man ein Kartoffelfeuer machte. Die Blätter und Stängel waren so trocken zur Erntezeit, dass sie ganz wunderbar brannten. Wir machten daraus kleine Häufchen und zündeten sie an. Dann sammelten wir Kartoffeln, bis unser Korb voll war, lieferten ihn ab und rannten so schnell wir konnten zu unserem Feuer, um uns die Finger zu wärmen, bevor es mit der Leserei weiterging. Wenn wir Glück hatten, hingen noch ein paar winzige Knöllchen am Ende der trockenen Pflanze und die rösteten langsam vor sich hin. Die hatten einen ganz eigenen Geschmack, außen verbrannt und innen süß – die waren so gut, das war eigentlich die beste Belohnung.

Dann kamen wieder der Winter und die Weihnachtszeit. Wenn der Schnee hoch lag und die Nächte lang waren, dann fuhr die ganze Familie sonntags hinaus in den Wald, um die Rehe zu füttern. Vater, unser altes Zugpferd, wurde vor einen großen Schlitten gespannt, der voll mit Heu geladen war, und los ging's. Ich liebte dieses Winterabenteuer, nicht zuletzt wegen der großen Kanne heißer Suppe, die immer mit dabei war. Nachdem erst einmal die Rehe gefüttert worden waren, kamen wir an die Reihe. Wir waren uns alle einig, Erbsensuppe schmeckte sonst nie so gut, wie an diesen eiskalten Wintertagen.

Die Jahre vergingen und langweilig wurde uns nie. An Gesellschaft mangelte es uns auch nicht, denn wir waren viele Kinder, die die Kriegsjahre auf dem Schloss verbrachten. Meist waren wir uns selbst überlassen, und die Älteren kümmerten sich um die Jüngeren. Hermann rettete mich mehr als einmal aus der Bredouille, und ich kümmerte mich um Elsa. Sie war ja immer noch sehr klein, und oft taten ihr die Füße so weh von den Pflastersteinen, dass ich sie huckepack trug.

Wir waren hauptsächlich entfernte Cousins und Cousinen von verschiedenen Zweigen der Familie und wuchsen alle auf wie Geschwister. Aber es entwickelten sich auch Freundschaften, die tiefer gingen und etwas ganz Besonderes waren.

Christa Dennig und ich zum Beispiel, wir beide waren bald schon unzertrennlich. Heute würde ich sagen, wir waren *good, bad and only sometimes indifferent,* und wir hatten immer etwas vor. Es gab für uns nichts Spannenderes, als die Felder, Wiesen und Wälder rund um Juchow zu erkunden, und schon bald waren wir erstaunlich gut vertraut mit der einheimischen Flora und Fauna.

Es war eine Welt voller Abenteuer. Oft kamen wir abends völlig aufgedreht nach Hause und erzählten eifrig von unseren neuesten Eskapaden. Meistens waren wir auch ziemlich verdreckt, und Christa geriet deshalb immer wieder in Schwierigkeiten, ich nehme mal an, weil unsere Abenteuer so gar nicht mädchenhaft waren. Ich hingegen war der ›arme, heimatlose Junge‹ und konnte eigentlich nichts falsch machen. Irgendwie schien ich den Erwachsenen immer leid zu tun. Völlig ohne Grund! Für mich war das nämlich die beste Zeit meines Lebens.

STIERKAMPF

An einem denkwürdigen Nachmittag im Mai 1942 liefen Walter und Christa den Pfad entlang, der über den Kaninchenberg und dann zu den Wiesen am Seeufer hinabführte, wo die Kühe der Dorfleute grasen durften.

Hohe Buchen und Eichen säumten den Weg, als wollten sie mit ihrem nun üppigen Frühlingslaub angeben, und die Wiesen schienen geradezu zu bersten, so dicht stand das frische Gras. Die Vögel zwitscherten, als könnten sie die im Winter verlorene Zeit aufholen, und am Wegesrand, zwischen den Frühlingsblumen, amüsierten sich neben Schmetterlingen und Hummeln noch unzählige andere Insekten.

»Christa, warum heißt dieser Hügel hier eigentlich Kaninchenberg?«, fragte Walter. Er war um einiges stiller und nachdenklicher als die anderen Jungen, die sich meist mit ungestümen Kriegsspielen amüsierten, und zog die Gesellschaft seiner Cousine vor.

Christa überlegte einen Moment; darüber hatte sie noch nie nachgedacht. Sie hatte den Namen einfach von ihren älteren Geschwistern übernommen. Aber Walter war unglaublich neugierig, er wollte immer alles wissen und hörte nie auf, Fragen zu stellen.

»Keine Ahnung, Walter, aber vielleicht gibt es dort oben einfach viele Kaninchen.« Sie zuckte mit den Schultern und schüttelte ihre blonden Zöpfe, während sie weiter ausgelassen den Pfad entlanghüpfte.

Sie liefen an den einfachen Häusern der Gochowanzeks, der Falks und einiger anderer Familien vorbei, die alle auf dem Gut arbeiteten, und fröhlich grüßten sie die vielen Kinder, die sie unterwegs trafen. Eigentlich waren sie aber auf der Suche nach dem alten Böhm. Sie hofften, dass sie ihn dazu überreden konnten, ihnen aus den jungen Ästen der Weiden, die am Seeufer wuchsen, ein paar

Weidenflöten zu schnitzen. Schließlich fanden sie ihn, zusammen mit seinen Kühen, ganz in der Nähe der Gänseweide.

Bei den Kindern war der alte Böhm ganz außerordentlich beliebt. Er verbrachte seine Tage damit, die Rinder der Dorfleute zu hüten, und das hatte er schon sein ganzes Leben lang getan. Er hatte diese Aufgabe von seinem Vater übernommen, der wiederum in die Fußstapfen seines Großvaters getreten war. Und eines Tages würde sein ältester Sohn, der junge Böhm, das Zepter übernehmen.

Er musste einmal groß gewesen sein, der alte Böhm, aber die vielen Jahre harter Arbeit hatten ihren Tribut gefordert. Keiner wusste genau, wie alt er eigentlich war. Dunkle Augen funkelten in seinem Gesicht, dem man ansah, dass er alle Jahreszeiten im Freien verbrachte. Und die letzten Strähnen seiner grauen Haare waren unter einem Filzhut versteckt, von dem er sich nie trennte, außer in der Kirche. Er trug immer lange, graue Hosen, die von Hosenträgern gehalten wurden, und eine grüne Filzjacke, deren Knöpfe er selbst aus Hirschhorn geschnitzt hatte.

Die Kinder ahnten, dass sich unter diesen Kleidern, die nun lose am Körper des alten Mannes hingen, noch eine überraschende Kraft verbarg. Keiner im Dorf war so stark wie der alte Böhm, flüsterte man sich zu. Der Stock, den er immer bei sich trug, das Markenzeichen seines Berufs, war aus hartem Eichenholz geschnitzt und mit komplizierten Verzierungen versehen. Er sprach nicht viel, aber er wusste, wie er die Herzen seiner Tiere und der Kinder gewinnen konnte.

»Herr Böhm, Herr Böhm, bitte, können Sie uns vielleicht eine Weidenflöte schnitzen? Ach bitte, Herr Böhm!« Eine von Böhms Weidenflöten war mit Abstand der begehrteste Schatz, den man besitzen konnte.

»Heute nicht, Kinder.« Der alte Böhm schüttelte seinen Kopf. »Es ist schon spät, und ich muss die Kühe heimbringen. Es ist bald Melkzeit. Die werden schon ungeduldig. Kommt morgen wieder, aber ein bisschen früher, dann zeige ich euch, wie man Weidenflöten schnitzt.«

Walter und Christa nickten. Sie beobachteten, wie der alte Mann die Kühe zusammentrieb und dann langsam in Richtung Dorf führte. Sie wussten, dass es keinen Sinn hatte, ihn überreden zu wollen, aber morgen würden sie wiederkommen.

Langsam wanderten sie am See entlang, zurück zum Schloss. Christa pflückte ein paar Blumen und Walter übte, auf Grashalmen zu pfeifen. Sie suchten nach flachen Steinen, die sie über das Wasser springen lassen konnten. Da fasste Walter Christa plötzlich am Arm.

»Pst«, er hielt sich einen Finger an die Lippen und zeigte mit der anderen Hand zum Waldrand. Dort, vor einem dichten Brombeerbusch, saß ein Fuchs. Sein rotes Fell glänzte in der Nachmittagssonne. Mit dunklen Knopfaugen betrachtete er die zwei, die nun stockstill standen und den Atem anhielten. Nach einer kleinen Ewigkeit drehte er sich um, schnürte davon und verschwand im Wald.

Schweigend genossen sie noch einen Moment die Magie des Augenblicks. Als sie sich dann endlich umdrehten, um weiter ihrem Weg nach Hause zu folgen, lächelten sie beide.

»Weißt du, Christa, das war etwas ganz, ganz Besonderes«, flüsterte Walter voller Ehrfurcht und griff nach der Hand seiner Freundin.

»Ja, das war wunderschön. Und das wollen wir nie vergessen.« Schweigend, jeder in seine Gedanken vertieft, gingen sie weiter.
Als sie sich dem Schloss näherten, hörten sie plötzlich lautes Rufen und Schreien und sahen eine ganze Menge Leute in Richtung Wirtschaftshof laufen.

»Schnell, komm, lass uns sehen, was da los ist!« Christa knuffte Walter in die Seite, und sie stürmten los. Der Anblick, der sich ihnen bot, machte beiden Angst.

Der Bulle hatte sich losgerissen und rannte wild auf dem Hof herum. Die Szene erinnerte an einen Stierkampf, mit dem alten Böhm als Torero. Nur mit seinem Stock bewaffnet versuchte er, das wildgewordene Biest wieder in seinen Stall zurückzutreiben. Aber der Bulle wollte nicht. Trotz seiner Größe war er überraschend behände und entwischte dem alten Böhm und seinem Stock immer und immer wieder.

Das ganze Dorf war nun an der Hofeinfahrt versammelt und betrachtete das Spektakel aus sicherer Entfernung. Alle hatten sie einen gesunden Respekt vor diesem großen, schwarz-weißen Tier. Die Atmosphäre heizte sich mehr und mehr auf, und sowohl der Bulle als auch der alte Böhm, wurden immer wütender.

»Oh je, oh je, das kann ja nicht gut gehen«, rief einer der Dörfler, der nah bei den Kindern stand und seinen Kopf schüttelte.

»Ach was! Der alte Böhm, der weiß, was er tut. Wenn irgendjemand dieses Vieh zurück in seinen Stall bringen kann, dann ist er es«, erwiderte ein anderer Zuschauer.

Mit angehaltenem Atem beobachteten sie nun, wie Böhm den Bullen hart mit seinem Stock am Kopf traf. Und tatsächlich, das Tier bewegt sich ein paar Schritte in Richtung Stall. Ein Seufzer der Erleichterung ging durch die Menge. Zu früh, wie es schien.

Der Bulle, nun wirklich wütend, drehte sich auf dem Absatz um. Einen Moment lang stand er regungslos und atmete heftig. Dann rannte er los. Direkt auf den alten Böhm zu. Bevor der reagieren konnte, flog er schon durch die Luft, fiel zu Boden und das Tier war über ihm.

Die Schaulustigen schrien laut auf. Christa und Walter hielten sich beide die Augen zu und wagten nur ab und zu einen Blick durch die gespreizten Finger. Dann regten sich ein paar der Männer. Da sie dem wildgewordenen Stier nicht zu nahe kommen wollten, schoben sie den Heuwagen auf ihn zu und versuchten, ihn mit der Deichsel von dem alten Mann wegzuschieben. Vergeblich.

»Michel, Michel, komm schnell!«

Michel war der Dorfpolizist, und alarmiert von dem Lärm, der durch den ganzen Ort echote, war nun auch er an der Hofeinfahrt angekommen.

»Polizei! Aus dem Weg!« Er betrachtete die Szene, die sich ihm bot, eine Sekunde lang, dann zog er seine Waffe.

Fünf Schüsse fielen, gefolgt von einer unheimlichen Stille. Der Bulle ließ von seinem Opfer ab. Er warf einen Blick auf die

Menschenmenge, stieß ein unheimliches Bellen aus und bewegte sich dann langsam, wie in Zeitlupe, auf das Seeufer zu.

Schweigend beobachtete die schockierte Menge, wie er sich im kniehohen Wasser noch einmal umdrehte, seine Zuschauer ansah, dann den Kopf senkte, bis die Nüstern vollends unter Wasser waren, und ausatmete. Eine große, rote Blase stieg vor seiner Nase auf, bevor er zusammenbrach und starb.

Nicht nur Walter und Christa waren fasziniert und schockiert zugleich von diesem Drama, und es dauerte eine ganze Weile, bis jemand mit einem Ochsengespann kam, das tote Tier aus dem Wasser zog und wegbrachte. Nur langsam verlief sich die Menge.

Für den alten Hirten Böhm kam jede Hilfe zu spät. Er starb noch auf dem Hof, zu Tode getrampelt von dem Bullen, um den er sich sein ganzes Leben lang gekümmert hatte.

Wie vielleicht nicht anders zu erwarten war, wurde noch monatelang über diese tragische Episode gesprochen – bis noch viel dramatischere Ereignisse die Menschen in Juchow einholten. Aber bis es dazu kam, war es Michel, der Dorfpolizist, der den Spott der Einwohner über sich ergehen lassen musste.

»Der Michel, der Michel, der kann ja nicht schießen. Der hat sieben Schüsse gebraucht, um den Bullen zu töten!«

Die Gänse kommen

Manch eine der Erinnerungen aus der Zeit, die wir in Juchow verbrachten, ist einfach unvergesslich. Da waren zum Beispiel die Gänse.

Alle Leute im Dorf hatten ihre Gänse, die im Frühjahr und im Sommer auf die sogenannte Gänseweide geschickt wurden, eine Wiese am anderen Seeufer. Jeden Morgen in der Frühe trugen die jungen Dorffrauen jeweils einen Korb voller gelber, flauschiger Gänseküken dorthin, während die erwachsenen Tiere stolz hinterhermarschierten. Am Abend ging es dann in umgekehrter Richtung wieder nach Hause, denn die Vögel mussten in Sicherheit gebracht werden, weil sie sonst vom Fuchs oder dem Marder geholt worden wären. Die kleinen Gänslein wuchsen schnell, und schon bald konnten sie abends nach Hause schwimmen.

Was das für ein Anblick war! In der Abenddämmerung, diesem ganz besonderen Licht, schwammen Hunderte weißer Vögel, alle gefolgt von einer Schar Küken, über den klaren, aber schon dunklen See. Dessen Oberfläche war so glatt, dass sie sich alle im Wasser spiegelten. Das war einfach unglaublich schön! Wir Kinder rannten dann immer ganz aufgeregt zum Ufer und riefen: »Die Gänse kommen, die Gänse kommen!«

Abgesehen von der puren Schönheit des Augenblicks faszinierte uns, dass alle Gänse, egal ob groß oder klein, genau wussten, wo sie wohnten. Sie gingen an Land und liefen die Dorfstraße entlang, bis sie zu ihrem jeweiligen Haus kamen, wo sie schnurstracks in ihren Stall marschierten.

Im Herbst, nach der Getreideernte, wurden die Dorfgänse für ein paar Wochen auf die Stoppelfelder des Guts geschickt. Davon wurden sie besonders schnell fett, und im Gegenzug ging jede siebte Gans ans Schloss. Wenn dann kurz vor Weihnachten der See zufror, und der erste

Schnee die Felder und Wiesen bedeckte, war es Zeit für das große Gänseschlachtfest. Es kamen wohl immer so vierzig bis sechzig Gänse fürs Schloss zusammen, und die schlachteten und rupften unsere Mägde zusammen mit den Dorffrauen in der Waschküche. Das war harte Arbeit, und es flogen die Federn, aber es war auch ein festliches Ereignis, und dazu gab es immer viel Kaffee und Kuchen, Gesang und Geschwätz.

Federn und Daunen wurden gleich getrennt. Die feineren Federn wurden gesammelt und in große Säcke gestopft, während mit den Daunen sogenannte *Plumeaus* gefüllt wurden. Ich konnte mein Glück kaum fassen, als ich das erste Mal unter so einer feinen Daunendecke schlafen durfte. Sie wog fast nichts, bedeckte mein ganzes Bett und obwohl es draußen eisekalt war, war mir so richtig schön mollig warm.

Bei so vielen Gänsen, die auf einmal geschlachtet wurden, musste deren Fleisch natürlich irgendwie konserviert werden. Es wurde geräuchert, gesalzen, gepökelt oder eingemacht. Die Innereien wurden entweder zu Pasteten verarbeitet oder zu einer Art Wurst.

Zwei Gerichte sind mir diesbezüglich ganz besonders in Erinnerung geblieben. Da gab es das sogenannte ›Gänse-schwarz-sauer‹, das mit Gänseblut und Essig gekocht und dann mit Preiselbeeren und Kartoffelbrei gegessen wurde. Aber die wirkliche Delikatesse waren die Gänseköpfe. Deren Schnäbel wurden abgeschnitten, bevor sie gekocht und mit einer sauren Soße serviert wurden. Auch dazu gab es normalerweise Kartoffelbrei, und gegessen wurden sie mit zwei spitzen Messern. Das war gar nicht so einfach, aber wenn man erstmal ans Gehirn kam, das war wirklich die Mühe wert. Einfach köstlich!

Experimente

Für Walter bestand kein Zweifel. Das interessanteste aller Zimmer im ganzen Schloss war die alte Jagdstube, wo es nach Geheimnissen, Mottenkugeln, Schießpulver und Waffenöl roch. Sie lag im Obergeschoss, im alten Teil des Schlosses, am Ende eines langen, dunklen Gangs, und die Vorhänge waren immer zugezogen.

Was Walter an diesem düsteren Raum am meisten faszinierte, war die Tatsache, dass ihm der Zutritt, genau wie allen anderen Kindern, strengstens verboten war. Die alte Jagdstube wurde nur von den Jägern genutzt, den erwachsenen wohlgemerkt, und auch nur zu besonderen Anlässen. Eine etwas eigentümliche Sammlung alter Geweihe hing dort an der Wand, es gab einen Billardtisch, ein paar antike Sessel und einen Waffenschrank.

Dieser, immer sorgfältig verschlossen, war das Herzstück der alten Jagdstube – und für Walter der Fokus seiner schier unbezwingbaren Neugier. Nur ein oder zwei Mal hatte er einen schnellen Blick auf den Inhalt werfen können, und je mehr Zeit verging, desto dringender wurde sein Bedürfnis, genau zu erkunden, welche Schätze diese verschlossenen Türen bargen. Er entwickelte einen Plan.

An einem winterlichen Nachmittag wartete er ungeduldig auf Hänschen Bautz, den Enkelsohn des Butlers, mit dem er so manch spannendes Abenteuer erlebte. Genau wie Walter war Hänschen sehr an Waffen interessiert, eine Faszination, die Christa nicht unbedingt teilte.

»Hänschen, endlich! Ich dachte schon, du würdest überhaupt nicht mehr kommen!« Walter konnte kaum stillstehen, er war so aufgeregt. »Ich muss dir was zeigen! Rate mal, was ich hier habe?«

»Sieht aus, wie der Schlüssel zu deinem Spielzeugschrank.«

»Ja, genau! Und rate mal, wo der noch passt?«

Hänschen zuckte mit den Schultern.

»Komm einfach mit. Ich zeig's dir!«

Walter drehte sich auf dem Absatz um und rannte die Treppen hoch. Er versicherte sich, dass sie niemand beobachtete, und ging dann den dunklen Flur entlang zielstrebig auf die Jagdstube zu.

»Mann, Walter, du weißt doch, dass wir hier nicht reindürfen!« Hänschen sah sich nervös um. Wenn ihn jemand hier sah, dann steckte er arg in der Klemme.

»Ich weiß, ich weiß, aber ich muss dir halt was zeigen.« Walter lief auf Zehenspitzen durch den Raum, um den Billardtisch herum und auf den Waffenschrank zu.

Hänschen sah sprachlos zu, wie sein Freund den vermeintlichen Spielzeugschrankschlüssel dort ins Schlüsselloch steckte. Er wartete einen Moment und drehte ihn vorsichtig. Mit einem lauten Quietschen öffnete sich die Tür.

Einen Moment lang verharrten die beiden atemlos, aber niemand schien auf sie aufmerksam geworden zu sein. Im Schrank fanden sie Gewehre, Pistolen und Munition. Vergessen war nun die Angst, dass sie jemand entdecken könnte. Der Schatz, den sie hier aufgetan hatten, war einfach zu überwältigend. Sie nahmen die Waffen vorsichtig, eine nach der anderen, aus dem Schrank, strichen liebevoll über die Gewehrläufe und stellten sich alle möglichen Abenteuer vor, die sie damit erleben konnten.

Mit Abstand am spannendsten war ein Jagdgewehr mit großem Kaliber.

»Wow! Schau dir das mal an!«

»Donnerwetter! Das Ding ist so groß, da kannst du ja fast deinen Hintern reinstecken!«

»Ich hab' da eine Idee!« Walter musste plötzlich grinsen. »Warum probieren wir es denn nicht einfach aus? Muss ja keiner wissen. Stell dir das mal vor, mit dem Ding da zu schießen...!«

Das Problem war allerdings, dass sie genau für dieses Gewehr keine passende Munition im Schrank fanden. Aber Walter war voller Tatendrang.

»Hänschen, erinnerst du dich noch, als ich mit Vater das letzte Mal auf der Jagd war, da hat er diesen komischen Drilling benutzt. Vielleicht passt ja eine von den Kugeln?«

»Aber sind die denn nicht viel kleiner?«

»Ja, möglich, dass die ein kleineres Kaliber haben, aber die haben so einen Ring am Ende und vielleicht, naja, vielleicht könnte das trotzdem passen.«

Nun gab es kein Halten mehr. Sie flitzten in den neuen Flügel des Schlosses, stürmten ins andere Jagdzimmer, liehen sich dort heimlich Munition aus, rannten zurück zur alten Jagdstube, um das Gewehr zu holen, und dann ging es endlich raus. Sie liefen den Buchengang entlang, eine kilometerlange Allee, die vom Schloss weg einen kleinen Hügel hinaufführte.

Plötzlich hielten sie mitten in der Bewegung inne.

»Schau mal, da!«, flüsterte Walter.

»Ein Kaninchen!«

»Schieß doch, schieß doch!«

»Aber das dürfen wir doch nicht!«

»Egal, schieß doch einfach. Los!«

Sie luden das Gewehr, Walter lehnte sich gegen einen der Buchenstämme und drückte ab. Aber anstelle des erwarteten lauten Knalls hörten sie nur ein seltsames, jaulendes Geräusch.

Das Kaninchen saß völlig ungerührt am selben Fleck, ein Stück weiter den Buchengang entlang. Es leckte sich die Pfoten, kratzte sich mit den Füßen hinter den Ohren und warf den zwei jungen Jägern immer mal wieder einen spöttischen Blick zu.

Das war nun ganz und gar nicht, was sie erwartet hatten. Es war ein wahrer Fehlschuss gewesen. Nach langem Suchen fanden sie die Patronenhülse oder vielmehr, was davon noch übrig war, in einem seltsamen Winkel im Gewehrlauf stecken. Es dauerte eine Ewigkeit, bis sie alle Spuren ihres Abenteuers beseitigt und das Gewehr sorgfältig gesäubert hatten. Nervös brachten sie es zurück an seinen Platz und hofften, dass sie niemand gesehen hatte.

Erwischt wurden sie nicht, aber sie hatten Gefallen an dieser Art von Abenteuer gefunden. Ein paar Monate später bekam Walter überraschend den alten Drilling seines Vaters in die Hände. Dieses dreiläufige Jagdgewehr, das sowohl mit Schrot als auch mit Kugeln schießen konnte, hatte ihn schon immer sehr beeindruckt.

Diesmal wussten sie auch, wo sie die passende Munition dafür finden konnten. Voll ausgerüstet gingen sie in den Schlosspark. Es war sonst niemand in der Nähe, und als sie am Fischteich vorbeiliefen, da überfiel sie, wie aus heiterem Himmel, eine Idee.

»Warum schießen wir denn nicht einfach mal einen Karpfen?«

Der Schuss war viel lauter, als sie es je für möglich gehalten hätten. Sie sollten nie herausfinden, ob sie tatsächlich einen Karpfen getroffen hatten, denn während ihre Ohren noch summten, kam Großvater Bautz schon aus dem Schloss gerannt.

Er sagte kein Wort, zu niemandem. Aber mit den zwei Missetätern unterhielt er sich ausführlich mit Hilfe seines äußerst soliden Wanderstocks. Dieser leistete Überstunden an jenem Nachmittag, und Hänschen und Walter kamen nie wieder auf die Idee, im Schlosspark Karpfen zu schießen.

HELDENSAGEN

Von wegen armer, heimatloser Junge – um ehrlich zu sein, stellte ich damals ziemlich viel Unfug an. Ich erinnere mich noch genau an den Tag, an dem ich fürchtete, dass sie mich zur Strafe ins Gefängnis schicken würden. Im Ernst! Und das nur, weil ich so verrückt auf alles war, was mit Gewehren und Schießen zu tun hatte.

Solange uns die Erinnerung an den Wanderstock von Großvater Bautz noch in den Knochen steckte, bemühten wir uns redlich, unsere Abenteuer in andere Richtungen zu lenken. Aber die Versuchung lauerte überall. Als Hänschen und ich dann eines Tages eine kleine Kiste voller Militärmunition fanden – sie sah anders aus als die, die auf Juchow zum Jagen genutzt wurde, soviel wussten wir – da konnten wir nicht widerstehen. Ich zumindest. Wir schätzten, dass da ungefähr fünfhundert Schuss drin waren, und uns würde schon einfallen, was wir damit anstellen konnten. In der Zwischenzeit bewahrte ich sie in einem, wie ich dachte, sicheren Versteck auf.

Als die Polizei zum Schloss kam, da wusste ich sofort, dass ich in ernsten Schwierigkeiten steckte. Denn diesmal war es nicht Michel, der Dorfpolizist, der an die Tür klopfte, sondern Militärpolizei. Die waren wirklich furchterregend. Ich wurde nach oben geschickt, aber auf den Gesichtern von meinen Eltern und Tante Erica konnte ich lesen, dass die Sache ernst war. Der Sohn der englischen Lady hatte Munition gestohlen.

»Du kommst ins KZ!« war während der Kriegsjahre ein oft benutzter Ausdruck geworden, wenn man jemanden warnen oder vielmehr ihm drohen wollte. Und genau davor hatte ich jetzt Angst. Dass sie mich ins KZ schicken würden. Es war ganz furchtbar. Ich verbrachte die nächsten Wochen in größter Angst. Ich weiß bis heute nicht, wie es meinem Vater und Tante Erica gelang, die Feldgendarmen zu besänftigen, aber die ganze Geschichte wurde unter den Teppich gekehrt und nie wieder erwähnt.«

Ich kann mich nicht erinnern, jemals wieder in meinem Leben solche Angst empfunden zu haben. Dabei war damals die wirkliche Sorge gewesen, dass sie meinen Vater ins Gefängnis schicken würden. Erst viel, viel später wurde mir klar, dass eigentlich er es war, den ich da in Gefahr gebracht hatte.

Trotz allem war meine Faszination für Waffen und die Jagd unstillbar, und mein großer Held zu jener Zeit war ganz ohne Zweifel unser Onkel Bogislav, auch Boli genannt. Er war etwas exzentrisch und dachte immer irgendwie anders als die meisten anderen Leute. Bevor Onkel Boli einberufen wurde, war er der Verwalter auf Juchow gewesen; außerdem gehörte ihm das im Westen angrenzende Landgut.

Onkel Boli schien den Krieg nicht allzu ernst zu nehmen, und irgendwie schaffte er es jedes Jahr, zur großen Hirschjagd zu Hause zu sein. Aus unerfindlichen Gründen schien er immer kurz vor der Jagdsaison Symptome der einen oder anderen hoch ansteckenden Kinderkrankheit zu entwickeln. In einem Jahr waren es die Masern, im nächsten Mumps oder Windpocken, die ihn niederschlugen. Er wurde dann prompt nach Hause geschickt, damit es bei den Truppen nicht zu einer Epidemie kam, das glaubten wir zumindest. Wie durch ein Wunder verbesserte sich sein Zustand dann über Nacht ganz dramatisch, und am Morgen der großen Hirschjagd stand er voller Tatendrang auf der Matte.

Stück für Stück gelang es mir, die Geschichte meines Lieblingsonkels zusammenzufügen. Bolis Vater hatte verschiedene Güter und Ländereien besessen, und Boli hatte Landwirtschaft studiert, in der Hoffnung, diese eines Tages zu übernehmen. Als sein Vater in den zwanziger Jahren wider Erwarten die Familienbesitztümer alle verkaufte, war Boli zuerst tief enttäuscht gewesen, hatte aber dann beschlossen, das Beste aus der Situation zu machen, seinen Erbteil zu nehmen und auszuwandern. Bevor er sich versah, und während er noch Pläne schmiedete, sorgte die Hyperinflation der Weimarer Republik dafür, dass sein Erbe, nun vermeintlich harte Währung anstelle von weitläufigen Landstrichen, im wahrsten Sinne des Wortes über Nacht wertlos wurde. Boli saß erst einmal fest und war sich nicht sicher, was er als nächstes tun sollte. Da kam ihm Heinz-Jürgen Dennig zu Hilfe. Er stellte seinen entfernten Cousin als Gutsverwalter ein und gewährte ihm einen großzügigen Kredit, mit dem er sein eigenes Gut erwerben konnte.

Mit Onkel Boli auf die Jagd zu gehen, das war für mich damals das Größte. Im Herbst, bald nach dem Gänseschlachtfest, kam die Zeit für den Schnepfenstrich. Obwohl mein Vater eigentlich kein passionierter Jäger war, organisierte er jedes Jahr eine Schnepfenjagd, und Onkel Boli war auch jedes Jahr dabei.

Wir gingen normalerweise eine Stunde vor Sonnenuntergang los und liefen bis zum Auenbruch, einer sumpfigen Lichtung tief im Juchower Forst. Dort saßen wir dann ganz ruhig und warteten darauf, dass die Schnepfen kamen. Gleichzeitig lernte ich, die Vögel an ihrem Abendgesang zu erkennen.

Der letzte Vogel, der sang, bevor es dunkel wurde, war die Amsel. Sie trällerte eine wunderschöne Melodie, und dann senkte sich die Stille über das Land. Jetzt kam die Zeit für die Schnepfen.

Die flogen immer in einer bestimmten Richtung über die Lichtung, aber erst, als es schon ziemlich dunkel war. Wir hörten sie aus einiger Entfernung näherkommen und konnten sie identifizieren, da sie ein ganz einzigartiges Geräusch machten, so ein tiefes *Gnaak, Gnaak*. Aber mir wurde auch schnell klar, dass man ein gewiefter Jäger sein musste, um so einen Vogel schießen zu können. Und in einem Jahr schoss mein Vater zwei!

Im nächsten Jahr dann schossen beide, mein Vater und Onkel Boli, jeweils einen. Auf dem Weg nach Hause hatten sie beide ihre Beute am sogenannten Hühnergalgen hängen, einer etwas eigentümlichen Vorrichtung aus Haken und Lederstücken, die die Schnepfenjäger am Gürtel trugen.

In jener Nacht führte Onkel Boli unsere kleine Prozession an. Ihm folgte mein Vater, und ich war der Letzte. Boli schritt forsch voran, und die Schnepfe pendelte an seinem Gürtel hin und her. Plötzlich drehte sich mein Vater mit einem Grinsen zu mir um. Er hielt sich den Zeigefinger an die Lippen und bedeutete mir, ganz ruhig zu bleiben. Dann legte er einen Schritt zu, bis er sich direkt hinter Onkel Boli befand. Zu meinem Erstaunen beobachtete ich, wie er sein Jagdmesser zog und es klammheimlich an den Hals von Bolis Schnepfe legte. Durch die pendelnde Bewegung war der Hals im Nu durchgeschnitten und der Körper des Vogels fiel auf den Waldboden, von wo ihn mein Vater aufhob, ohne den Rhythmus seiner Schritte zu ändern. Er stopfte ihn in seine Jagdtasche, und Onkel Boli hatte keine Ahnung. Erst als wir am Schloss ankamen und er seine Beute vorzeigen wollte, stellte er fest, dass er nur noch den Vogelkopf am Gürtel hängen hatte. Er war ganz furchtbar enttäuscht.

Am nächsten Morgen erwartete ich das traditionelle Jägerfrühstück mit größter Spannung. Onkel Boli war gar nicht er selbst, und er tat mir fast ein wenig leid. Verlegen nahm er seinen Teller in Empfang, auf dem nur ein Schnepfenkopf lag, während mein Vater sehr großzügig Teile seines Vogels an uns Jungs verteilte. Onkel Bolis Gesichtsausdruck veränderte sich jedoch schlagartig, als ein anderer Teller hereingebracht wurde, auf dem eine zweite, kopflose Schnepfe lag. Schnell ging ihm ein Licht auf, und dann jagte er meinen Vater um den Frühstückstisch, wobei beide Männer wie verrückt lachten.

Als ich zehn wurde, wurde mir feierlich mitgeteilt, dass ich nun alt genug sei, um selbst mit einem Kleinkalibergewehr auf die Jagd zu gehen. Ich bekam jeweils drei Kugeln ausgehändigt und durfte dann losziehen, um damit Hasen oder Eichhörnchen zu schießen. Aber das war leichter gesagt als getan. Mein Bruder Hermann war ein toller Schütze, ganz im Gegensatz zu mir. Um ehrlich zu sein, ich war ein hoffnungsloser Fall. Manchmal ließ ich Hermann mein Gewehr benutzen, und wenn er damit ein Eichhörnchen schoss, dann häuteten wir es ganz sorgfältig und gerbten das Leder, genauso wie wir das in Südafrika bei den Buren gesehen hatten. Einmal machten wir daraus einen fabelhaften Eichhörnchenteppich für Elsas Puppenhaus. Er stank nur ein ganz kleines bisschen.

Zur selben Zeit freundete ich mich mit Jean-Pierre an, einem französischen Kriegsgefangenen, der für die Dennigs arbeitete. Er war mein großer Held, und ich wurde sein Kumpel. Heute denke ich manchmal, dass er nur mein Freund wurde, weil ich immer mit meinem

Gewehr herumlief, und er unbedingt damit schießen wollte. Aber wer weiß das schon?

Als sich der Krieg immer länger hinzog, er schien eine wahre Ewigkeit zu dauern, wurde es immer schwieriger, genügend Arbeitskräfte zu finden, um auf den großen Landgütern die täglich anfallenden Arbeiten zu verrichten. Fast alle Männer waren mittlerweile eingezogen worden, und viele, viele waren gestorben. Es wurden nun sogar Jungen im Alter von fünfzehn Jahren in Uniformen gesteckt, außerdem alte Männer und überhaupt viele, die bisher als kriegsunfähig angesehen worden waren. Unser Vater war einer von ihnen. Plötzlich störte es niemanden mehr, dass er einen südafrikanischen Pass hatte. Glücklicherweise schickte man ihn nur nach Neustettin, in die nächstgelegene Kleinstadt, wo ihm eine Stelle in der Verwaltung zugeteilt wurde. In den Dörfern und auf den Höfen blieben die Frauen und Kinder zurück und die ganz alten, verletzten oder kranken Männer. Obwohl die Frauen es gewohnt waren, hart zu arbeiten, war die Last einfach zu groß. Und weil Pommern ein wichtiges Gebiet war für die Nahrungsmittelproduktion, wurden den Landgütern sogenannte Fremdarbeiter zugewiesen, die eigentlich Zwangsarbeiter und Kriegsgefangene waren. Auf Juchow alleine gab es mindestens zweihundert, von denen manche aus Frankreich und andere aus Polen kamen.

Mein großer Freund Jean-Pierre war ein Mann mit vielen Talenten. Früher, zu Hause, in seinem französischen Dorf, da war er Priester gewesen. Dann, beim Militär, wurde er zum Panzerfahrer. Und weil die Zeiten hart waren, war aus ihm ein ausgesprochen guter Wilderer geworden. Er zeigte mir, wie man Fallen stellte, und irgendwann gelang es ihm auch, mir das Schießen beizubringen. Wir mögen ein eher unkonventionelles Freundespaar gewesen sein, aber wir verstanden uns gut und zogen oft zusammen los, um Hasen zu jagen. Jean-Pierre wollte unbedingt einmal mein Gewehr benutzen, und ich war ganz wild darauf, endlich meinen ersten selbstgeschossenen Hasen nach Hause zu bringen.

»Ach komm, Kleiner, lass mich doch den Hasen schießen! Du triffst ja sowieso nicht!« Jean-Pierre versuchte, mich zu überzeugen.

»Nein, nein, nein. Ich kann nicht.« Ich blieb standhaft. »Du bist ein Kriegsgefangener, und mich schicken sie ins Gefängnis, wenn ich dir das Gewehr gebe.« Ich wollte nicht schon wieder in Schwierigkeiten geraten. Der Schreck mit der Munitionskiste saß mir immer noch in den Knochen.

»Ach komm schon, es muss ja keiner wissen.« Jean-Pierre gab nicht so schnell auf. »Außerdem darfst du den Hasen dann auch behalten.«

»Nein, wirklich, ich kann nicht. Ich darf nicht.«

Und so gingen wir immer weiter, bis wir zu den Spargelfeldern kamen. Im Sommer, nach der Spargelernte, wuchs hier das Spargelkraut zu kräftigen Büschen, von denen manche höher waren als ich. Wir wanderten am Feld entlang, als Jean-Pierre plöztlich flüsterte: »Da sitzt er!«

Ich sah mich um, aber ich konnte ihn nicht sehen, wer immer er auch war.

»Da! Der Hase! Schnell, gib mir das Gewehr!«

»Nein, ich kann nicht! Wo sitzt er denn?«

Ohne Warnung flog Jean-Pierre dann über zwei Reihen der Spargelbüsche und verschwand. Als er wieder auftauchte, stand er mitten im Feld mit einem toten Hasen in der Hand. Überall war Blut, und es dauerte einen Moment, bis ich verstand. Er hatte das Tier mit einem Handkantenschlag geköpft. Unglaublich!

Von diesem Augenblick an kannte meine Bewunderung für Jean-Pierre keine Grenzen. Er war unfehlbar geworden, er war mein großer Held. Und als wir später noch einen Hasen sahen, da gab ich ihm das Gewehr. Und er ließ mich den toten Hasen mit nach Hause nehmen, damit ich ihn dort vorzeigen konnte. Ich bekam nämlich nur neue Kugeln, immer drei an der Zahl, wenn ich damit mindestens ein Tier erlegt hatte. Wenn nicht, ging ich zur Strafe leer aus und bekam die nächste Ration an Kugeln erst drei Wochen später.

Es war ein guter Deal. Ich ließ Jean-Pierre immer zwei Hasen schießen, einen für mich und den zweiten für ihn. Den nahm er dann mit, denn das Essen war knapp.

Es gab einen Ort, den wir mieden, während all unserer Jahre in Juchow, und das war der Wald von Kuchorow. Dort spukte es nämlich, das wussten wir genau. Ein paar Mal war ich mit meinem Vater dort gewesen, zur Jagd, nur wir zwei. Und wenn es dunkel wurde, da wurde der Wald von Kuchorow sehr unheimlich. Es herrschte Totenstille. Nur ein Uhu rief hin und wieder, und das machte alles noch gruseliger. Mir sträubten sich die Nackenhaare, und es lief mir eiskalt den Rücken herunter. Natürlich versuchte ich, vor meinem Vater zu verbergen, wie sehr ich mich fürchtete, denn er behauptete steif und fest, dass es dafür keinen Grund gäbe. Aber uns Kindern konnte er nichts vormachen.

Und nachdem wir schon ein oder zwei Jahre auf Juchow gewesen waren, da hieß es plötzlich, dass wir unter keinen Unständen in den Wald von Kuchorow gehen durften. Natürlich dauerte es nicht lange, bis wir herausfanden warum. Angeblich hatte jemand ein junges Mädchen aus dem Dorf vergewaltigt, und in ihrer Wut hatten die Dörfler den Verdächtigen im Wald von Kuchorow aufgeknüpft.

»Vergewaltigt?«, fragte ich meinen Vater, »was heißt das denn?«

»Mmm, ja«, antwortete er, »das ist etwas ganz, ganz Furchtbares.«

Er sorgte dafür, dass wir den Toten nicht am Baum hängen sahen, und ich bin mir ziemlich sicher, dass wir diesen Wald danach nie wieder betreten haben.

Knapp entkommen

Der Krieg blieb lange Zeit eine ferne Realität für Walter und die anderen Kinder auf Juchow. Obwohl die Dennigs und die Eschenburgs, genau wie die meisten anderen Familien auch, einige ihrer Männer verloren hatten, ging das Leben mehr oder weniger seinen gewohnten Gang. In Pommern blieb den Menschen der Terror der fallenden Bomben erspart, und die zerstörten Städte und Kämpfe an den Fronten schienen, in den ersten Kriegsjahren zumindest, noch weit entfernt. Die Region wurde zum Zufluchtsort für viele Menschen aus den dichter besiedelten Gebieten und Industrieregionen des Landes.

Die Kinder sowie ein Großteil der Landbevölkerung akzeptierten die Veränderungen, die der Krieg mit sich brachte, genauso wie sie eine Dürre akzeptiert hätten oder einen besonders harten Winter. Was blieb ihnen auch anderes übrig. Sie hatten auch vorher schon schwere Zeiten überstehen müssen. Sie hatten den Ersten Weltkrieg überlebt und alles, was danach kam. Sicherlich konnte es nicht noch schlimmer kommen. Weit weg von den Zentren der Weltpolitik warteten die Kühe darauf, gemolken zu werden, Holz wurde gehackt und Schweine geschlachtet. Weizen und Kartoffeln mussten geerntet, und Gänse und Rinder gehütet werden. Kinder wurden geboren und manch einer wurde alt und krank und starb. Nachrichten vom Tod auf dem Schlachtfeld wurden hingenommen. Die Männer waren nun schon eine ganze Weile weg. Das Leben war hart, aber irgendwie ging es weiter. Es musste einfach weitergehen.

Walter und seine Geschwister wussten nicht, wie das Leben in Deutschland vor dem Krieg gewesen war. Sie hatten allerdings in Südafrika erlebt, was es hieß, in einer Gesellschaft zu leben, in der nicht alle Menschen als gleichwertig angesehen wurden. In der neuen Umgebung gab es so viel zu entdecken, ein ganz neues Leben, neue Horizonte zu erschließen. Was machte es da aus, dass Krieg war? Sie hatten natürlich schon von Frankreich und England gehört, aber Deutschland hatte gegen diese beiden Länder auch schon früher Krieg geführt, das hatten sie in der Schule gelernt. Sie sprachen Englisch, und Mademoiselle Jacqueline, die Französischlehrerin, lebte mit ihnen zusammen auf dem Schloss, da Kenntnise des Französischen nach wie vor als Zeichen von Weltgewandtheit galten. Geschichten vom Krieg mit Russland waren da schon unheimlicher. Sie wussten, dass Russland unglaublich groß war und voller Kommunisten und Bolschewisten. Aber was ein Bolschewist oder ein Kommunist genau war, davon hatten sie keine Ahnung; nur, dass das eine ganz böse Sache war, das hatten sie gehört. Was Amerika betraf, das lag doch noch viel weiter weg als Südafrika. Die Indianer kämpften dort im Wilden Westen mit den Cowboys, und eine ganze Menge Leute aus Pommern, da gab es welche in jedem Dorf, waren dorthin ausgewandert, auf der Suche nach einem besseren Leben. So furchterregend konnten die Amerikaner also auch nicht sein.

Die Nahrungsmittel wurden manchmal knapp, und die Mahlzeiten waren nicht mehr so üppig, wie sie es gewohnt waren, aber sie litten keinen Hunger. Die pommersche Landwirtschaft war auf Kriegsproduktion umgestellt worden, und ein bestimmter Anteil der Erzeugnisse musste an die Behörden geliefert werden. Die Schulkinder mussten bei der Kartoffelernte helfen und Bucheckern wurden gesammelt, um Öl zu produzieren. Trotzdem lieferten die Schweine und Gänse Fleisch, und es gab immer Milch und Butter. Wilde Beeren und Pilze wurden in den ausgedehnten Wäldern gesammelt, und Kaninchen und Rehe gejagt.

Aber der Schein eines mehr oder weniger normalen Lebens täuschte, und je länger der Krieg dauerte, um so offensichtlicher wurden seine grausamen Realitäten auch für die Kinder. Als die Eschenburgs auf Juchow angekommen waren, waren bis auf eine schon alle polnischen Familien, die im Dorf gelebt hatten, deportiert worden. Für ein paar Monate hatten Theresa und Alwin noch mit Walter zusammen die Schulbank gedrückt und sie hatten sich angefreundet, aber dann waren sie eines Tages plötzlich verschwunden. Niemand sprach darüber. Die Angst, wenn auch unterschwellige, dass seine Mutter, die englische Lady, vielleicht doch nicht deutsch genug war, verließ Walter nie ganz. Man hörte von Konzentrationslagern und Deportationen. Von Hinrichtungen und illegalen Tötungen von polnischen und jüdischen Nachbarn, sowie von sogenannten Zigeunern und Dissidenten. Und dann war da noch die Tatsache, dass Tonis Mutter umgebracht worden war, nur weil sie blind war.

Da waren die von Ludenows, allesamt junge Männer und Cousins der Dennigs, die eines Tages auf Urlaub von der Front kamen. Sie gingen zusammen auf die Jagd, und einer von ihnen schoss einen Hirsch, zum großen Jubel aller. Nicht viel später hörte Walter, dass dieser Cousin gefallen war. Und ein paar Monate später traf es drei seiner Brüder, so dass am Ende nur noch einer der Ludenow-Söhne übrig war.

Eines Tages erhielten sie die Nachricht, dass auch Heinz-Jürgen Dennig nicht mehr aus Russland zurückkommen würde. Erica war nun Witwe und ihre sechs Kinder vaterlos.

Das Militär beanspruchte einen Flügel des Schlosses als Unterkunft für Offiziere während des Ostfeldzugs, der als die bis dahin tödlichste Militäroffensive in die Geschichte eingehen würde. Beispiellose Grausamkeiten und Brutalität, Massendeportationen, Kälte, Hunger, Krankheiten und Massaker forderten den Tod von insgesamt mehr als dreißig Millionen Menschen, viele von ihnen Zivilisten.

Nur ein paar Kilometer südlich von Juchow unterhielt die deutsche Armee nicht nur ein militarisches Trainingscamp, sondern auch ein berüchtigtes Kriegsgefangenenlager, in dem zwölftausend Menschen während der Kriegsjahre ihren Tod fanden.

Nachdem die Schlacht von Stalingrad verloren war, und die Ostfront sich westwärts zu bewegen begann, als die ersten Wellen von Flüchtlingen aus Ostpreußen durch Pommern rollten, da wurde schließlich allen klar, dass die Realität des Krieges noch deutlich mehr Opfer fordern würde.

Anfang Januar 1945 lief Ursula Eschenburg zusammen mit ihrer Tochter Elsa durch die große und jetzt im Winter kalte Schlosshalle, deren Wände mit den besten Trophäen und prachtvollsten Geweihen der jährlichen Hirschjagden geschmückt waren.

Elsa, jetzt schon sechs, blieb nah bei ihrer Mutter und hielt ihre Hand ganz fest. Die Geweihe waren ihr schon immer unheimlich gewesen, aber was ihr wirklich Angst machte, das waren die ausgestopften Köpfe der Tiere, die zu besseren Zeiten geschossen worden waren. Ihre glasigen Augen schienen jede Bewegung in der Halle zu beobachten. Plötzlich hielt sie mitten in der Bewegung inne.

»Mami, Mami, hast du das gehört?«

Ursula war in Gedanken versunken und meilenweit entfernt gewesen. Wie schon so oft hatte sie sich gefragt, ob sie wohl irgendwann nach Hause zurückkehren konnten. Sie waren nun schon so lange in Juchow, dass sie manchmal alle Hoffnung verlor. Wenn nur dieser schreckliche Krieg endlich vorbei wäre. Oft waren es die kleinen Dinge, die ihr Heimweh aufflammen ließen. Zum Beispiel, wenn Kuhnert den schwarzen Ford polierte, jeden Tag, ohne Ausnahme, obwohl sie nun schon seit Jahren kein Benzin mehr hatten. Dann musste sie an ihr eigenes Auto denken, ein schwarzes Ford-T-Modell, das, hoffentlich, noch auf Uhlenhorst geparkt war.

Selten, nur ganz selten erlaubte sie es sich zu träumen. Dann sah sie sich ihre Familie in Kuhnerts schwarzes Auto packen und los ging's, einfach gen Süden. Durch ganz Europa, nach Italien, übers Mittelmeer und dann weiter, immer weiter geradeaus, bis sie in Südafrika ankämen. Sie vermisste ihr Heimatland mit jeder Faser ihres Körpers, aber sie bemühte sich, sich nichts anmerken zu lassen. Was hätte sie davon, diese Gefühle zu zeigen? Sie mussten sowieso in Deutschland bleiben, bis dieser vermaledeite Krieg vorbei war.

Was die Sache noch schlimmer machte, war die Tatsache, dass ihr Mann Hermann trotz allem sein Leben auf Juchow zu genießen schien. Durch eine Wendung des Schicksals war sein größter Kindheitstraum in Erfüllung gegangen, und jetzt nannte er ein Landgut in Pommern sein Zuhause. Ursula war das an jenem Tag wirklich bewusst geworden, an dem sie die furchtbare Nachricht erhalten hatten, dass Onkel Heinz-Jürgen gefallen war. Hermann hatte versucht, seine Nichten und Neffen zu trösten und zur kleinen Christa, die sich auf seinem Schoß zusammengerollt hatte, hatte er gesagt: »Macht euch keine Sorgen, ich bin ja für euch da. Ich werde mich um euch kümmern.« Ja, Hermann schien sich in der Tat mit dem Gedanken zu tragen, auf Juchow zu bleiben.

»Aber Mami, hörst du das denn nicht?«

Elsas ängstliche Stimme holte Ursula aus ihren Grübeleien in die Gegenwart zurück.

»Mami, der eine Hirsch da drüben, der spricht mit uns.«

»Ach Elsa, red doch keinen Unsinn! Du weißt doch, dass die alle längst tot sind. Und außerdem können Hirsche überhaupt nicht reden.«

Ursula nahm ihre Tochter auf den Arm, das einzige ihrer Kinder, das noch mit ihr auf dem Schloss weilte. Allein ihre Anwesenheit machte das Leben hier erträglich machte. Walter und Hermann waren schon seit einiger Zeit im Internat in Kolberg, einer Stadt, die weit entfernt an der Ostseeküste lag. Sie vermisste die beiden sehr.

»Da, schon wieder! Mami...«

Ursula drehte sich um. Sie selbst hatte nun auch eine tiefe Stimme gehört, die von einem der ausgestopften Köpfe an der Wand zu kommen schien. Ihren eigenen Ohren nicht trauend, tat sie aber, als sei nichts gewesen.

»Seid vorsichtig!« Die Stimme schallte durch die Schlosshalle. »Passt auf, sonst kommt der Russe und holt euch!«

Ursula versuchte, ihre Verwirrung zu verbergen und sah sich um. Als ihr Blick auf ein Grüppchen von Offizieren fiel, von denen sich einer ganz offensichtlich ein Grinsen kaum verkneifen konnte, da wusste sie Bescheid. Sie warf ihm einen bösen Blick zu. Was bildete er sich bloß ein, ihr kleines Mädchen so zu erschrecken?

»Keine Sorge, Elsa, das sind nur die Soldaten da drüben. Einer von ihnen ist wohl ein Scherzkeks – und ein Bauchredner.«

Wie sich bald herausstellen sollte, waren die Warnungen des Bauchredners nicht unbegründet. Nur wenige Wochen später rief einer der Offiziere Erica zu sich und warnte sie vor dem unmittelbar bevorstehenden Eintreffen der Roten Armee.

Dass die Lage nicht gut aussah, war ihnen allen klar. Man brauchte sich nur den endlosen Strom der Flüchtlinge anzusehen. Zuerst waren es hauptsächlich Menschen aus Ostpreußen gewesen, aber mittlerweile war es ein unendlicher Treck aus Wagen und Pferden, Ochsen und Traktoren, von Menschen, die gar nicht viel weiter östlich lebten als sie selbst. Mit den Flüchtlingen kamen die Geschichten über Gräueltaten, die von marodierenden Soldaten begangen wurden.

»Gnädige Frau, ich habe das nie gesagt«, nahm der Offizier Erica ins Vertrauen, »aber es wird jetzt Zeit, dass sie hier alle weggehen. Die Lage verschlechtert sich stündlich.«

»Aber der Herr Bürgermeister hat uns gerade gestern noch versichert, dass es keinen Grund zur Beunruhigung gäbe.« Erica runzelte die Stirn. »Und er hat mir auch gesagt, dass es uns überhaupt nicht erlaubt sei, unser Land hier zu verlassen.«

»Das ist alles Propaganda. Angeordnet von der Partei. Die können nicht zugeben, dass die Sache hier verloren ist. Außerdem wollen sie die Straßen freihalten für den Truppenrückzug. Aber ich sage Ihnen, wenn Sie jetzt nicht gehen, dann kommen Sie hier vielleicht überhaupt nicht mehr weg. Und wir alle wissen, was passiert, wenn die Russen kommen.«

Erica zögerte nicht lange. Sie vertraute diesem Mann und der Eindringlichkeit, die in seiner Stimme lag. Außerdem war sie auch nicht blind. Im Stillen hatte sie schon lange Fluchtpläne geschmiedet.

»Wie viel Zeit haben wir noch?«

»Vielleicht ein paar Tage, nicht mehr als zwei, denke ich. Vom Friedhofsberg konnte man letzte Nacht schon den Schein der brennenden Dörfer weiter im Osten sehen. Wenn irgendwie möglich, rate ich Ihnen, sollten Sie heute Nacht noch los.«

Seit die Rote Armee im Oktober 1944 deutsche Gebiete erreicht hatte, zuerst in einem kleinen Dorf an der Ostgrenze, war ihr ein Ruf von Grausamkeit und Terror vorausgeeilt. Man sprach von Vergewaltigungen und Mord, von Plündereien und Brandstiftung.

Den meisten Bewohnern Hinterpommerns war mittlerweile auch klar geworden, dass sie der Nazipropaganda, die weiterhin verkündete, dass die deutsche Armee die Russen aufhalten würde, nicht länger glauben konnten. Viele entschieden sich zu fliehen. Ihre Chancen zu überleben, schienen im Westen besser zu sein.

Nichtsdestotrotz verursachte die gutgeölte Propagandamaschine, dass einige, die ihre Besitztümer und Ländereien nicht verlassen wollten, zu Hause blieben. Sie wollten lieber abwarten. Bis sie im wahrsten Sinne des Wortes das Rumpeln der sowjetischen Panzer hörten und deutsche Truppen auf den Straßen sahen, die sich von der Frontlinie zurückzogen, und kein Zweifel mehr bestehen konnte.

Pferde und Ochsen wurden vor jegliche Art von Gefährt gespannt, von dem man glaubte, dass es die Reise überstehen würde. In vielen Fällen stellten die Gutsherrinnen, die in Abwesenheit ihrer Männer die Güter verwalteten, ihren Leuten Zugtiere und Wagen zur Verfügung. Oft flohen sie gemeinsam mit der ganze Dorfgemeinschaft. Pferdekarren wurden mit schwangeren Frauen, kleinen Kindern sowie den Verletzten, Alten und Kranken beladen, außerdem mit allen Vorräten, die man in der Eile zusammenraffen konnte. Viel war nicht übrig, mitten im langen und kalten Winter. Auf die Ochsenwagen wurden Heu und Hafer gepackt, um unterwegs die Pferde füttern zu können; später würden dann die Ochsen geschlachtet werden, um die Flüchtenden am Leben zu halten.

Erica war noch nie jemand gewesen, der zauderte. Die Verantwortung für das Schloss, die Kinder, ihre Angestellten und die Dorfleute lastete schwer auf ihren Schultern, und sie beschloss, die Situation mit Ursula zu besprechen. Gemeinsam entschieden sie, dass zu viel auf dem Spiel stand. Ein Treffen der Dorfgemeinschaft wurde einberufen. Erica informierte die Anwesenden, dass sie um drei Uhr früh am nächsten Morgen alle zusammen Juchow verlassen würden. Die meisten nickten nur ernsthaft mit dem Kopf, aber manche Dorfbewohner äußerten ihre Zweifel.

»Aber Frau Dennig, um drei Uhr? Wir können doch die Pferde nicht so früh füttern«, widersprach einer.

»Aber gnädige Frau, man hat uns doch gesagt, dass wir hier sicher sind, dass unsere Soldaten die Russen noch zurücktreiben werden, bevor sie hierherkommen«, warf ein anderer ein.

»Ich kann doch mein Haus und meine Tiere nicht einfach hier zurücklassen«, sorgte sich ein Dritter.

»Ruhe bitte!« Erica verschaffte sich Gehör. Sie war es mittlerweile gewohnt, Anweisungen zu geben, und wurde von ihren Leuten respektiert.

»Wir werden um drei Uhr losfahren. Ich empfehle euch mitzukommen. Ich bitte euch. Aber ich kann euch nicht zwingen. Es ist eure Entscheidung.« Nach einer kurzen Pause fuhr sie fort: »Ich wiederhole, und das ist jetzt mein letztes Wort: Um drei Uhr geht es los. Wenn ihr mitkommen wollt, müsst ihr dann abfahrbereit sein. Wenn nicht, dann obliegt das eurer Verantwortung. Dann gibt es nichts mehr, was ich für euch tun kann.«

Kurz vor drei am nächsten Morgen meldete sich Teggerts, der alte Kutscher, bei Erica.

»Gnädige Frau, wir sind abfahrbereit. Alle Pferde sind eingespannt. Wir können los.«

Eine Wagenkolonne, gezogen von vierundzwanzig Pferden und zwei Traktoren, dazu die Schlosskinder, alle Angestellten und gut zwei Drittel der Dorfbevölkerung, insgesamt fast dreihundert Seelen, verließen Juchow in den frühen Morgenstunden. Mit von der Partie waren auch die französischen Kriegsgefangenen, froh darüber, dass es in Richtung ihrer Heimat ging. Die meisten der polnischen Zwangsarbeiter hingegen hatten beschlossen zu bleiben.

Ursulas Herz war schwer, als sie aufbrachen. Zum einen machte sie sich große Sorgen um Walter und Hermann, die in Kolberg im Internat waren, so weit weg an der Ostsee. Sie hatte nicht die geringste Ahnung, wie die Lage an der Küste war, aber sie fürchtete das Schlimmste. Zum anderen hatte sie keinerlei Möglichkeit gehabt, ihren Mann über die bevorstehende Flucht zu informieren. Einige Wochen zuvor war er von seinem Verwaltungsjob weg und in den

Volkssturm gerufen worden. Ursula wusste nicht, wo er war. Ob er überhaupt noch am Leben war.

Als ihr Treck von Juchow kommend auf die Hauptstraße traf, mussten sie sich in die schier endlose Prozession von Flüchtlingen einreihen. Die wenigen Straßen, die gen Westen führten, waren mit Schnee und Eis bedeckt. Die vielen Menschen bewegten sich nur sehr langsam vorwärts, während ihnen die Angst und die Geräusche der sich unaufhaltsam nähernden Front im Nacken saßen.

Zwei Tage nach ihrem Aufbruch hörte Ursula Gerüchte, dass ihr Mann in Juchow gesehen worden war. Während Erica den Treck weiterführte, nahm sie Elsa auf den Arm und lief zurück. Da sie nur zu zweit waren, kamen sie viel schneller voran und erreichten das Gut noch am selben Abend.

Ja, Hermann Eschenburg war gesehen worden, berichtete der Bäcker, einer der wenigen, die im Ort geblieben waren. Aber er sei wieder weg. Und nein, niemand wusste wohin. In den Wald sei er gegangen, und er habe einen Großteil der Rinderherde mitgenommen. Ursula sollte erst viele, viele Monate später Nachrichten über den Verbleib ihres Mannes erhalten.

Die Kämpfe an der Front kamen immer näher, und nun konnte sie schon einzelne Schüsse in der Ferne ausmachen. Selbst die zögerlichsten Dörfler sahen sich genötigt, überstürzt ihre wenigen Besitztümer zusammenzupacken und sich auf den Weg zu machen. Auch Ursula war bewusst, dass sie nicht länger nach Hermann suchen konnte, dass sie, wenn sie länger bleiben würde, ihr eigenes und das Leben ihrer Tochter aufs Spiel setzen würde. Vielleicht war es sowieso schon zu spät. Sie verließ Juchow zum zweiten Mal, und in der Eile verlor sie ihre Umhängetasche, die sie immer bei sich trug, und in der sie all ihre Papiere, Pässe und ein paar Familienfotos aufbewahrte. Als sie den Verlust bemerkte, zögerte sie kurz, aber es war ausgeschlossen, noch einmal zurückzugehen. Es war zu spät. Sie lief durch die Nacht, wobei sie die sechsjährige Elsa fast die ganze Strecke auf dem Rücken trug. Viele Abkürzungen durch die dunklen, aber vermeintlich sichereren Wälder nehmend, gelang es ihr, den

Treck und den Rest ihrer Gruppe am nächsten Nachmittag einzuholen.

Die folgenden Wochen waren die härtesten, die sie oder ihre Mitreisenden je durchlebt hatten. Tote Pferde und umgestürzte Wagen säumten die Straßen. Es blieb keine Zeit, sie wieder aufzurichten und auf den Weg zu bringen. Sie wurden beschossen und aus tieffliegenden Flugzeugen mit Bomben beworfen. Unzählige Kinder starben unterwegs. Die eisige Kälte sowie Unterernährung und Erschöpfung forderten ihren Tribut. Es fehlte an Zeit und Kraft, um Gräber für die Verstorbenen in der gefrorenen Erde zu schaufeln. Man beerdigte sie neben der Straße im Schnee.

Eines Nachts fanden Ursula, Erica und ihre Gruppe Unterschlupf in einer verlassenen Scheune. Sie spannten die Pferde aus, damit sie sich ausruhen und etwas von dem Heu, das auf dem Scheunenboden herumlag, fressen konnten, während die Frauen und Kinder auf dem Heuboden schliefen. Das Unglück suchte sie früh am nächsten Morgen heim. Eine der Frauen stand auf und stürzte, noch halb schlafend, durch die Heuluke. Sie landete zwischen den Pferden und erlag kurz darauf ihren Verletzungen.

Das Nadelöhr für alle Flüchtlinge, die sich gen Westen bewegten, war die Überquerung der Oder. Es gab nur wenige Brücken. Einige waren schon von Bomben getroffen worden und brannten, andere waren gesperrt oder ausschließlich für Militärfahrzeuge reserviert.

Als die Juchower sich dem breiten Fluss näherten, hörten sie wieder einmal Schüsse in der Ferne. Sie konnten weder deutsche noch russische Truppen sehen. Sie wussten nicht, wer schoss oder ob ihnen Gefahr drohte. Ihre einzige Chance war, die Pontonbrücke in der Nähe der Stadt Wollin zu überqueren. Aber als sie sich dieser näherten, wurden sie von einem Feldgendarmen angehalten. Auf Ericas Frage hin, was denn der Grund für die Verzögerung sei, teilte er ihr mit, dass die Brücke in Kürze gesprengt werden solle.

»Ja, und wir? Wie sollen wir denn dann auf die andere Seite kommen?« Erica bemühte sich, ihre Stimme unter Kontrolle zu halten. »Was schlagen Sie denn vor?«

»Die wollen angeblich ein Stück weiter oben eine provisorische Brücke aufbauen.«

»Glauben Sie das wirklich?«

Der Feldgendarm zuckte nur mit den Schultern. Erica ging zu ihren Leuten zurück und versuchte, sich ihre Verzweiflung nicht anmerken zu lassen. Sie schlug vor, dass sie die Pferde füttern und auch selbst etwas essen sollten, während sie warteten. Nur mit Ursula besprach sie die Situation. Wo sollten sie sich jetzt hinwenden? Das Schießen kam immer näher, von allen Seiten war es zu hören, und die Straßen waren hoffnungslos blockiert. Umzudrehen stand natürlich auch außer Frage, und es schien äußerst zweifelhaft, ob sie weiter nördlich wirklich eine andere Brücke finden würden.

Plötzlich kam der Uniformierte auf sie zugelaufen. »Schnell, schnell, die Sprengung ist verschoben!«

In aller Eile rafften sie ihre wenigen Habseligkeiten zusammen und setzten sich in Bewegung. Sie überquerten die Brücke so schnell es die erschöpften Pferde und ihre müden Beine zuließen.

Von Wollin aus ging es weiter nach Swinemünde. Dieses einst so populäre Seebad schien aus allen Nähten zu platzen. Im Bahnhof stauten sich die Lazarettzüge, und Schiffe voller Flüchtlinge lagen im Hafen. Nahrungsmittel und Brennholz waren knapp. Glücklicherweise hatten sie ihre Unterkunft in Swinemünde schon im Voraus arrangiert, bei einem Metzger, den Erica kannte. Sie würden den Rest des Tages dort verbringen, sich ausruhen und die Reise am nächsten Morgen fortsetzen.

Was Erica dazu brachte, ihre Meinung zu ändern, das würde sie später nicht erklären können. Aber kurz nachdem sie in ihrem Quartier angekommen waren, lief sie einige Minuten ruhelos auf und ab, ließ die Situation auf sich wirken, und dann hatte sie sich auch schon entschieden.

»Macht die Pferde fertig, wir fahren weiter.« Sie war fest entschlossen.

Ursula nickte nur. Sie verstand.

Schnell entflammte eine heftige Diskussion unter den müden Reisenden. Der Kutscher Teggerts war erschöpft. »Gnädige Frau, bei allem Respekt, wir haben einen guten Platz zum Rasten gefunden. Ich habe die Pferde ausgespannt. Wir brauchen alle etwas Ruhe.«

»Nein, Teggerts«, antwortete Erica in einem Ton, der keinen Widerspruch duldete. »Wir fahren weiter.«

Teggerts protestierte gegen sein besseres Wissen noch einmal, denn genau wie seine Pferde war er dem Zusammenbruch nahe, da mischte sich Ursula ein.

»Teggerts«, sagte sie, »wenn Frau Dennig sagt, wir fahren weiter, dann fahren wir weiter. Wenn Sie nicht einspannen wollen, dann mache ich das eben.«

Damit drehte sie sich auf dem Absatz um und begann, die Pferde fertigzumachen.

»Verdammte Engländerin!«, murmelte Teggerts, aber er half Ursula, und kurz darauf waren sie wieder abfahrbereit.

Einige der Dorfleute folgten ihrer Entscheidung. Andere hingegen beschlossen, eine Nacht in Swinemünde zu bleiben, um sich etwas auszuruhen, bevor die Reise weiterging. Schließlich hatten sie noch einen langen Weg vor sich.

Es war der 11. März 1945.

Am 12. März 1945, um die Mittagszeit, erklangen die Sirenen. Swinemünde wurde von mehr als sechshundert Kampffliegern bombardiert. Sie machten die Stadt dem Erdboden gleich. Tausende starben, viele von ihnen Zivilisten und Flüchtlinge. Unter ihnen waren auch die Reisegefährten aus Juchow, die sich entschlossen hatten zu bleiben.

Hermann kann doch alles!

Mit elf wurde ich aufs Internat in Kolberg geschickt, genauso wie mein Bruder Hermann. Es war der Versuch unserer Eltern, uns trotz der Kriegsjahre mit einer mehr oder weniger angemessenen Schulbildung auszustatten. Vor dem Krieg gingen die Kinder von den pommerschen Schlössern normalerweise nach Berlin, aber das stand jetzt natürlich außer Frage; das war kein sicherer Ort mehr.

Unser Wohnheim lag in einem kleinen Waldgebiet, ungefähr einen Kilometer von der Schule entfernt, und mein Lieblingslehrer, Doktor Schulz, war dort auch unser Betreuer.

Ich erinnere mich noch ganz genau, so als wäre das alles erst gestern passiert. An einem bitterkalten Abend im Januar 1945 rief Doktor Schulz uns, die acht noch verbliebenen Jungen, in den Speisesaal. Die anderen, deren Familien alle viel näher wohnten, waren schon vor einiger Zeit nach Hause geschickt worden, denn die Kämpfe an der Ostfront kamen täglich näher.

Es lag eine ungewohnte Eindringlichkeit in seiner Stimme und sein sonst allgegenwärtiges Lächeln war verschwunden. Wir wussten sofort, dass die Lage ernst war. Doktor Schulz gab uns strikte Anweisungen. Wir sollten unsere Hitlerjugend-Uniformen anziehen und zum Bahnhof gehen. Wir durften nicht viel mitnehmen, nur das absolut Notwendige und eine Garnitur Zivilkleidung. Ohne viel Theater schickte er uns los, aber erst, nachdem er jedem von uns noch drei belegte Brote in die Hand gedrückt hatte. Mehr gab es nicht in der Internatsküche.

Am Bahnsteig organisierte Hermann zuerst ein Abteil für uns. Normalerweise waren die für drei Leute gedacht, aber wir passten da auch zu acht irgendwie rein. Der Bahnhof selbst war das reinste Chaos. Überall waren Leute, Tausende, wie es schien, und alle versuchten sie, der sich schnell nähernden Roten Armee zu entkommen.

Zusammen mit unserem Gepäck und Proviant schob Hermann mich und einen anderen kleinen Jungen ins Abteil. Er gab uns strikte Anweisungen, Tür und Fenster gut verschlossen zu halten. Erst wenn er vom Bahnsteig aus ans Fenster klopfte, dann sollten wir dieses für ihn und die anderen älteren Jungs öffnen. In der Zwischenzeit hatten sie den anderen Flüchtlingen beim Einsteigen zu helfen, so lauteten die Anordnungen von Doktor Schulz.

Es schien eine Ewigkeit zu dauern, aber irgendwann waren doch alle, die irgendwie konnten, an Bord. Der Zug setzte sich langsam in Bewegung in Richtung Stettin, das gut zweihundert Kilometer weit weg war. Sobald wir Kolberg verlassen hatten, folgten wir den Anweisungen unseres Lehrers und wechselten unsere Kleidung. Die Hitleruniformen warfen wir aus dem Fenster. Und nachdem sich alles etwas beruhigt und wir einen Moment lang verschnauft hatten, begann mein Magen zu knurren. Neugierig packte ich meine belegten Brote aus und inspizierte die Wurst und Butter darauf.

»Denk daran«, warnte mich Hermann mit besorgtem Gesichtsausdruck, »diese Wurstbrote sind alles, was du zum Essen hast. Wir wissen nicht, wie lange es dauert, bis wir in Lübeck ankommen, und noch viel weniger wissen wir, wann wir wieder etwas zu essen finden werden.«

Wie immer hatte er natürlich recht, das war mir klar, und so packte ich die Brote wieder ein. So hungrig war ich dann doch noch nicht.

Ohne größere Zwischenfälle erreichten wir Stettin. Hermann hatte versprochen, dafür zu sorgen, dass all die anderen Jungs in die richtigen Anschlusszüge nach Berlin und Köln einstiegen, eine Aufgabe, um die er sich gewissenhaft kümmerte.

In der Zwischenzeit saß ich geduldig auf unserem Koffer und wartete. Bald setzte sich Hermann auch zu mir. Der Zug nach Berlin war abgefahren und der Zug nach Köln auch. Aber nirgendwo schien es einen Zug nach Lübeck zu geben, wo wir hinmussten. Dort war Großvater Eschenburg, und dort sollten wir den Rest unserer Familie treffen. So war das abgesprochen worden.

Drei ganze Tage lang saßen wir auf dem Stettiner Bahnhof. Immer wieder wurden Luftangriffe auf die Stadt geflogen. Die Bomben fielen, und wir mussten rennen, um Schutz unter einer nahegelegenen Brücke zu finden. Aber wir verließen den Bahnsteig nur ungern, denn wir fürchteten, dass vielleicht gerade dann ein Zug nach Lübeck kommen würde, und den wollten wir auf keinen Fall verpassen.

Die belegten Brote verschwanden und wir hatten Hunger. Viel schlimmer aber war, dass uns kalt war. Es war einer der kältesten Winter, den wir je erlebt hatten. Vielleicht fühlte sich das auch nur so an, weil wir, anstatt vor dem offenen Kamin zu spielen oder uns in eins der wunderbaren *Plumeaus* zu kuscheln, auf dem zugigen Bahnhof saßen und furchtbare Angst vor den Bomben hatten. Noch mehr fürchteten wir uns davor, überhaupt niemals einen Zug zu finden, mit dem wir weiterfahren konnten. Immer mal wieder bekam ich so ein bisschen eine Schniefnase, und vielleicht musste ich auch die eine oder andere Träne wegwischen, aber ich bemühte mich, tapfer zu sein. Ich wollte vor meinem großen Bruder keine Schwäche zu zeigen.

Am dritten Tag kam endlich wieder ein Zug und ein paar deutsche Soldaten stiegen aus. Sie liefen rauchend auf dem Bahnsteig auf und ab, um sich die Beine zu vertreten. Dann kam einer von ihnen auf uns zu.

»Wem gehört denn dieser Koffer hier?«

»Das ist unserer, Herr Oberleutnant.« Hermann war aufgesprungen, schlug die Hacken zusammen und stand stramm.

»Wer heißt denn hier Eschenburg?« Der Soldat zeigte auf das Namensschild.

»Das sind wir, Herr Oberleutnant.«

»Aha. Kennt ihr Wolfgang Eschenburg?«

»Ja, Herr Oberleutnant, natürlich kennen wir den. Das ist unser Onkel, der Bruder unseres Vaters.«

»Aha. Gut. Er ist unser Kommandant. Wohin wollt ihr denn?«

»Nach Lübeck, Herr Oberleutnant.«

»Unser Zug fährt auch nach Lübeck. Er ist voll. Aber ihr könnt trotzdem mitkommen.«

Es war ein Lazarettzug, voll mit verwundeten Soldaten sowie Frauen und Kindern. Unser neuer Freund fand ein Plätzchen für mich im Gepäcknetz; ich war damals immer noch ziemlich klein. Dann fragte er Hermann: »Kannst du schießen?«

»Ja, natürlich, Herr Oberleutnant.«

»Kannst du auch mit einem Maschinengewehr umgehen?«

»Selbstverständlich, Herr Oberleutnant.«

Hermann hatte noch nie in seinem Leben ein Maschinengewehr in der Hand gehabt, aber ich dachte: »Natürlich kann er das. Hermann kann doch alles. Er ist ja auch schon fast fünfzehn!«

Er wurde in einen Soldatenmantel gesteckt und bekam einen Stahlhelm auf den Kopf gesetzt. Dann wurde ihm befohlen, sich auf das Zugdach zu setzen und mit seinem Maschinengewehr auf feindliche Flugzeuge zu schießen.

Irgendwann kamen wir unbeschadet in Lübeck an und mussten dann den Weg vom Bahnhof zu Großvaters Haus finden. Es fiel uns schwer, uns zurechtzufinden, denn es war schon lange her, dass wir zuletzt hier gewesen waren, zu Anfang des Krieges. Jetzt lag die ganze Stadt inSchutt und Asche.

»Ach, ihr seid das.« Großvater musterte uns, nachdem wir endlich seine Villa gefunden hatten. »Was wollt ihr denn hier?«

»Mama und Papa haben gesagt, wir sollen hierherkommen.«

»Aha, ja, gut. Aber ihr müsst zur Tante Trude gehen, die hat Platz für euch.«

Sein Haus sei auch ohne uns schon überfüllt, sagte er, und so machten wir uns auf den Weg zu Tante Trude, der Witwe des jüngsten Bruders unseres Vaters. Noch einmal mussten wir quer durch die Stadt laufen, bis wir vor ihrer Wohnung standen. Als wir an die Tür klopften, schien sie nicht allzu begeistert zu sein, uns zu sehen. Ihr Mann war erst kürzlich gefallen, und sie hatte eine ganze Schar eigener Kinder durchzufüttern.

»Ach, ihr seid das. Was wollt ihr denn hier?«

»Opa hat uns geschickt.«

»Aha, ja, dann kommt halt rein.«

Wir waren die ersten von unserer Familie, die in Lübeck ankamen, und zu jener Zeit wusste niemand, wo unsere Eltern waren. Ob sie noch am Leben waren.

Schwierige Zeiten

Der Krieg war vorbei, und für Ursula und ihre Kinder war das Leben hart. Aber sie hatten Glück gehabt. Sehr viel Glück, das war Ursula klar. Sie würde nie das Flammenmeer vergessen, das Swinemünde am Horizont verschlungen hatte, noch nicht einmal einen Tag, nachdem sie die Stadt verlassen hatten. Es gab absolut nichts, was sie für die anderen Leute aus Juchow hätten tun können; für die, die beschlossen hatten, dort eine Nacht zu verweilen.

Ursula und Erica hatten ihre Reise gen Westen fortgesetzt. Als sie noch ungefähr dreißig Kilometer von Lübeck entfernt waren, musste Großvater Eschenburg Nachricht erhalten haben, dass die Familie seines Sohnes mit unter den Flüchtlingen war. Er schickte einen seiner Traktoren, der mit einem Holzvergaser ausgestattet war, um Ursula und Elsa nach Lübeck zu holen. Erica hingegen zog mit denen weiter, die von ihrer Gruppe noch übrig waren. Sie war auf dem Weg nach Hamburg, der Stadt, in der sie aufgewachsen war und wo Heinz-Jürgen vor all diesen Jahren um ihre Hand angehalten hatte. Langsam löste sich die Reisegemeinschaft auf, manche fuhren Richtung Süden, andere weiter gen Westen, und alle würden sie versuchen, Unterkunft bei Verwandten zu finden.

Ursula würde nie im Leben die Freude und Erleichterung vergessen, die sie überkam, als der Traktorfahrer sie und Elsa vor Tante Trudes Haus in der Königer Straße absetzte, und sie dort Walter und Hermann in die Arme schließen konnte. Beide waren ganz furchtbar dünn, aber sonst gesund. Sie hatten in der Tat viel Glück gehabt. Mehr Glück, als viele der anderen Menschen, die sie auf den Straßen der Stadt sah.

Von großen Teilen Lübecks waren nur noch Schutthaufen übrig. Die Straßen waren von fallenden Mauern und einstürzenden Häusern gesäumt. Sie waren überflutet mit Vertriebenen und Heimatlosen.

Wenn diese Glück hatten, kamen sie bei Verwandten unter, aber oft hatten auch die ihre Wohnung und Besitztümer verloren. Die Obdachlosen suchten Schutz in Ruinen und verlassenen Kellern oder bauten Hütten aus was auch immer für Materialien sie finden konnten.

Ursula war dankbar. Sie war mit ihren drei Kindern wiedervereint, und sie hatten einen Platz zum Schlafen. Aber lange Zeit gab es kein Lebenszeichen von ihrem Mann. Er galt als vermisst. Keiner hatte ihn gesehen oder von ihm gehört, seit jenem Tag in Juchow, an dem man ihr erzählt hatte, dass er in den Wald gegangen war. Doch Ursula gab die Hoffnung nie auf. Als sie dann, einige Monate später, ein zaghaftes Klopfen an der Tür hörte, wusste sie sofort Bescheid. Hermann stand einfach da und blickte sie schweigend an. Er war nur noch Haut und Knochen und barfuß. Er war den ganzen Weg gelaufen. Von wo, da war sie sich nicht so ganz sicher, denn ihr Mann würde nie über das sprechen, was ihm widerfahren war, nachdem er Juchow verlassen hatte.

Nachdem die Familie wieder vereint war, wurde der Platzmangel in Tante Trudes Wohnung unerträglich. Die Verhältnisse waren mittlerweile so beengt, dass Trude selbst nur in ihrem Schaukelstuhl Platz zum Schlafen fand. Die Eschenburgs wurden dann von Frau Lehnhardt aufgenommen, deren Haus in derselben Straße gegenüber lag, und die noch etwas Raum im Keller hatte. Dort war es eisig kalt. Brennholz und Nahrungsmittel waren knapp.

Wie sie tagtäglich ihre Familie ernähren sollte, war Ursulas größte Sorge. Elsa war stark unterernährt, und Walter hatte eine Wunde am Bein, die sich entzündet hatte und einfach nicht heilen wollte. Es sah so schlimm aus, dass Ursula befürchtete, er könnte sein Bein verlieren.

»Wann wird all dies hier nur enden?«, fragte sie sich oft. Wie die meisten anderen Frauen verbrachte sie viel Zeit damit, irgendwo etwas Essbares zu ergattern oder in den Trümmern nach Brennholz zu suchen. Sie stand tagelang Schlange, um eine Portion der Notrationen zu erhalten, die die Vereinten Nationen verteilten, und an guten Tagen gab es etwas Pulverei, woraus sie so etwas wie ein

Rührei fabrizieren konnte, ein Festmahl für ihre Kinder. Die üppigen Festgelage, die sie auf Juchow vor nicht allzulanger Zeit gefeiert hatten, schienen einer anderen Welt anzugehören.

Was Ursula jedoch am meisten beunruhigte, war die Tatsache, dass sie all ihre Papiere verloren hatte. Geburtsurkunden, Ausweise, Pässe, einfach alles. Mehr als je zuvor war sie entschlossen, Deutschland zu verlassen und nach Südafrika zurückzukehren. Aber wie sollten sie das nur bewerkstelligen, wenn sie noch nicht einmal nachweisen konnten, wer sie eigentlich waren? Mit dem Schimmer einer Hoffnung, vielleicht dort eine Lösung zu finden, lief sie eines Tages quer durch die Stadt zur Villa Eschenburg.

Britische Truppen hatten Lübeck am 2. Mai 1945, nur wenige Tage vor Kriegsende, eingenommen. Wie durch ein Wunder war die Villa der Eschenburgs zwar unbeschadet geblieben, aber sie war beschlagnahmt worden, um britisches Militärpersonal dort unterzubringen. Großvater Eschenburg und seine Frau hatten in ihr Gartenhäuschen umziehen müssen.

Als Ursula vor dem Gebäude stand, dessen Eleganz und Größe sie vor einigen Jahren so beeindruckt hatten, hielt sie inne. Vielleicht gab es ja hier jemanden, der ihr helfen konnte. Aber als sie die Villa betrat, sah sie nur Chaos.

Eine Gruppe Soldaten stand mit den kostbaren Ölgemälden, auf die Großvater Eschenburg so stolz gewesen war, im Flur, während andere laut klirrend Kisten voller Meißner Porzellan die Treppen heruntertrugen.

Ursula gelang es nur mit Mühe, ihren Zorn unter Kontrolle zu halten. Sie wusste, wie sehr ihre Schwiegermutter das feine Geschirr liebte, aber was sie noch viel mehr erzürnte, war, dass es gegen alle Regeln verstieß. Es ging gegen ihren Sinn für Gerechtigkeit. Der Krieg war nun vorbei, und sie wusste genau, dass Plündereien nicht erlaubt waren. Und schon gar nicht von Seiten des britischen Besatzungspersonals. In ihrem besten Englisch machte sie ihrer Empörung Luft.

Die Soldaten, die ihr zunächst keine Beachtung geschenkt hatten, hielten in ihren Bewegungen inne. Die Frau, von der sie auf den ersten Blick hin gedacht hatten, dass sie eine der vielen sogenannten Trümmerfrauen war, stand stolz und aufrecht vor ihnen und erwartete ganz offensichtlich eine Antwort.

»*These bloody Huns speak better English than we do*«, lachte einer von ihnen kopfschüttelnd.

Aber Ursula ließ sich nicht so schnell abwimmeln. Sie war nun wirklich wütend, und forderte, gehört zu werden.

Um sie loszuwerden, führte einer der Soldaten sie zum britischen Hauptquartier, wo sie vorhatte, eine Beschwerde einzureichen.

Während sie dort wieder warten musste, hörte sie, wie einer der Männer den diensthabenden Offizier ansprach: »Hey, Peacock!«

Ursula schaute überrascht auf und räusperte sich.

»Bitte entschuldigen Sie, Sir, aber darf ich Sie etwas fragen?«

»Nur zu.«

»Sie sind nicht vielleicht zufällig mit William Peacock verwandt?«

»William Peacock? Na klar, das ist mein Bruder. Aber wieso fragen Sie?«

»Und der ging nicht zufällig in Südafrika zur Schule, oder?«

»Doch, doch, natürlich. Warum? Jetzt sagen sie bloß...«

»Genau. Ich kenne Ihren Bruder gut. Wir sind in Johannesburg auf dieselbe Schule gegangen. Er war nur ein Jahr älter als ich.«

Damit waren einige der Probleme aus dem Weg geschafft. Die Plündereien hörten auf, und Ursula wurde von *Officer* Peacock persönlich im Army Jeep nach Hause gefahren. Aber ihren größten Kummer konnte auch er nicht lindern. Leider, so hatte er ihr gesagt, so sehr er es auch wolle, könne er ihr mit ihren Pass- und Ausweisproblemen nicht weiterhelfen. Sie müsse den Amtsweg gehen, so wie alle anderen auch.

Brot und Spiele

Im Krieg litten wir nie wirklich Hunger. Aber danach, ja, danach waren wir manchmal ziemlich hungrig.

Ich erinnere mich noch genau, wie mein Vater eines Tages nach Hause kam und eine Tüte Hafer dabei hattte. Wo er den aufgetrieben hatte, wusste ich nicht. Wir stellten keine Fragen. Aber Hafer ist etwas ganz Schreckliches, denn Hafer hat Spelzen.

Meine Mutter schickte mich zum Müller, um den Hafer quetschen zu lassen.

»Wie hättest du deinen Hafer denn gerne, junger Mann? Mit oder ohne Spelzen?«

Ich war mir nicht ganz sicher und wollte alles ganz richtig machen, also fragte ich: »Was macht denn mehr?«

»Naja, mit Spelzen natürlich. Aber das kannst du dann nicht essen. Das ist nur was für die Pferde.«

»Kann man das dann überhaupt nicht essen?«

»Naja, vielleicht könnte man, wenn man wirklich wollte... Aber Hafer mit Spelzen schmeckt wirklich nicht gut. Ganz im Ernst. Jetzt sag schon, ich habe schließlich nicht ewig Zeit. Mit oder ohne?«

Der Preis war derselbe, und ich war wirklich sehr, sehr hungrig.

»Mit Spelzen, bitte.«

Ich wusste, dass ich einen Fehler gemacht hatte, als ich das Gesicht meiner Mutter sah. Sie war furchtbar enttäuscht. Der Hafer sah aus wie Häcksel. Aber sie kochte ihn trotzdem, denn wir hatten ja nichts anderes, und wir würgten den Brei irgendwie hinunter. Er schmeckte ein bisschen nach Hafer, aber gleichzeitig fühlte es sich an, als hätte man den Mund voller Sägespäne, und die Spelzen, die musste man ausspucken. Wir verbrachten mehr Zeit mit Spucken als mit Essen.

Das war in Lübeck, als wir bei Frau Lehnhardt und ihrem Sohn Wolf in der Königer Straße wohnten. Wolf und ich wurden schon bald beste

Freunde und begannen, gemeinsam die Gegend zu erkunden. In der nächsten Straße standen nur Häuser auf der einen Seite, und gegenüber gab es einen großen, unbebauten Platz. Die Soldaten hatten dort einen Lkw mit einer Flugabwehrkanone auf der Ladefläche stehen lassen. Der stand einfach nur da. Und natürlich konnten so ein paar ungezogene Jungs, wie wir es waren, dem nicht widerstehen. Wir hatten ja sonst nicht viel zu tun, denn Schule gab es damals noch nicht, und so machten wir uns daran, dieses tolle Ding etwas genauer zu untersuchen.

Die Kanone hatte vier Läufe, und wenn man an einer Kurbel drehte, dann schwang das ganze Ding seitwärts, und wenn man an einer anderen Kurbel drehte, dann bewegte es sich hoch und runter. Hinter dem Laster stand auch noch ein Anhänger, der vollgeladen war mit Munition. Hermann, der von uns allen am meisten Geschäftssinn hatte, füllte das Benzin, das noch im Tank war, in ein paar leere Flaschen, die er irgendwo gefunden hatte, nahm diese mit nach Hause und versteckte sie. Wir anderen waren mehr an der Munition interessiert und daran, mit der Kanone zu spielen. Wir verbrachten Stunden damit, sie mit den Kurbeln hin- und herzudrehen, und auf und ab. Wir spielten Krieg. Als uns das irgendwann zu langweilig wurde, schauten wir uns die doch ziemlich großen Geschosse genauer an. Wir stellten fest, dass sich deren Spitze löste, wenn man ganz vorsichtig mit einem Stein daranschlug. Es steckten kleine Säckchen voller Pulver darin. Die nahmen wir ganz vorsichtig raus und bewahrten sie in einer alten Schuhcremedose auf. Das war von da an unser größter Schatz, und wir schworen, dass wir ihn mit unserem Leben verteidigen würden.

Manchmal experimentierten wir und streuten eine Linie Schießpulver auf den Boden, zündeten das eine Ende mit einem Streichholz an und beobachteten dann begeistert, wie es zischte und brannte. Wolf hatte einen ganzen Haufen Zinnsoldaten, und wir platzierten beide unsere Truppen strategisch günstig, stellten uns gegenseitig Fallen und jagten die Armee des anderen in die Luft. Das war eine tolle Sache! Eines Tages dann stibitzten Wolf und ich eine von Hermanns Benzinflaschen. Wir legten eine Pulverlinie, zündeten sie an, tropften dann etwas vom Benzin darauf und freuten uns riesig, als es mit einem lauten Puff und einer großen Flamme explodierte.

Wir amüsierten uns großartig, bis wir irgendwann zuviel darauf tropften und das Feuer dann irgendwie in die Flasche sprang. Da stand ich nun mit einer brennenden Flasche voll Benzin in der Hand und wusste nicht, was ich tun sollte. Voller Panik warf ich sie in hohem Bogen weg. Dabei spritzte etwas Benzin auf ein kleines hölzernes Gartenhüttchen, das natürlich sofort in Flammen aufging. Glücklicherweise war Hermann ganz in der Nähe. Wieder einmal. Ich habe irgendwann aufgehört zu zählen, wie oft er mich gerettet hat!

Kurze Zeit später gab es ein Riesentheater. Einer der älteren Jungs hatte herausgefunden, wie man die Flak richtig lud. Und ein anderer, wie man damit schoss. Zur Abwechslung war es diesmal nicht meine Schuld. Wolf und ich standen nur dabei und sahen aus sicherer Entfernung zu. Wir waren uns nicht so ganz sicher, was die anderen da vorhatten.

Dann war da plötzlich ein greller Blitz und ein Mordsknall und ein lautes *babababababa*. Es war lauter, als alles, was wir je zuvor gehört hatten. Innerhalb von Minuten waren die Besatzungstruppen da und wir rannten davon, so schnell uns unsere Füße trugen.

Nachdem sich der Staub gelegt hatte, und wir das Gefühl hatten, dass die Luft wieder rein war, schlichen wir zurück und mussten feststellen, dass unsere Kanone verschwunden war.

In Nacht und Nebel

Monate gingen ins Land, und auch Walter wurde immer stärker bewusst, dass die Lage ziemlich trostlos war. Obwohl er, wie immer und überall, schnell Freunde gefunden hatte, mit denen er ständig auf der Suche nach dem nächsten Abenteuer unterwegs war, wusste er, dass das Grummeln in seinem Magen nicht so einfach verschwinden würde. Der nächste, kalte Winter stand schon wieder vor der Tür. Seine Mutter machte sich Sorgen, das wusste er, und es beunruhigte ihn. Sie sprach immer wieder davon, nach Hause fahren zu wollen und war verzweifelt wegen der verloren gegangenen Papiere. Walter wusste auch, dass sie sich auch nach all den Jahren in Deutschland immer noch wie eine Fremde fühlte und sich eine Zukunft hier nicht wirklich vorstellen konnte. Vor allem unter den Bedingungen, unter denen sie lebten. Obwohl sein Vater zu jener Zeit nicht viel sprach, fragte sich Walter manchmal, ob er wohl hoffte, dass sie eines Tages nach Juchow würden zurückkehren können. Er würde es niemals erfahren. Seine Mutter war jetzt die treibende Kraft, wenn es darum ging, ihre Situation zu verändern.

Ursula ließ nichts unversucht und bemühte sich immer wieder, neue Wege zu erschließen. Irgendwann hörte sie Gerüchte, dass über die Repatriierung von Flüchtlingen und Vertriebenen gesprochen wurde. Je mehr Menschen dazu bewegt werden konnten, die zerstörten Städte zu verlassen, umso besser, insbesondere, weil der Strom der Flüchtlinge aus dem Osten noch lange nicht versiegt war. Menschen, die ihre Heimat in Polen, der Tschechoslowakei oder Ungarn verloren hatten, die aus Pommern, Ostpreußen und Böhmen kamen, zogen in die westlichen Gebiete Deutschlands. Die meisten waren mittellos, und alle brauchten sie Unterkunft, Verpflegung und Kleidung.

Da die Eschenburgs keinen Beweis für ihre südafrikanische Staatsangehörigkeit hatten, wurden sie, zu Ursulas Entsetzen, wie gewöhnliche Flüchtlinge behandelt. Zumindest so lange, bis sie das Gegenteil beweisen konnten, und das erwies sich als fast unmöglich. Es gab noch keinen funktionierenden Postdienst, der es ihr ermöglicht hätte, mit Südafrika Kontakt aufzunehmen. Die Warteschlangen vor den Behörden waren lang, und die Mühlen der Bürokratie mahlten ausgesprochen langsam. Ursula wurde ungeduldig, verzweifelte zuweilen, aber sie gab nie auf. Dann, eines Tages, kam sie freudestrahlend nach Hause.

»Hast du schon gehört?«, fragte sie Hermann, noch bevor sie ihren Mantel ausgezogen hatte, »General Smuts kommt nach Hamburg!«

»Ach, wirklich?«

»Ja! Und ich werde mit ihm sprechen. Vielleicht kann er uns ja helfen!«

»Mach dir doch keine Hoffnungen. Warum sollte er ausgerechnet mit dir reden wollen?«

»Weil ich diese Chance nicht einfach vorüberziehen lassen kann. Ich fahre nach Hamburg und werde mit General Smuts reden, und wenn es das Letzte ist, was ich tue.«

»Bitte, tu, was du nicht lassen kannst, aber du verschwendest deine Zeit.« Hermann zuckte mit den Schultern. Für ihn war das Gespräch beendet.

Walter wusste natürlich, dass Jan Smuts der Premierminister von Südafrika und Generalfeldmarschall der britischen Armee war. Außerdem gab es Familiengerüchte, die besagten, dass er zusammen mit Ursulas Vater im Burenkrieg gekämpft hatte.

Hartnäckig wie Ursula war, gelang es ihr tatsächlich, eine Reisegenehmigung nach Hamburg zu ergattern, und sie machte sich mit den wenigen Pfennigen, die sie zusammenkratzen konnte, auf den Weg. Als sie kurz nach ihrer Ankunft dort hörte, dass Jan Smuts seinen Besuch abgekürzt und die Hansestadt am selben Morgen schon verlassen hatte, um nach London zurückzufliegen, kannte ihre Enttäuschung keine Grenzen. Sie war am Boden zerstört. Alleine auf dem Bahnsteig sitzend, den Kopf in die Hände gestützt, ließ sie ausnahmsweise einmal ihren Tränen freien Lauf. Aber sie wusste, sie durfte sich nicht gehen lassen. Wenn sie ihr Schicksal nicht in die Hand nahm, wer dann? Mit einem tiefen Seufzer richtete sie sich auf. Irgendwie gelang es ihr, ein Blatt Papier aufzutreiben, und einen Umschlag, und sie begann zu schreiben:

To
His Excellency,
Field Marshall,
Sir J.C. Smuts,
South Africa House
London

Eine Gruppe britischer Offiziere, die gleichzeitig auf dem Bahnhof war, hatte mit großem Interesse verfolgt, wie die junge Frau zuerst herzerweichend geweint hatte, nur um dann mit wilder Entschlossenheit einen Brief zu schreiben. Als sich einer der Männer ihr vorsichtig näherte und sie höflich grüßte, da antwortete sie in ihrem besten *King's English.*

Überrascht drehte sich der junge Mann zu seinen Freunden um und lachte: »*These bloody Huns speak better English than we do!*«

Nicht schon wieder, dachte Ursula und verdrehte die Augen.

»Ich bin kein *bloody hun* sondern eine *displaced person,* eine Vertriebene. Ich bin Südafrikanerin.«

»Oh.« Der Offizier gab sich ein wenig beschämt. »Vielleicht können wir Ihnen irgendwie helfen?«

»Naja, vielleicht schon. Dieser Brief hier, der muss unbedingt nach England, und ich weiß nicht so recht, wie ich das anstellen soll.«

»Nichts leichter als das! Geben Sie ihn mir einfach. Wir fliegen heute Abend noch nach England, ich kann ihn selbstverständlich dort für Sie aufgeben, dann wird er viel schneller ankommen.«

Was folgte, waren Tage angespannten Wartens. Offensichtlich hatte der junge Offizier Wort gehalten. Der Brief erreichte Jan Smuts, bevor dieser England wieder verließ. Er gab seinem Sekretär

Anweisungen, Ursula zu informieren, dass er sich höchstpersönlich um ihre Angelegenheit kümmern würde.

Innerhalb einer Woche erhielten die Eschenburgs dann einen Brief vom *South Africa House* in London. Sie wurden aufgefordert, sich drei Tage später zu einem bestimmten Pier am Hamburger Hafen zu begeben. Abends, um Punkt halb elf.

Etwas skeptisch, aber beladen mit ihren wenigen Besitztümern, warteten sie pünktlich am Treffpunkt. Umgehend suchte sie ein Colonel der britischen Armee auf und fuhr sie nach Cuxhaven, wo sie auf ein britisches Minensuchboot gebracht wurden, das auch sofort ablegte. Ziel war der Hafen von Hull an der nordenglischen Küste.

Auch die zweite Schifffahrt seines Lebens erschien Walter wie ein unglaubliches Abenteuer. In einer Nacht- und Nebelaktion wurde er mit seiner ganzen Familie nach England geschmuggelt. Es war alles ganz furchtbar spannend, aber auch ein wenig unheimlich. Sie gingen an Bord und wurden dann gleich unter Deck gebrach. Diesmal gab es keine Blaskapelle. Dafür waren überall uniformierte Männer, und an der Reling waren haufenweise Sandsäcke aufgestapelt. Niemand schien sie zu beachten, aber sie hatten strikte Anordnungen erhalten. Unter gar keinen Umständen war es ihnen erlaubt, an Deck zu gehen, bevor sie den Hafen von Hull erreicht hatten.

Als sie dort ankamen, wurden sie von einem Beamten in Empfang genommen, der ihnen außer neuen Anweisungen auch Zugfahrscheine nach London gab. Nachdem sie so lange gewartet hatten, schien alles nun sehr schnell zu gehen.

Die Eschenburgs wurden im *South Africa House* in London vorstellig und dann für vierundzwanzig Stunden in einem kleinen Hotel am Picadilly Circus untergebracht. Am nächsten Tag stiegen sie in den *Flying Scotsman*, den Nachtzug nach Glasgow. Dort wurden sie zusammen mit einer ganzen Menge anderer Leute auf der Ladefläche eines grünen Lkws zusammengepfercht, der sie über eine holprige Straße zu einem kleinen Dorf fuhr. Es erinnerte Walter sehr an Juchow, da es nur eine richtige Straße hatte. Er fragte sich gerade, wo sie hier denn wohl wohnen sollten, als er auf die Barracken am südlichen Ende des Orts aufmerksam wurde. Es war ein Lager für

Heimatvertriebene und Flüchtlinge, wurde ihm mitgeteilt, und sie hätten dort zu warten, bis sie an die Reihe kämen für die Überfahrt nach Südafrika.

Ereignislose Monate vergingen und Walter gewöhnte sich an die neuen Routinen in seinem Leben. Das Schlangestehen vor den Mahlzeiten, die Art und Weise, wie die geschmolzene Butter mit einem Pinsel auf große Scheiben Weißbrot geschmiert wurden, und den sich nie ändernden Geschmack der Suppe. Bald lernte er Paul, einen anderen südafrikanischen Jungen in seinem Alter kennen, mit dem er sich aus dem Lager stahl, um die mit dichtem Heidekraut bewachsenen Hügel in der Umgebung zu erkunden. Es gelang ihm sogar, wieder in der Patsche zu sitzen. Diesmal hatten es ein paar einheimische Jungen darauf angelegt hatten, die *blerry foreigners* zu verprügeln. Ausnahmsweise war Hermann nicht in der Nähe, und sowohl Walter als auch Paul sahen ziemlich ramponiert aus, als sie ins Lager zurückkehrten.

Nur wenig später überschlugen sich die Ereignisse. Als die beiden an einem lauen Frühlingsnachmittag von einer ihrer Exkursionen zurückkamen, erfuhren sie, dass sie endlich die Heimfahrt antreten konnten.

Am nächsten Tag schon nahmen die Eschenburgs den Zug nach London und dann weiter nach Southampton, bevor sie, zusammen mit Paul, seiner Mutter und einer anderen südafrikanischen Familie an Bord der *SS Carnarvon Castle* gingen.

UHLENHORST

Die *SS Carnarvon Castle* brachte die Eschenburgs nach Kapstadt. Dort stiegen sie in den Zug nach Johannesburg, wo Ursulas überglückliche Familie sie an der *Park Station* abholte. Es war der 10. Juni 1947, Ursulas und Hermanns Hochzeitstag.

Nachdem sie sich ein paar Tage auf Driefontein von den Strapazen der Reise erholt hatten, konnten sie es kaum abwarten, endlich nach Uhlenhorst zurückzukehren. So viel Zeit war vergangen. Sie wollten endlich nach Hause und sich zu Hause fühlen, zum ersten Mal seit Jahren. Natürlich hofften sie, mehr oder weniger dort weitermachen zu können, wo sie aufgehört hatten, als sie die Farm acht Jahre zuvor verlassen hatten. Sie wollten wieder Blumen züchten und mit ihrer Herde Simmenthaler Kühe Milch produzieren. Während der langen Reise hatten sie oft über ihre Pläne gesprochen, was sie tun würden und wie, sobald sie wieder zu Hause wären. Die Vorstellung eines guten, erfüllten Lebens, wenn auch voll harter Arbeit, hatte ihnen die Kraft gegeben weiterzumachen.

Man hatte sie gewarnt, aber nichts hätte sie auf das vorbereiten können, was sie sahen, als sie endlich die lange, von hohen Eukalyptusbäumen gesäumte Zufahrtsstraße zu ihrem alten Farmhaus hinauffuhren.

Sie erkannten Uhlenhorst kaum wieder. Die van Veterens, denen Ursula nie wirklich über den Weg getraut hatte, hatten sich ganz ihren Erwartungen entsprechend verhalten und das auf die schlimmstmögliche Weise. Ihr Haus war eine Ruine. Alle Fensterscheiben waren kaputt, die Türen fehlten, die Fußbodendielen von Termiten zerfressen. Der Wind hatte Sand ins Haus geweht, und bis auf wenige, alte Möbelstücke war es leer. All ihr Geschirr und Besteck, ihre Bücher und Kleider, Teppiche, Vorhänge und Bilder waren verschwunden. Es war nichts geblieben.

Im Glauben, dass ihr Arbeitgeber und seine Familie nicht zurückkommen würde, dass das Monster, das in Europa entfesselt worden war, auch sie verschlungen hatte, hatten die van Veterens mitgenommen, was sie konnten.

Die Ländereien sahen nicht viel besser aus. Die Blumenfelder lagen brach, und die Obsthaine waren völlig überwuchert. Die Brunnen waren eingefallen und die Rinder alle verschwunden, genauso wie der rote Traktor und der grüne Lieferwagen.

Ursula setzte sich auf den einzigen Stuhl, der noch im Haus war und ihr kamen die Tränen. Sie war die ganze Zeit über stark gewesen, aber das hier war einfach zu viel. Alles, was ihr geholfen hatte durchzuhalten, was ihr Kraft gegeben hatte während der schwierigen Zeit, hatte sich in Luft aufgelöst. Damit, dass sie ihre materiellen Besitztümer verloren hatten, konnte sie leben, aber was wirklich wehtat, war der Verlust ihrer persönlichen Dinge. Ihr Hochzeitskleid, ihre Tagebücher und die alte Familienbibel, die sie in einem Geheimfach hinter dem Schrank im Schlafzimmer versteckt hatte. Und die Fotos. Sie hatte ihre Familienfotos immer über alles gehegt.

»Warum haben sie die nur mitgenommen?«

»Mami, Mami, schau mal, was Walter gefunden hat!« Elsas helle Kinderstimme hallte von den leeren Wänden wider, als sie aufgeregt ins Haus gerannt kam.

»Wie sie sich verändert hat«, dachte Ursula. »Als wir hier abgereist sind, konnte sie gerade erst sitzen, und jetzt muss sie schon bald in die Schule gehen.« Sie schüttelte den Kopf.

»Mami, nicht weinen. Schau her, was wir hier haben.«

Als Ursula den Kopf hob, sah sie wie Elsa und Walter mitten in dem Raum standen, der einst ihre gute Stube gewesen war. Walter versuchte, etwas hinter seinem Rücken zu verbergen.

»Mami, du wirst es nicht glauben. Erinnerst du dich noch, wie Hermann und ich unser Spielzeug vergraben haben, bevor wir weggefahren sind? Weil wir nicht wollten, dass die van Veteren-Jungs damit spielen? Wir haben es wiedergefunden, kannst du das glauben? Hermanns roten Bagger und meinen grünen Lieferwagen.«

»Walter hat seinen Laster gefunden, Walter hat seinen Laster gefunden!« Elsa sang und hüpfte im Kreis um ihre Mutter herum, instinktiv darum bemüht, sie aufzuheitern.

»Komm, Elsa, lass uns weitersuchen, vielleicht finden wir ja noch mehr!«

Walter stürmte hinaus, und seine kleine Schwester folgte ihm dicht auf den Fersen.

Ursula musste lachen. Der Frohsinn ihrer Kinder war trotz allem ganz offensichtlich ungebrochen.

»Ich sollte mir daran ein Beispiel nehmen«, sagte sie zu sich selbst und stand auf. »Wenn wir hier bleiben wollen, dann heißt das wohl, dass wir anpacken müssen.«

Sie wollte gerade hinausgehen, um ihren Mann zu finden, von dem sie annahm, dass er mit ihrem Ältesten zusammen den Zustand der Obstbäume begutachtete, da kamen Elsa und Walter wieder hereingestürmt.

»Mami, Mami, rate mal, was wir im alten Schuppen gefunden haben?« Elsas Stimme quietschte, so aufgeregt war sie. »Schnell, mach die Augen zu!«

Ursula gehorchte. Was würde sie nur ohne ihre beiden Jüngsten machen?

»Ok, jetzt kannst du sie wieder aufmachen!«

Ursula öffnete die Augen und genau vor ihrer Nase sah sie eine Handvoll dreckiger kleiner Finger, die ein kleines Schwarzweißfoto in die Luft hielten. Es zeigte Walter als Dreijährigen, wie er mitten in einem Feld weißer Chrysanthemen stand. Der kleine Junge auf dem Bild lachte, und er war gerade groß genug, dass sein weißblonder Lockenkopf über das Meer von Blumen hinausragte. Strahlend streckte er seine Arme in die Höhe und hatte beide Zeigefinger auf eine besonders schöne Blüte gerichtet. Wieder wollten Ursula die Tränen kommen.

Dieses Foto sollte eine ihrer meistgeschätzten Habseligkeiten werden und schon bald in einem schmalen Silberrahmen den Ehrenplatz auf dem Kaminsims in der neu hergerichteten guten Stube einnehmen.

Ein paar Jahre später bot Uhlenhorst ein ganz anderes Bild. Hermann und Ursula, die beide vergessen wollten, was hinter ihnen lag, hatten sich in ihre Arbeit gestürzt und die Farm wieder aufgebaut. Sie hatten nicht wirklich eine Wahl gehabt; die Ruinen von Uhlenhorst waren alles, was ihnen geblieben war. Irgendwie mussten sie es schaffen. Und das taten sie. Nun blühten sie wieder, endlose Felder voll Rittersporn, Gladiolen, Narzissen, Freesien, Windröschen, Margeriten, Veilchen, Maiglöckchen und natürlich auch die vielgeliebten Chrysanthemen.

Auch der Pfirsichgarten wuchs und gedieh. Sie hatten verschiedene Sorten gepflanzt, und die ersten, die reif wurden, waren die Früchte des *Early Dawn*, gefolgt von einigen anderen Arten, bis hin zum großen Finale der *Transvaal Yellow Cling*-Pfirsiche, die hauptsächlich zum Einmachen genutzt wurden.

Im Jahr vor ihrer schicksalhaften Reise hatte Walter eine Milchkuh zum Geburtstag geschenkt bekommen, die während seiner Abwesenheit in der Obhut seiner Tante Freya auf Driefontein untergekommen war. Zusammen mit ihren Nachkommen bildete sie nun den Grundstock für die florierende Milchwirtschaft der Eschenburgs.

Die ganze Familie arbeitete hart. Um vier Uhr in der Früh ging es los, wenn die ersten Kühe gemolken wurden, und im Sommer hörten sie nicht vor Mitternacht auf, nach der letzen Fahrt zum Markt mit reifen Pfirsichen. Während Ursula zu Hause blieb und sich um die Milchkühe und den Haushalt kümmerte sowie das ständig wachsende Team ihrer Arbeiter aus Zululand und Malawi leitete, belieferte Hermann die Floristen und Obstverkäufer in Johannesburg mit frischen Farmerzeugnissen.

Sie legten Tomatenfelder an und pflanzten Luzerne, Kuhbohnen und Teffgräser als Futter für die Rinder. Die Herde wuchs, und Hermann arbeitete ständig daran, deren Produktivität und Milchqualität zu verbessern. Er importierte Simmmentaler aus Deutschland und war grundlegend an der Entwicklung der *Bonsmara*-Rinder, einer neuen südafrikanischen Rasse, beteiligt. Er pionierte *Overhead*-Bewässerungssysteme und versuchte sein Glück mit Import und Zucht von Tulpenzwiebeln aus Holland, denen aber das südafrikanische Klima nicht zu behagen schien.

Auch die Kinder mussten helfen. In den ersten Jahren nach dem Krieg, als die Nachfrage nach Schnittblumen noch nicht groß war, verkauften Walter und Hermann während der Schulferien Milch, Butter, Sahne und Käse am Straßenrand.

Kaum hatten sich die Eschenburgs wieder eingelebt, da wurden die Kinder auch schon zur Schule geschickt. Hermann und Walter gingen auf eine englischsprachige *High School* in Johannesburg und Elsa auf eine Grundschule, die ganz in der Nähe lag. Dort war Afrikaans Unterrichtssprache. Von Anfang an waren alle drei gute Schüler. Irgendwie hatten sie es geschafft, alle Sprachen, die sie brauchten, fließend zu beherrschen: Englisch und Afrikaans für die Schule, Deutsch zu Hause und Zulu und Chichewa, um sich mit den Arbeitern auf der Farm unterhalten zu können.

Allerdings waren es genau diese Sprachkenntnisse, die Elsa eines Tages in die Bredouille brachten, als sie ein paar Ausdrücke, die sie in Afrikaans aufgeschnappt hatte, ausprobierte, und daraufhin des Fluchens beschuldigt wurde.

»Nou gaan menheer julle donner!« Ein paar Jungs hatten sie geärgert, und sie hatte ihnen die anstößigen Worte so laut sie konnte hinterhergerufen, ohne dass ihr bewusst gewesen wäre, wie wenig akzeptabel diese an ihrer christlichen Schule waren.

Walter und Hermann sorgten ebenfalls für gerunzelte Stirnen, allerdings aus einem anderen Grund. Sie waren zu wohlerzogen. Als sie ihrem neuen Schuldirektor vorgestellt wurden, verbeugten sie sich und schlugen die Hacken zusammen, so wie ihnen das in Deutschland beigebracht worden war. Der Mann, ein Engländer mittleren Alters, war schockiert. Für ihn war dies Indoktrination der schlimmsten Art. In seinen Augen hatten die Nazis ihre Spuren hinterlassen, sogar im Verhalten der Kinder.

Hermann und Walter verstanden nicht wirklich, wo das Problem lag. Das waren doch nur gute Manieren, wie sie in höheren Gesellschaftskreisen gepflegt wurden. Sie hatten Stunden damit zubringen müssen, bis sie das Zusammenschlagen der Hacken und die Verbeugung völlig synchron hinbekamen. Gutes Benehmen war ihnen eingedrillt worden, da bestand kein Zweifel, aber die zwei waren keine Engel. Obwohl ihre akademischen Leistungen hervorragend waren, wurden sie mehr als einmal für ihre Laus-bubenstreiche bestraft.

Da sie es jeden Morgen eilig hatten, den Pretoriabus zu erwischen, fuhren sie die vier Kilometer von der Farm bis zur Haltestelle mit dem Fahrrad. Eines schönen Sommertages fuhr ihr Vater wenig später entlang derselben Straße und ertappte die beiden inflagranti beim Schuleschwänzen. Ihm waren die Fahrräder aufgefallen, die nur schlecht hinter einem Findling im *Veld* versteckt waren. Seine Söhne fand er nach kurzer Suche laut schnarchend unter einem alten Feigenbaum liegend. Die Konsequenzen dieser Eskapade erinnerten Walter doch sehr an den Spazierstock vom alten Herrn Bautz.

Je älter die Brüder wurden, um so klarer wurde auch, dass ihre Interessen und Begabungen an gegensätzlichen Enden des Spektrums lagen. Hermann fühlte sich zu allem hingezogen, was technisch oder mechanisch war, und wusste auch, wie man solche Dinge reparierte. In Walters Bereich hingegen lag alles, was mit Tieren oder Pflanzen zu tun hatte. Und während Walter nichts mehr liebte, als zu Pferd unterwegs zu sein, zog Hermann es vor, einen motorisierten Untersatz zu haben. Umgekehrt galt das auch: Technisches Gerät gab in Walters Händen oft vorschnell seinen Geist auf, während Hermann zu Unfällen neigte, wenn er es mit Tieren zu tun hatte.

Beider Fähigkeiten waren auf der Farm hochgeschätzt, und jeder hatte sein eigenes Arbeitsgebiet. Walter kümmerte sich um alles, was mit Kühen und Milchwirtschaft zu tun hatte. Zu manchen Kühen entwickelte er ein ganz besonderes Verhältnis, und sein Liebling, die große Alma, ließ ihre Milch nur kommen, wenn sie von ihm gemolken wurde. Einige andere Kühe hatten eine ähnliche Freundschaft zu Abius, dem Stallburschen aus Malawi, entwickelt. Abius und

Walter wiederum verstanden sich ausgesprochen gut, wobei ihre Beziehung auf der Zuneigung zu den Tieren beruhte.

Während Hermann die technische Seite im Auge behielt, und Walter die Gesundheit der Tiere, kümmerte sich ihr Vater um den Vertrieb. Jeden Abend, nach seiner letzten Fahrt zum Markt, genoss er das Stadtleben, sah sich den ein oder anderen Film an, las die Zeitung oder besuchte alte Bekannte. Er war wieder ein geselliger Mensch geworden und eines der Gründungsmitglieder des *Orange Grove Rotary Clubs*.

Ursula hingegen blieb meist zu Hause und hätte es auch gar nicht anders gewollt; sie war Herz und Seele des Betriebs. Sie führte genauestens Buch und notierte alles, was in den Ställen und auf den Feldern geschah. Sie kalkulierte Milchertrag und Pfirsichernte, bilanzierte Tomatenkisten und Chrysanthemensträuße.

Aber Ursula war auch eine gute Gastgeberin und wusste, wie man ein rauschendes Fest feierte. Viel schneller als gedacht hatte sie ihr ruiniertes Haus in ein vorzeigbares Zuhause verwandelt, in dem sich Freunde und Familienmitglieder an fast jedem Wochenende trafen. Ganz besonders mochten ihre Gäste die breite Veranda, deren ochsenblutroter Boden immer auf Hochglanz poliert war. Die Küche war erst später ans Haus angebaut worden und hatte keine Decke, sondern nur ein Wellblechdach. Das war schnell pechschwarz vom Rauch des alten Holzherds, der ständig brannte, und auf dem sie die köstlichsten Gerichte produzierte. ›Liebe geht durch den Magen‹, war eine ihrer Lebensweisheiten, und immer wieder versuchte sie damit, auch Elsa für das Kochen zu begeistern, jedoch ohne großen Erfolg.

Während der Wochenendpartys diskutierten die Erwachsenen häufig die aktuellsten Ereignisse sowohl in Südafrika als auch in Deutschland, denn die meisten waren deutscher Herkunft, und die Kinder vertrieben sich die Zeit damit, zu reiten und Kunststückchen auf dem Rasen zu üben.

Walter hatte einen schwarzen Hengst, mit dem er gerne über die Ligusterhecke sprang, die den kleinen Park bregrenzte, in dem seine Mutter einige ausgewählte exotische Bäume und Sträucher gepflanzt hatte. Er brachte ihm bei, sich vor der Veranda auf die Hinterbeine zu stellen, und nach langem Üben gelang es ihm, auf dem Rücken des galoppierenden Pferdes stehen zu bleiben.

Mit seiner Stute Comtesse versuchte er sein Glück als Pferdezüchter. Als das erste Fohlen mit schneeweißem Fell geboren wurde, was auf einem genetischen Defekt beruhte, der es innerhalb weniger Wochen sterben ließ, war er am Boden zerstört. Die Tatsache, dass sein Vater das Kleine dann auch noch ›Missgeburt‹ taufte, machte die Sache nur noch schlimmer. Und obwohl er sich redlich bemühte, sollten ihm für den Rest seines Lebens Erfolg und Glück als Pferdezüchter versagt bleiben.

An einem angenehm warmen Sonntagnachmittag im Herbst wollte Elsa nichts lieber, als ganz weit weg zu sein von dem Radau, den ihre Brüder und ihre Freunde veranstalteten. Obwohl sie natürlich wusste, dass es nie böse gemeint war, war sie es doch manchmal leid, immer von ihnen auf den Arm genommen zu werden. Sie suchte nach einem guten Versteck, wo sie ungestört ihr Buch weiterlesen konnte, eine Liebesgeschichte, die sie in ihren Bann gezogen hatte.

Das Plumpsklo neben der Garage wurde so gut wie nie genutzt und schien ideal für ihre Zwecke zu sein. Völlig vertieft in ihren Roman saß sie auf dem hölzernen Sitz und vergaß ihre Umgebung. Bis sie während einer hochdramatsichen Szene plötzlich aufsah. Würden die Wünsche ihrer Heldin wohl in Erfüllung gehen? Würde ihr Ritter in schimmernder Rüstung je vor ihr auf die Knie fallen?

Elsa sah auf ihre Füße herunter und mit einem Schrei, der Gott und der Welt ihr Versteck verriet, sprang sie mit einem Satz und beiden Füßen auf den breiten, hölzernen Sitz des Plumpsklos.

Die Ringhalskobra, die sich gerade durch den Spalt unter der hölzernen Tür durchgeschlängelt hatte, hielt inne, hob den Kopf, nahm Elsa genau ins Visier und beschloss dann, sich möglichst schnell aus dem Staub zu machen. Sie verschwand durch eine schmale Öffnung im Holz in die dunkle Unterwelt des Klohäuschens.

Walter und Hermann hatten den markerschütternden Schrei ihrer Schwester gehört und Sekunden später rissen sie die Tür zu ihrem Versteck auf. Sie waren begeistert. Elsa hatte ihnen gerade den perfekten Anlass gegeben, den nagelneuen *Willys* Jeep ihres Vaters auszuprobieren. Nach viel Gerangel, wer fahren durfte, parkten sie das Fahrzeug neben dem Plumpsklo, steckten einen Schlauch auf den Auspuff und manövrierten das andere Ende in das Loch, durch das die Schlange verschwunden war. Die Abgase von Vaters Jeep sollten dem Reptil den Garaus machen.

Weihnachten und Neujahr wurden auf Uhlenhorst immer auf ganz besondere Art und Weise mit einer Mischung aus deutschen und südafrikanischen Bräuchen gefeiert. Da mitten im Sommer, fielen die Festlichkeiten genau in die geschäftigste Zeit auf der Farm. Die Pfirsiche waren reif und mussten geerntet, verpackt und zum Markt gefahren werde, genauso wie die Tomaten und Schnittblumen. Und die Kühe nahmen natürlich auch keinen Weihnachtsurlaub.

Trotzdem war Ursula stolz darauf und gab ihr Bestes, ein ›ordentliches‹ Weihnachtsfest zu organisieren. Jedes Jahr stellte sie Marzipankartoffeln her, backte kiloweise Plätzchen, besorgte und schmückte den Weihnachtsbaum und sorgte dafür, dass es für alle Geschenke gab.

Wie in Deutschland feierten sie Weihnachten am Heiligen Abend, aber erst nachdem Hermann Eschenburg von seiner letzten Verkaufsfahrt in die Stadt zurückkam. Jedes Jahr gab es Reis und Heringsalat zum Abendessen, bevor die Geschenke, die unter dem Weihnachtsbaum lagen, ausgepackt werden durften. Die Wachskerzen, auf die Ursula nicht verzichten mochte, krümmten sich in der Mittsommerhitze, und ständig tropfte Wachs auf den Teppich. Manchmal, zur großen Begeisteurng der beiden Jungs, fing auch der Baum Feuer, aber dafür waren Vorkehrungen getroffen worden. Ein Eimer Wasser stand immer bereit.

Eine Woche später stand die große Silvesterparty auf dem Programm, und wieder zog Ursula alle Register. Sie bereitete Bowle vor und sogenannten Kullerpfirsich, wobei sie Löcher in die Haut reifer Pfirsiche stach und diese dann in ein großes Glas Sekt legte.

Sie kreierte ein Schattenkino hinter aufgehängten Bettlaken, die von einer Paraffinlampe beleuchtet wurden. Walters Lieblingsrolle war die des Chirurgen, der mit einer großen Säge den Bauch seines Patienten zu öffnen schien und einen langen Strang Würstchen daraus hervorholte. Man spielte Tennis auf dem Rasen, Reise nach Jerusalem und Scharaden. Mitternacht kam, und nachdem das Neue Jahr gebührend begrüßt worden war, versuchte man, mit Bleigießen die Zukunft vorherzusagen.

Die Jahre zogen ins Land und Uhlenhorst wuchs und gedieh, genauso wie die jungen Eschenburgs. Es kam die Zeit, das elterliche Nest zu verlassen. Hermann war der Erste. Er wurde Ingenieur und heiratete Betty, die er im letzten Schuljahr kennengelernt hatte. Gemeinsam zogen sie nach Bloemfontein und hatten sechs Kinder.

Walter besuchte erst die Universität von Pretoria, wo er sich eine Unterkunft mit Karl August Sartorius von Lindenau teilte, bevor er seine Studien in *Onderstepoort* weiterführte, Südafrikas einziger Fakultät für Veterinärmedizin.

Wie vorherzusehen war, blieb das Nesthäkchen Elsa am längsten zu Hause. Bevor sie ihre Flügel spreizte und erst Lehrerin und später Krankenschwester wurde, sollte sie mit Walter zusammen eine erinnerungswürdige Reise unternehmen.

Wanderlust

Walter und Karl August Sartorius von Lindenau wurden schnell beste Freunde. Karl August kam aus Namibia, damals noch Südwestafrika, wo seine Familie mehrere große Farmen besaß und sein Vater Parlamentsmitglied war. Während er in Pretoria studierte, verbrachte er die meisten Wochendenden mit den Eschenburgs und wurde bald ein fester Bestandteil der Familie.

Walter und Karl August fuhren zusammen in den Kruger Park und nach Swaziland, sie machten lange Ausritte, gingen auf die Jagd und führten die Mädchen aus ihrem Freundeskreis zum Tanzen aus.

Elsa ging noch zur Schule, als Karl August zum ersten Mal nach Uhlenhorst kam. Schon bald war sie auch für ihn so etwas wie eine kleine Schwester und somit Ziel für ständige, wenn auch gutmütige Witzeleien. Oft durfte sie die beiden jungen Männer auf ihren Abenteuern begleiten, aber nur, so schärften sie ihr grinsend ein, wenn sie sich ordentlich benahm. Und da Walter schon immer eine Schwäche für seine kleine Schwester hatte, war es Karl August, der sie in ihre Schranken verwies, wenn sie ihnen zu sehr auf die Nerven ging. Trotzdem, oder vielleicht gerade deswegen, verliebte Elsa sich bald unsterblich in den Studienkollegen ihres Bruders. Es war eine Leidenschaft, die sie zu verstecken wusste, und von der, außer Walter, niemand jemals erfuhr.

Für Karl August war sie einfach die kleine Schwester und wurde später eine gute Freundin. Nachdem er seinen Abschluss in Agrarwissenschaften gemacht hatte, zog es ihn zurück in sein Heimatland, das in jener Zeit von der südafrikanischen Regierung als eine de facto fünfte Provinz verwaltet und oft nur ›Südwest‹ genannt wurde.

Walter schloss sein Studium in *Onderstepoort* ein Jahr später ab, und zur Belohnung wollte er sich eine Reise gönnen, die er schon lange geplant hatte.

Elsa bekam schon bald Witterung von Walters Idee, sein erstes eigenes Auto zu packen, einen nagelneuen Morris Minor, um damit in die einst deutsche Kolonie zu fahren und seinen ehemaligen Studienkollegen zu besuchen. Als er dann eines Abends verkündete, dass er aufbrechen wollte, sobald die Abschlussfeier vorbei war und das neue Jahr begonnen hatte, verschwendete sie keine Zeit.

»Darf ich mitkommen?«

Walter gab vor, sie nicht gehört zu haben.

»Ach bitte, Walter, es wäre so toll, mit dir zu verreisen!«

Walter sah seine Schwester an. Sie hatte gerade ihr Abitur gemacht und war sich nicht ganz sicher, was sie als nächstes tun wollte. Eine kurze Auszeit würde ihr guttun, und ein Überlandfahrt war genau das Richtige. Aber bevor er ihr zustimmen konnte, musste er sie noch ein wenig necken.

»Naja, Schwesterherz, eigentlich hatte ich auf ein paar ruhige, friedliche Wochen gehofft.«

»Ich verspreche dir hoch und heilig, ich werde kein Wort sagen, auf der ganzen Reise. Und wenn es sein muss, dann koche ich sogar für dich, jeden Tag!«

Daraufhin konnte sich Walter das Lachen nicht mehr verkneifen. Er wusste genau, dass seine Schwester nichts weniger liebte als Kochen.

»Oh je, na das ist ja eine Drohung! Ich denke, wir drehen die Sache mal um. Wenn du mir versprichst, dass du nicht für uns kochen wirst, dann kannst du mitkommen.«

Insgeheim hatte er gehofft, dass Elsa ihn begleiten wollte. Jetzt, da er bald das elterliche Haus verlassen würde, um in einer Tierklinik in Johannesburg seine erste Stelle anzutreten, wollte er gerne noch etwas Zeit mit ihr verbringen. Überhaupt war er am glücklichsten, wenn er jemanden hatte, mit dem er seine Leidenschaft für die Natur teilen und etwas von seinem enzyklopädischen Wissen weitergeben konnte.

»Im Ernst? Ich verspreche alles, was immer du willst!« Eine überglückliche Elsa schlang ihrem Bruder die Arme um den Hals.

Endlich kam das neue Jahr, 1957. Nach einer von Ma Eschenburgs legendären Silvesterpartys brachen Walter und Elsa in seinem Morris Minor auf. Da sie beide etwas mitgenommen waren von den Feierlichkeiten der vorangegangenen Nacht, beschlossen sie, auf der Farm ihres Freundes Danie, nur ein paar Stunden von Uhlenhorst entfernt, Rast zu machen. Sie ruhten sich ein Weilchen aus, aber als es dunkel wurde, entschieden sich Danie und Walter, mit Elsa im Schlepptau auf Springhasenjagd zu gehen.

Elsa saß schweigend auf dem Rücksitz und betrachtete die ganze Angelegenheit voller Entsetzen. Sie fand die Kreaturen, die sie irgendwie an Mini-Känguruhs erinnerten, einfach niedlich, und sie taten ihr ganz furchtbar leid, wenn sie völlig gelähmt im Licht der Scheinwerfer verharrten. Jedes Mal, wenn die zwei jungen Männer aus dem Auto sprangen und versuchten, einen Springhasen mit ihren Knüppeln zu erschlagen, da schloss sie die Augen und hielt den Atem an. Zu ihrer großen Erleichterung brauchte es dazu allerdings einiges an Geschick und Schnelligkeit, und nach der gestrigen Nacht fehlte es den Freunden an beidem. Am Ende gelang es ihnen, einen toten Springhasen mit nach Hause zu bringen, der dann auch prompt ausgenommen, gehäutet und aufgehängt wurde, um bald seinen Weg in den Kochtopf zu finden.

Am nächsten Tag verließen Walter und Elsa die Farm bei Sonnenaufgang und fuhren schier endlose Distanzen auf holprigen Pisten, bis sie den südlichsten Zipfel der Kalahari erreicht hatten. Es war heiß und der Sand reflektierte das grelle Licht und die Hitze. Die Luft war schwer.

»Wo sollen wir denn heute übernachten?« Elsa war die erste, die das Schweigen brach. Den ganzen Tag über war es einfach zu heiß zum Reden gewesen.

»Ach, wir halten einfach irgendwo neben der Straße.«

»Ist das denn nicht zu gefährlich?«

»Gefährlich?« Walter musste lachen. »Ich glaube kaum. Schau dich doch einmal um, Elsa, hier draußen ist doch nichts und niemand. Was soll denn da gefährlich sein?«

Wie angekündigt, hielt Walter kurz vor Sonnenuntergang am Straßenrand. Er wollte nicht Gefahr laufen, im Sand steckenzubleiben, indem er weiter als nötig von der Straße abfuhr. Und überhaupt, was für einen Unterschied machte das schon? Er packte seine *Kaross* aus, eine traditionelle Felldecke, die aus den Pelzen unzähliger Zibetkatzen zusammengenäht worden war, und legte sie neben dem Auto auf den Boden. Daneben platziert er eine Wasserflasche, eine Taschenlampe und eine kleine Axt, die in einem ledernen Futteral steckte.

»Weck mich, wenn Gefahr im Verzug ist.« Er grinste und war innerhalb von wenigen Sekunden eingeschlafen.

Elsa sah ihren Bruder an und schüttelte den Kopf. Immer wieder erstaunte sie seine Fähigkeit, einfach überall einschlafen zu können. Eine Zeit lang bewunderte sie den Sternenhimmel, der in der dunklen, klaren Wüstennacht einfach überwältigend war, bevor auch sie ihre Augen schloss.

Plötzlich war da ein grelles Licht. Noch halb im Schlaf sprang Walter auf, fasste seine Schwester an der Hand, zog sie hoch und von der Straße weg.

»Aber Walter, was machst du denn da?«

»Schnell, schnell, wir müssen hier weg, da kommt doch ein Auto!«

»Aber wir sind doch gar nicht auf der Straße.«

»Natürlich sind wir das! Jetzt mach schon, sonst trifft es uns noch!«

Als sie davongestolpert waren, war das Auto längst vorbei und Walter aufgewacht. Er gab zu, dass Elsa Recht gehabt hatte, legte sich wieder hin und schnarchte innerhalb von Sekunden erneut. Einige Stunden vergingen, bevor er von einem ohrenbetäubenden Schrei geweckt wurde.

»Was ist denn jetzt los?« Verwundert setzte er sich auf.

Der Lichtkegel von Elsas Taschenlampe strahlte einen großen, pechschwarzen Skorpion an, der auf ihre Seite der *Kaross* zugelaufen kam. Mit seinen breiten Zangen und dem hochgestellten Schwanz, den giftigen Stachel angriffsbereit nach vorne gestreckt, bot er einen unheimlichen Anblick, das musste selbst Walter zugeben.

»Keine Angst, der hier ist nicht so schlimm«, versuchte er, seine Schwester zu beruhigen. »Siehst du, er hat einen relativ dünnen Schwanz, was heißt, dass er sich mehr auf seine Zangen als auf sein Gift verlässt, um Beute zu fangen oder sich zu verteidigen. Die, vor denen du dich wirklich in Acht nehmen musst, das sind die mit dem fetten Schwanz und den dünnen Armen. Die sind normalerweise wirklich giftig.«

Dann, obwohl er gerade die Harmlosigkeit des Tieres angepriesen hatte, nahm er seine Axt und schlug damit auf den Skorpion ein.

»Aber Walter, die Axt steckt doch noch in ihrer Hülle!«

»Ja, ja, kein Problem.« Er schien schon wieder eingeschlafen zu sein, bevor sein Kopf auf das Kissen traf.

Elsa zog sich auf den Rücksitz ihres Autos zurück, wo sie noch ein paar Stündchen schlafen wollte, bis die Sonne aufging. Sie hatte nun wirklich keine Lust mehr, es noch einmal im Freien zu versuchen.

»Weißt du, warum man in Südwest eine Schafherde nicht sehen kann, wenn sie die Staße überquert?«

»Nein, warum?«

»Weil die Bodenwellen so tief sind.« Walter lachte herzlich über seinen eigenen Witz. Sie waren dem ausgetrockneten Flussbett des Auob durch den *Kalahari Gemsbok National Park* gefolgt, bis sie Mata-Mata erreicht und die Grenze überquert hatten. In der Tat, die Oberfläche der unbefestigten Straßen hatte sich verändert. An die Stelle von tiefem Sand war hart gebackene Erde mit stark ausgeprägten Bodenwellen getreten, die die Geschwister und den Morris ordentlich durchschüttelten.

»Da muss man so schnell wie möglich rüberfahren.« Walter hatte ein Funkeln in den Augen. Er fuhr unheimlich gerne schnell. Wenn es nach ihm ging, waren sie lange genug langsam gefahren, vor allem im Nationalpark. Aber was für eine wunderschöne Fahrt das gewesen war! Große Herden Spring- und Gemsböcke, die sich alle um die Wasserlöcher im sonst trockenen Flussbett geschart hatten, Gnus und Strauße, ein paar Schakale und eine Gepardenfamilie. Er hätte sich gewünscht, länger zu bleiben, aber es gab keine Übernachtungsmöglichkeit im Park und Elsa hatte sich strikt geweigert, noch eine Nacht unter freiem Himmel zu verbringen, vor allem in einer Gegend, in der Löwen frei herumliefen.

Er musste lachen, als er sich an ihren Gesichtsausdruck am Morgen erinnerte, als sie versucht hatte, sich den toten Skorpion genauer anzuschauen. Aber der war spurlos verschwunden. Er hatte ihn wohl einfach nur in den Sand gedrückt mit seiner eingewickelten Axt. Dasselbe war der knallgelben Kapkobra widerfahren, die sich plötzlich direkt vor ihnen über die Straße geschlängelt hatte. Er hatte nicht die geringste Chance gehabt, auszuweichen oder rechtzeitig zu bremsen. Schlangen zu überfahren war nie eine gute Idee, denn sie konnten hochschnellen und dann irgendwie unter der Karosserie mitfahren und sich dort verstecken. Normalerweise kamen sie genau dann wieder zum Vorschein, wenn man es am wenigsten erwartete. So erzählte man sich das auf jeden Fall. Sie hatten Glück gehabt. Als sie anhielten und zurückschauten, sahen sie, wie die Kobra weiterhin unbeirrt ihres Weges zog.

»Weißt du, was für mich der schönste Augenblick war?«, fragte Elsa.

Auf dem Hochplateau, das sie nun erreichten, war es um einiges kühler und beide spürten, wie ihre Energie zurückkehrte.

»Nein, aber du wirst es mir bestimmt gleich erzählen.«

»Ja, genau! Weißt du noch, heute Morgen, ganz früh, da leuchtete die eine Sanddüne so schön rot im Morgenlicht. Sie war voll mit diesen kleinen gelben Blüten, und mitten drin stand eine Herde fetter, glänzender Impala...«

»Bist du dir da ganz sicher?«

»Na klar, hast du das denn nicht gesehen? Oh, ich wünschte, ich könnte malen, das wäre so ein schönes Bild!«

»Aber Schwesterherz, wir waren doch in der Kalahari! Und da gibt es keine Impala! Na gut, vielleicht gibt es ein paar, aber nur ganz wenige. Die sind extrem selten hier, gehören hier nicht wirklich hin. Also ich habe bestimmt keine gesehen, schon gar nicht eine ganze Herde.«

»Ach, Mensch! Ich meine natürlich die Springböcke. Aber jetzt sag mal, wo du so schlau bist, was waren denn diese kleinen gelben Blümchen? Weißt du das auch?«

»Na klar, du etwa nicht?« Walter neckte seine Schwester unheimlich gerne. »Das sind die sogenannten *Dubbeltjies* oder Teufelsdornen. Der lateinische Name ist *Tribulus zeyheri*. Diese Kriechpflanze zeigt sich immer erst nach gutem Regen von ihrer besten Seite, mit jeder Menge gelber Blüten. Springböcke, Strauße und Erdhörnchen fressen sich an diesem kleinen Teufel gerne satt.«

Gemächlich mäanderten sie weiter in Richtung Norden und genossen dabei die weiten Landschaften dieses Landes, das ihnen, verglichen mit Südafrika, völlig vereinsamt erschien. Viele Kilometer fuhren sie auf ungeteerten Straßen, ohne auch nur einer Menschenseele zu begegnen. Die Landschaft war trocken, zuweilen bizarr. Sie sahen riesige Termitenhügel und bewunderten die Nester der Siedelweber, die an den Telefonmasten hingen. In einem kleinen Dorf, das Uhlenhorst hieß, machten sie Rast und sahen sich um, einfach weil es denselben Namen hatte wie ihr Zuhause.

Schließlich erreichten sie Windhuk, wo sie von Walter Gilbert in Empfang genommen wurden, der nicht nur Walters Patenonkel, sondern auch ein renommierter Künstler vor Ort war. Zu ihrer großen Freude machte er sie gleich am nächsten Tag mit Henno Martin bekannt, der *»Wenn es Krieg gibt, gehen wir in die Wüste«* geschrieben hatte, ein Buch, das ihnen beiden ausgesprochen gut gefallen hatte.

Zusammen mit seinem Freund Hermann Korn hatte sich Henno Martin während des Zweiten Weltkrieges zwei Jahre lang in der Namib-Wüste versteckt, um eine Internierung zu vermeiden. Er berichtete von ihren Abenteuern, wie sie es geschafft hatten, unter den extremen Bedingungen zu überleben, und was für Eigenheiten sie entwickelt hatten, nachdem sie zwei lange Jahre nur sich selbst zur Gesellschaft gehabt hatten.

So war ihnen schnell klar geworden, dass nicht nur ihre Körper Nahrung brauchten, sondern auch der Geist, weshalb sie begannen, ihre Umgebung mit allem, was kreuchte und fleuchte, genauestens unter die Lupe zu nehmen. Sie freundeten sich mit einem Gecko an, den sie Phillip tauften, und hatten ein gutes nachbarschaftliches Verhältnis mit einer Schlange, die unter einem nahegelegenen Felsen hauste. Diese Freundschaft zerbach allerdings, als die Schlange versuchte, Phillip zu fressen. Henno Martins Freund, der diese Gräueltat beobachtet hatte, war außer sich, tötete die Schlange und schnitt ihr den Bauch auf. So rettete er Phillip, der, nachdem die Verdauungssäfte des Reptils sorgfältig von ihm abgewaschen worden waren, noch ein langes und glückliches Leben führte.

Walter und Elsa waren entzückt.

Bergfontein, die Farm der von Lindenaus und ihr nächster Halt, war riesig, sogar für südwestafrikanische Verhältnisse. Das moderne Haus, das am Rande eines schroffen Abgrunds stand, hatte eine atemberaubende Aussicht und war im Innern dunkel und kühl. Walter und Elsa fühlten sich dort sofort wohl, und gemeinsam mit Karl August und seinem Bruder Ernst Rudolph erkundeten sie die neue Umgebung.

Den von Lindenaus gehörte nicht nur *Bergfontein*, und nach nicht allzulanger Zeit nahmen sie die Eschenburg-Geschwister mit in den Norden des Landes. Dort besuchten sie den *Etosha National Park*, eines der größten Wildreservate im südlichen Afrika. Sie wohnten ganz in der Nähe auf einer Farm, die der Schwester von Frau von Lindenau gehörte. Täglich unternahmen sie dort Ausritte, und eines Tages fanden sie sich mit ihren Pferden plötzlich umringt von einer Herde Elefanten, eine Erfahrung, die keiner von ihnen je vergessen würde.

Eine andere Farm, die den von Lindenaus gehörte, hieß *Kakatswa.* Sie grenzte an das *Kaokoveld*, eine weitläufige, wilde Gegend, die nur spärlich von den Himba bevölkert war.

Frau von Lindenau, die den Busch und die Wildnis ganz offensichtlich auch über alles liebte und eine ganze Menge darüber wusste, begleitete sie auf dem Ausflug zu dieser entlegenen Farm. Ebenfalls mit von der Partie war ein anderer Gast der Familie, ein deutscher Künstler aus Berlin namens Fritz Kempe. Der benahm sich genau so, wie sich Walter immer einen typischen Berliner vorgestellt hatte – laut und bombastisch.

Es war Vollmond und Frau von Lindenau hatte beschlossen, ihren Besuchern die Kakatswa-Schlucht zu zeigen, die quer durch die Farm verlief. Sie wollten dort die Nacht auf einem Felsvorsprung über einer Wasserstelle verbringen und einfach abwarten, was sich so tun würde.

Zuerst blieben sie alle wach und genossen den Abend im Mondschein, aber später wechselten sie sich damit ab, Wache zu halten und die anderen zu wecken, sobald sich etwas Interessantes am Wasser tat.

Es war ungefähr zwei Uhr morgens, als zwei Spitzmaulnashörner erschienen, und Walter war sofort hellwach. Er beobachtete, wie die beiden Tiere näher kamen, bis sie direkt unter dem Aussichtspunkt der kleinen Gruppe stehen blieben. Voller Ehrfurcht nahm er ihre Schönheit und Stärke wahr, während sie stockstill standen und nicht einmal mit der Wimper zu zucken schienen. Er warf den anderen einen schnellen Blick zu. Sie waren genauso fasziniert wie er. Keiner traute sich, sich zu bewegen. Das heißt, keiner außer Fritz Kempe. Der konnte scheinbar nicht mehr länger stillsitzen.

»Frau von Lindenau«, hörte Walter ihn wispern, »Frau von Lindenau, ich gehe jetzt mal da runter und schaue mir die Sache genauer an.«

Frau von Lindenau wusste wohl, dass es bei Franz Kempe kein Halten gab. »Tu, was du nicht lassen kannst, aber das geht auf deine Kappe. Und bitte sorge dafür, dass du nicht umgerannt wirst.«

Walter stieß Elsa vorsichtig mit seinem Ellenbogen in die Seite und beide schüttelten den Kopf, als sie Fritz Kempe dabei beobachteten, wie er die Felsen hinunterkletterte und sich an die Nashörner heranschlich, die sich immer noch nicht bewegt hatten. Er versteckte sich hinter einem Busch, nicht weiter als drei Meter von den Tieren entfernt.

Plötzlich richtete sich Walter auf. Er glaubte seinen Augen nicht zu trauen. Ohne dass es jemand bemerkt hätte, hatte Fritz Kempe den Glaszylinder von einer der Paraffinlampen mitgenommen. Diesen setze er sich nun an den Mund und blies hinein. Ein trompetenartiges Geräusch erklang in der sonst stillen Nacht. Ob der Berliner wohl glaubte, dass er sich so mit den Nashörnern unterhalten konnte?

Die beiden Dickhäuter schienen darauf keinen gesteigerten Wert zu legen. Sie drehten sich auf dem Absatz um und rasten ohne zu zögern auf die Quelle dieses ohrenbetäubenden Lärms zu. Innerhalb von Sekunden waren sie dort, und eines der Nashörner rannte rechts an Fritz Kampe vorbei und das andere links. Beide kamen ihm so nahe, dass er sie ohne Schwierigkeiten hätte berühren können. Oben auf dem Felsvorsprung hörte man noch lange das laute Schnaufen und Prusten der beiden Tiere, wie sie immer weiter die Schlucht entlangrannten. Ungefähr zehn Minuten später kam der bombastische Berliner wieder hinaufgeklettert.

»Donnerwetter«, flüsterte er. »Die gehen ja ab wie 'ne Dampfmaschine!«

Ein paar Tage später landeten Walter und Elsa während eines Spaziergangs mitten in einer Herde Zebra. Am Horizont, gegen die Sommerwolken, die von der untergehenden Sonne rot gefärbt wurden, konnten sie die Silhouetten eine kleinen Gruppe Giraffen ausmachen und ganz in der Nähe war eine Warzenschweinfamilie auf dem Weg zu ihrem Bau.

»So muss es im Paradies aussehen. Oder zumindest ganz ähnlich«, dachte Walter. Aber niemand sprach, so als ob jedes Wort die Magie des Augenblicks zerstören könnte.

Der Morris Minor hatte sich als unermüdlicher Begleiter erwiesen. Er hatte unendliche Meilen auf schlechten Schotterpisten und Sandstraßen bewältigt, hatte trockene Flussläufe durchquert und sich nach einem heftigen Sommerregen durch reißende Bäche steuern lassen. Souverän war er über die Löcher von Ameisenbären geflogen und hatte sich unter den tiefhängenden Ästen der Kameldornbäume geduckt. Er war auf Berge geklettert und hatte sich furchtlos in die tiefsten Schluchten gestürzt. Aber als das Ende der Reise nahte, war Walters und Elsas Reisegefährte kaputt. Sie schafften es gerade noch, bis nach Windhuk zurückzufahren, wo sie ihn auf einen Zug luden und nach Hause schickten.

Als sie selbst in der kleinen Propellermaschine saßen, die sie auf Kosten von Walters Patenonkel nach Johannesburg zurückbringen sollte, sahen sie aus dem Fenster auf die dramatische Landschaft unter ihnen. Beide waren ein wenig traurig. Es war ein wunderbares Abenteuer gewesen, und sie hatten jeden Augenblick genossen. Aber es war, als wüssten sie, dass dies ihre letzte gemeinsame Reise gewesen war. Von nun an würde sie das Leben entlang verschiedener Pfade führen.

Elsa würde erst die *Wits University* besuchen und dann ein Lehrertrainings-College, nur um gut zwanzig Jahre später noch einmal umzusatteln und Krankenschwester zu werden. Sie würde heiraten, zwei Kinder bekommen und sich mit ihrer Familie in der südafrikanischen Küstenstadt East London niederlassen. Walter hingegen würde kurz nach ihrer Rückkehr als Assistenztierarzt im *Veterinary Hospital* in Johannesburg anfangen. Ihre Eltern sollten noch viele Jahre auf Uhlenhorst bleiben, bevor sie sich in Petervale, einem Vorort von Johannesburg, zur Ruhe setzten.

Während das Flugzeug über die Kalahari glitt, schlossen beide ihre Augen und erinnerten sich an ein paar ganz spezielle Augenblicke.

Für Elsa war es das Gesicht von Karl August, das ihr immer wieder erschien, inmitten der Bilder galoppierender Zebras und wunderschöner Blumen. Sie hatte Frieden geschlossen mit der Tatsache, dass dies wohl das letzte Mal gewesen war, dass sie Zeit mit ihm verbracht hatte. Es war traurig, und hin und wieder wischte sie sich eine Träne aus dem Gesicht, aber so war das Leben nun einmal. Sie seufzte tief.

Walter auf der anderen Seite lächelte vor sich hin. Er dachte daran, wie er sich an einem der letzten Abende auf *Bergfontein* zum Narren gemacht hatte.

Löwen und Narren

Als wir von Kakatswa zurückkamen, da habe ich mich wirklich nicht gerade mit Ruhm bekleckert. Wir waren wieder auf *Bergfontein*, und alle wussten, dass ich unheimlich gerne selbst etwas schießen würde. Was, das war mir eigentlich egal. Ich jagte damals für mein Leben gern. Seitdem ich viele Jahre zuvor auf Juchow mit der Hilfe von Jean-Pierre, dem französischen Kriegsgefangenen, meinen ersten Hasen geschossen hatte, war ich dem Jagdfieber zum Opfer gefallen. Besonders viel Gelegenheit, meine Jagdkünste zu verbessern, hatte ich seitdem allerdings nicht gehabt, oder anders ausgedrückt, ich war noch sehr, sehr grün.

Die von Lindenaus wussten um meinen Wunsch und wollten mir eine Freude machen. Also gaben sie mir den Auftrag, ein Kudu für den Kochtopf zu schießen. Ganz alleine. Freudestrahlend zog ich los. Ich lief stundenlang durch den Busch, auf der Suche nach Spuren dieser eleganten Antilopen. Bald hatte ich das Gefühl, schon eine Ewigkeit unterwegs gewesen zu sein, aber ich fand erst einmal nichts. Gar nichts. Dann entdeckte ich in der Ferne ein paar Gemsböcke, aber kaum hatte ich sie gesehen, waren sie auch schon verschwunden. Langsam wurde ich müde, die Sonne neigte sich dem Horizont zu, und bald würde es dunkel werden. Mein Enthusiasmus schwand dahin.

Plötzlich, gerade als ich an einem kleinen Hügel vorbeilief, hörte ich ein seltsames Geräusch. Vor Schreck blieb mir fast das Herz stehen. Das hatte sich gerade genauso angehört wie der Löwe von *Kakatswa*, nur viel, viel lauter. Da, schon wieder! Eine ganze Weile stand ich wie angewurzelt und lauschte, bis ich all meinen Mut zusammennahm und mich entschloss, auf den nahegelegenen *Koppie* hinaufzuklettern, damit ich zumindest einen Überblick bekam.

Auf halber Strecke hörte ich plötzlich ein anderes Geräusch. Es klang wie Hufschläge, in ganz schnellem Rhythmus.

»Ach du lieber Himmel«, dachte ich nur, »jetzt verfolgen sie mich auch noch.« Wer auch immer *sie* sein mochten!

Ich drehte mich um, sah aber nichts. Dann lief ich schnell weiter bergauf, hauptsächlich, weil ich nicht wusste, was ich sonst hätte tun sollen. Und irgendwann wurde mir klar, was dieses Geräusch war. Mein eigener Herzschlag. Es war mein eigener Herzschlag, der mich verfolgte. *Sjoe!*

Oben angekommen musste ich noch auf einen Kameldorn-Baum klettern, der dicht an der anderen, steil abfallenden Seite des *Koppie* stand, bevor ich endlich verstand, was hier vor sich ging. Direkt unter mir machte ein großer Strauß seiner Henne den Hof.

Er tanzte mit weit abgespreizten Flügeln um sie herum, und hin und wieder blies er seinen Hals auf und stieß dann dieses löwenähnliche Gebrüll aus.

Die Straußendame schien in der Tat sehr beeindruckt, und ich war so erleichtert, dass ich beschloss, die Expedition zu beenden.

Zurück auf der Farm musste ich natürlich allen von meinem Abenteuer berichten, und ich rechne es den von Lindenaus immer noch hoch an, dass sie mich damals nicht lauthals ausgelacht haben. Dabei bin ich mir ganz sicher, dass sie genau wussten, wie sehr mir an jenem Abend der Allerwerteste auf Grundeis gegangen war.

Ein Tierarztleben

Ich bin also Tierarzt geworden. Das hat sich irgendwie fast zwangsläufig ergeben. Als kleiner Junge, als wir auf Juchow lebten, wollte ich unbedingt Förster werden, genau wie Herr Dummke. Aber schon bald nach unserer Rückkehr wurde mir klar, dass es in Südafrika einen solchen Beruf einfach nicht gibt. Am nächsten kommt man dem Beruf des Försters hier noch als Jäger, und klar, ich bin immer gerne auf die Jagd gegangen, und für viele Jahre war das Jagen Teil meines Lebens, aber zu meinem Beruf machen wollte ich es nicht. *Shooting for the pot*, etwas zum Essen schießen, das war in Ordnung, aber ansonsten zog ich es doch vor, mich mit lebenden Tieren zu beschäftigen.

Als ich älter wurde, begeisterte ich mich für Biologie, und da meine Eltern auch Milchbauern waren, hatte ich schon immer viel mit Tieren zu tun. Also schien es irgendwann ganz selbstverständlich, dass ich Tiermedizin studieren würde.

Während der ersten paar Jahre an der Uni hatte ich so meine Schwierigkeiten mit Physik und Chemie. Aber unser Chemieprofessor war auch aus Deutschland, und als ich eines Tages mit ihm ins Gespräch kam, da erzählte ich ihm von Juchow. Kurz darauf lernte er meinen Vater kennen, und die beiden Männer stellten schnell fest, dass sie gemeinsame Bekannte in Deutschland hatten. So löste sich mein Chemieproblem in Luft auf.

Für die guten Noten in Physik musste ich etwas härter arbeiten. Mein Professor trainierte unsere Rugbymannschaft, und nachdem ich angefangen hatte, dort mitzuspielen, verschwanden auch meine Physikprobleme.

Mit Botanik und Zoologie sah die Sache ganz anders aus. Diese beiden Fächer mochte ich so gerne, dass ich eigentlich nie wirklich büffeln musste.

Nachdem ich mein letztes Examen bestanden hatte, baten mich ein paar der Professoren, ich solle doch an der Uni bleiben. Zu meiner

Überraschung sprachen sie von einer akademischen Karriere. Aber ich hatte erstmal genug von Hörsaal, Labor und Theorie. Ich wollte endlich in die Praxis und in die große weite Welt hinaus. Ich wollte das wirkliche Leben kennenlernen. Ja, und das wirkliche Leben, mit all seinen Höhen und Tiefen, mit seinen Tragödien und Komödien, das habe ich dann auch bekommen. Natürlich gab es auch schwierige, und manchmal wirklich harte Zeiten, aber rückblickend kann ich nur eins sagen: Ich hätte es nicht anders haben wollen. Ich habe jede Sekunde genossen.

Der Ochse vor dem Goldenen Tor

Als Walter das erste Mal zu mitternächtlicher Stunde zu einem Farmbesuch gerufen wurde, um einer Holsteiner Kuh beim Kalben zu helfen, da hatte er das Gefühl, er stünde vor, beziehungsweise hinter diesem Tier, wie der sprichwörtliche ›Ochse vor dem Goldenen Tor‹.

Einige Monate zuvor hatte er angefangen, im *Veterinary Hospital* in Johannesburg zu arbeiten, und langsam aber sicher begann er, sich zurechtzufinden. Er lernte viel in dieser Zeit, ganz besonders von seinem Mentor, Dr. Wallander. Jeder Tag brachte neue Erfahrungen, und es gelang ihm immer besser, all das theoretische Wissen, das er sich über Jahre hinweg in Ondersterpoort angeeignet hatte, in die Tat umzusetzen.

Da er der Jüngste unter den Kollegen war und außerdem Junggeselle, fielen ihm besonders häufig die Nachtschichten zu. Das kleine Zimmer, in dem er sich ausruhen konnte, nachdem er die letzte Runde gedreht hatte, war mit den Ställen und der Krankenstation durch eine Sprechanlage verbunden, so dass er geweckt würde, sollte es dort unruhig werden. Meistens war es nur ein kleiner Hund, der jaulte, weil er einsam war, und Walter fand schnell heraus, dass er, falls es sich nicht nach etwas Ernstem anhörte, einfach zurückbellen konnte. Nach einem lauten *Shut up!* von seiner Seite blieb es gewöhnlich erst einmal lange genug ruhig, um sich ein kleines Nickerchen zu gönnen.

Gleichzeitig mit Walter hatte immer auch noch ein dienstälterer Veterinär Dienst, den er im Notfall um Hilfe bitten konnte. Normalerweise war es dieser erfahrenere Tierarzt, der die nächtlichen Besuche zu den umliegenden Farmen unternahm, wenn es einen Notfall gab.

Eines Abends aber rief Dr. Wallander Walter zu sich.

»Eschenburg, heute Nacht machst du das hier mal ganz alleine. Ich habe dich beobachtet, und ich weiß, was du kannst. Wir haben nur ein paar wenige Patienten hier, die kennst du alle und weißt, was bei denen zu tun ist. Falls du rausgerufen wirst, dann tu bitte einfach, was nötig ist.«

Walter war erstaunt. Er hatte zwar noch nie einen seiner älteren Mitarbeiter um Hilfe bitten müssen, und mit Dr. Wallander und seinen Kollegen hatte er schon unzählige Hausbesuche gemacht, aber so ganz alleine und auf sich selbst gestellt zu sein, das war doch eine andere Sache.

»Ok, Doc.« Er bemühte sich, völlig souverän zu klingen.

»Keine Sorge, das schaffst du schon. Und falls dir ein wirklicher Notfall unterkommen sollte, dafür hast du ja meine Telefonnummer. Du kannst mich natürlich jederzeit aus dem Bett klingeln.«

»Ok, Doc, kein Problem.« Walter schluckte.

Dr Wallander hatte keinerlei Zweifel an den Fähigkeiten seines Schützlings. Er war schon vielen jungen Tierärzten begegnet, hier in seiner Praxis, die eine der bekanntesten und bestbesuchten in Johannesburg und Umgebung war, aber noch nie war ihm ein junger Mann untergekommen, der Tiere besser verstanden hätte als Walter. Er hatte all seine Examen mit Bravour bestanden, eine Auszeichnung in Chirurgie erhalten und was ihm an praktischer Erfahrung fehlte, das machte er durch seine Intuition wett. Eine Intuition, wie er, Wallander, sie in all den Jahren nur ganz selten in diesem Ausmaß gesehen hatte, und zwar nicht nur, was junge Universitätsabsolventen betraf, sondern überhaupt. Gleichzeitig wusste er, dass Walter seine Grenzen kannte, und dass er im Zweifel nicht zögern würde, Hilfe zu rufen, anstatt das Leben eines Patienten unnötig in Gefahr zu bringen. Kurz und gut, er wusste, der junge Tierarzt war so weit.

Genauso wie Dr. Wallander es vorhergesehen hatte, verlief der Abend ruhig. Nachdem er sich noch einmal vergewissert hatte, dass alle Patienten schliefen, oder zumindest ruhig waren, beschloss Walter, sich auch für ein Weilchen aufs Ohr zu legen. Aber kaum hatte er die Augen geschlossen, da klingelte das Telefon. Es war

Punkt Mitternacht, und er war sofort hellwach. Am anderen Ende der Leitung war Johann Botha, ein guter Kunde, der auf seiner Farm nördlich von Johannesburg eine beachtliche Herde Holsteiner Kühe hatte.

»Doc, es tut mir ganz schrecklich leid, dass ich Sie mitten in der Nacht stören muss, aber es geht einfach nicht anders. Sie müssen unbedingt kommen. Die Doris hat Probleme beim Kalben. Sie ist meine beste Kuh und schon den ganzen Abend lang dabei. Aber das Kalb will einfach nicht kommen.«

»Alles klar, ich fahre sofort los.« Walter legte auf.

»Ich muss aufpassen, dass ich nichts vergesse«, dachte er. Er hatte diesen mitternächtlichen Anruf erwartet und gleichzeitig gefürchtet. Wenn er ganz ehrlich war, musste er sich eingestehen, dass er etwas nervös war. »Ach, stell dich nicht so an!« Er versuchte, sich selbst Mut zuzusprechen. »Wie oft habe ich beim Kalben auf Uhlenhorst geholfen? Und bisher ist es noch jedes Mal gutgegangen.« Damit nahm er seine Tasche und fuhr los durch die frostige *Highveld*-Nacht.

Als Walter bei den Ställen von Johann Botha ankam, war er erst einmal geschockt. Doris war die größte Kuh, die er jemals gesehen hatte.

»Na gut. Zum Glück habe ich lange Arme. Wenn dem nicht so wäre, wüsste ich auch nicht, was ich hier tun würde.«

Er zog sein Hemd aus und wusch sich Hände und Arme mit *lifebouy*-Seife und eiskaltem Wasser aus einem schwarzen Futtereimer. Dann untersuchte er die Kuh unter dem wachsamen Blick ihres Besitzers.

Der machte sich Sorgen um sein wertvolles Tier und schien etwas erstaunt, dass der junge Tierarzt ganz alleine gekommen war. Aber gnädigerweise kommentierte er das nicht. Er hatte Walter schon bei früheren Besuchen zusammen mit Dr. Wallander kennengelernt.

Wie üblich fühlte Walter zu Beginn der Untersuchung erst einmal nichts, außer dass alles Leben aus seinem Arm gepresst zu werden schien. Der war mit Abstand zu kurz, und die Kuh viel zu groß. Er versuchte es noch einmal.

»Ganz ruhig bleiben«, ermahnte er sich selbst und atmete tief ein und aus. »Konzentrier' dich!« Er versuchte es ein drittes Mal und streckte seine Fingerspitzen noch etwas weiter vor. Endlich fand er, wonach er gesucht hatte.

»Das Kalb lebt, aber der Kopf ist nach hinten gedreht.« Er sah Botha an, der nur nickte. Er wusste, was das hieß. Das Kalb musste zurückgeschoben werden, so dass der Kopf nach vorne geführt werden konnte und auf den Vorderbeinen zu liegen kam. Nur dann würde die Kuh in der Lage sein, es herauszupressen.

In der Theorie war das einfach. Aber Walter musste sich eingestehen, dass er nicht vorankam, so sehr er sich auch bemühte. Er erreichte nichts. Überhaupt nichts. Er versuchte, irgendwie den Kopf zu fassen zu bekommen. Auf Zehenspitzen stehend streckte er sich, so weit er konnte, aber ohne Erfolg. Seine Arme waren einfach ein Stück zu kurz. Und um die Sache noch schlimmer zu machen, sah er jetzt die Sorge in Johann Bothas Blick. Er verstand. Er hielt im wahrsten Sinne des Wortes das Leben seiner wertvollsten Kuh in den Händen.

Nach einem letzten Versuch gab Walter auf und rief Dr. Wallander an.

»Doc, Sie müssen bitte hier vorbeikommen. Ich brauche Ihre Hilfe. Diese Geburt hier ist schlicht unmöglich.«

»Vielleicht müssen wir einen Kaiserschnitt machen«, dachte Walter, während er auf einem Strohballen saß und, den Kopf in die Hände gestützt, die Kuh betrachtete und wartete. Ja, ein Kaiserschnitt musste es wohl sein, und den konnte er nicht alleine durchführen. Wenn er zu lange wartete, dann würde das Kalb irgendwann sterben, und sie würden es mit einem Embryotom zerschneiden müssen, wenn sie nicht auch noch das Leben der Mutter riskieren wollten. Er stellte sich alle möglichen und unmöglichen Szenarien vor und fühlte sich immer niedergeschlagener.

Es schien eine Ewigkeit zu dauern, aber irgendwann kam Dr. Wallander. Erleichtert grüßte Walter seinen Mentor. Der war fast sechzig und ein kleiner Mann, mit kurzen, ja, sehr kurzen Armen, wie Walter nun zum ersten Mal feststellte.

Wallander sah sich die Kuh aufmerksam an und untersuchte sie zügig.

»Aber Eschenburg, du hast es doch so gut wie geschafft.«

Walter schaute ihn verständnislos an.

»Ja, Mann. Es ist doch schon fast draußen. Gib mir mal deine Hand.«

Der erfahrene Tierarzt führte Walters Hand und drückte seine Finger vorsichtig über die Nase des Kalbes. »Halt' da mal fest.« Dann schob er das Kalb etwas an der Brust zurück, der Hals streckte sich, der Kopf kam auf den Vorderfüßen zu liegen, die Kuh strengte sich noch einmal an, als wüsste sie genau, worum es ging, und heraus kam das Kalb, lebendig und gesund.

Der Farmer seufzte vor Erleichterung, genauso wie Walter. Aber er verstand immer noch nicht so richtig, was da eigentlich gerade passiert war. Nicht einmal drei Minuten hatte Dr. Wallander gebraucht, um dem Kalb auf die Welt zu helfen, und das trotz seiner kurzen Arme. Er hingegen hatte ganze zwei Stunden lang in der Kuh herumgewühlt und war davon überzeugt gewesen, vor einer unmöglichen Geburt zu stehen. Er war sich wirklich vorgekommen, wie der sprichwörtliche Ochse vor dem goldenen Tor.

»Aber du hast es doch geschafft!« Dr. Wallander lächelte. Das war genau die Art Erfahrung, die sein Schützling brauchte. Und während er sich die Hände mit *lifebuoy*-Seife und dem eiskalten Wasser aus dem schwarzen Futtereimer wusch, fragte er: »Wieso hast du denn nicht einfach noch eine Minute weitergemacht?«

Hochzeitsglocken

Was mir Dr. Wallander in jener Nacht beibrachte, das war eine der wichtigsten Lektionen, die ich überhaupt jemals gelernt habe. Immer wieder, wenn ich in den vielen Jahren, die ich als Tierarzt praktizierte, einem scheinbar unlösbaren Problem gegenüberstand, musste ich an Dr. Wallander mit seinen kurzen Armen denken, und an Doris, die große Holsteiner Kuh, und dann wusste ich, nichts war unmöglich. Danach kam mir kaum jemals ein wirklich unlösbarer Fall unter. Und die Lösung des Problems, die findet man immer im Kopf; es hat überhaupt nichts damit zu tun, wie stark man ist, oder wie lang die Arme sind.

Nicht lange nach diesem Vorfall, es war irgendwann 1958, wurde ich losgeschickt, um mich um eine kranke Kuh auf einer kleinen Farm in Bryanston zu kümmern. Beschwingt und voll mit meinem neuen Selbstvertrauen kam ich dort an, nur um mich einer ganz anderen Art von Herausforderung gegenüber zu sehen.

Es war über den Rücken dieser kranken Kuh hinweg, dass ich Topsy Graham zum ersten Mal begegnete. Sie war ohne Zweifel die schönste Frau, die ich jemals gesehen hatte. Sie hatte gerade ihre Ausbildung am *Agricultural College* abgeschlossen und arbeitete in ihrer ersten Anstellung als Farmmanagerin. Sie war brillant. Ohne jegliche Unterstützung versorgte sie eine kleine Herde von ungefähr vierzig Milchkühen, sieben oder acht Pferde, die zur Jagd benutzt wurden, eine Schar Enten und all die anderen Tiere, die ihr Boss auf seinem Hof hielt. Dieser war ein wichtiger Geschäftsmann in Johannesburg, aber da er auf dem Land groß geworden war, wollte er auch weiterhin auf einer Farm leben.

Topsy wusste natürlich genau, was es damit auf sich hatte. Sie war selbst auf einer Farm in der Nähe von Naboomspruit aufgewachsen, und ihr Vater hatte ihr, schon als sie noch ein kleines Mädchen war, ihre eigene Herde Milchkühe übergeben. Sie war immer davon ausgegangen, dass sie eines Tages den elterlichen Hof übernehmen würde. Aber Topsy hatte sich nie wirklich mit ihrer Mutter verstanden. Je älter sie wurde, umso schwieriger wurde es, und kurz nach ihrem einundzwanzigsten Geburtstag gab es einen weiteren großen Streit. Topsy hatte die Nase voll und erklärte ihrem Vater, dass es wahrscheinlich besser sei für alle Beteiligten, wenn sie von zu Hause ausziehe. Der hatte nichts dagegen einzuwenden; im Gegenteil, er verstand seine Tochter. Natürlich war Topsy erst ein wenig traurig, aber schon bald genoss sie ihre neugewonne Freiheit. Endlich war sie unabhängig.

Mir war sofort klar, dass wir viel gemeinsam hatten, und ich ließ keinen Zweifel daran aufkommen, dass ich mir meine Patientin am nächsten Tag noch einmal ansehen musste. Topsy schien der Gedanke, mich wiederzusehen, auch zu gefallen, und so nahm ich all meinen Mut zusammen. »Haben Sie denn auch eine freien Tag hier?«

»Ja, am Samstag«, antwortete sie mit ihrem schönen Lächeln und sah plötzlich fast ein wenig schüchtern aus.

»Naja, ich muss am Samstag arbeiten, aber wenn es Ihnen nichts ausmacht, ich meine, falls Sie gerne möchten, dann könnten Sie mich vielleicht bei meinen Hausbesuchen begleiten?« Da hatte ich es ausgesprochen. Ich hielt die Luft an.

»Ja, das hört sich gut an.«

Ich war der glücklichste Mann der Welt. Von da an holte ich sie jeden Samstag ab. Statt romantisch essen oder tanzen zu gehen, was wir uns beide sowieso nicht hätten leisten können, drehten wir meine tierärztliche Runde zusammen und besuchten kranke Kühe und Pferde. Wir beide genossen diese Zeit sehr.

Ein paar Monate später lud ich Topsy zum ersten Mal nach Uhlenhorst ein. Sie war anfänglich ein wenig besorgt, da meine Eltern doch eher ›sehr deutsch‹ waren, und aus irgendeinem Grund hatte sie sich in den Kopf gesetzt, dass sie sie nicht mögen würden. Sie war davon überzeugt, dass mein Vater eine andere Frau für mich vorgesehen hatte, die Tochter eines Freundes und eine gute Geschäftsverbindung. Das stimmte natürlich überhaupt nicht, aber egal, wie sehr ich versuchte, sie vom Gegenteil zu überzeugen, sie wollte mir einfach nicht glauben.

Wie dem auch sei, sechs Monate nach unserem ersten Treffen verlobten wir uns, und dann heirateten wir ein Jahr später. Meine Eltern organisierten unsere Verlobungsparty, und leider war die einzige, die von Topsys Seite kommen konnte, ihre Schwester. Naboomspruit, wo ihre Eltern lebten, war einfach zu weit weg. Man brauchte damals ungefähr anderthalb Tage, um von dort nach Johannesburg zu fahren. Es war trotzdem ein einmaliges Fest, für das meine Mutter Unmengen an köstlichem Essen auftrug, das sie auf dem altertümlichen Holzherd in ihrer schwarz verrauchten Küche gekocht hatte. Ich werde nie dahinterkommen, wie sie das geschafft hat. Sie war einfach unglaublich.

Die Hochzeit fand dann im März 1960 auf *Weltevreden*, der Farm von Topsys Eltern, statt, und alle Gäste kamen schon ein paar Tage vor unserer Trauung dort an.

Allerdings hätte ich selbst fast meine eigene Hochzeit verpasst – und das ganz unverschuldet. Ich wünschte mir nichts sehnlicher, als Topsy endlich zu heiraten. Seit ich sie zum ersten Mal gesehen hatte, war ich völlig verzaubert. Voll und ganz hingerissen. Dieses bildschöne Mädchen brachte mein Herz dazu, sich zu überschlagen, jedes Mal wenn ich nur an sie dachte. Ich kann kaum in Worte fassen, wie glücklich ich war. Wir verstanden uns nicht nur gut, ich hatte auch das Gefühl, dass wir uns ausgezeichnet ergänzten. Rückblickend kann ich sagen, dass ich unbedingt jemanden brauchte, der Ordnung in mein eher unorganisiertes Leben brachte. Es dauerte einige Zeit, bis ich den Mut aufbrachte, um ihre Hand anzuhalten. Ich glaube nicht, dass ich jemals zuvor – oder danach – so aufgeregt war. Aber ich habe es geschafft, dem Himmel sei Dank.

Als ich am Tag vor der Trauung in Naboomspruit ankam, brachten mich Topsys Eltern, wirklich nette Leute übrigens, in einem ihrer *Rondavels* unter, die auf *Weltevreden* als Gästezimmer dienten.

Diese Unterkunft teilte ich mit unserem Freund Adrian Boshier. Bogey, so haben wir ihn damals genannt, war ein genialer Freund, aber nicht wirklich ein normaler Mensch. Um ehrlich zu sein, er war ganz und gar nicht normal. Ich könnte jetzt eine ganze Menge über ihn erzählen, aber im Moment soll genügen, dass er einer außergewöhnlichen Leidenschaft frönte. Bogey war nämlich ein ganz enthusiastischer Schlangenmensch. Wo immer er auch war, ständig schien er von

Schlangen umgeben zu sein. Er fand sie, oder sie fanden ihn, da war ich mir nie so ganz sicher, aber man könnte ein ganzes Buch mit seinen Schlangengeschichten füllen.

Der Tag vor unserer Hochzeit war keine Ausnahme. Bogey hatte eine seltene Schildnasenkobra bei einem seiner Spaziergänge auf der Farm entdeckt und sie prompt aufgelesen. Was ich nicht wusste, war, dass er sie nun in einem irdenen Topf aufbewahrte, der zur Dekoration auf einem Regal in unserem Zimmer stand.

An jenem Abend genossen wir ein festliches Abendessen mit Topsys Familie und unseren Gästen, und der Rotwein floss in Strömen. Mitternacht kam und ging, und irgendwann konnte ich meine Augen nicht länger aufhalten. Ich bat um Entschuldigung und verabschiedete mich, schließlich wollte ich am nächsten Tag eine gute Figur machen.

»Ich komme mit, ich will dir was zeigen.« Bogey erhob sich auch, und wir gingen zusammen über den Rasen zu unserer Hütte.

Dort ging er direkt auf den Tontopf zu. Mit einem Augenzwinkern schaute er hinein, dann schaute er mich an und, kaum in der Lage ein Kichern zu unterdrücken, sagte er: »Oh je, sie ist weg!«

Ich fürchtete sofort das Schlimmste, und setzte mich aber erst einmal aufs Bett. Ich war wie gesagt ziemlich müde nach der langen Anreise, den Hochzeitsvorbereitungen und vor allem dem Wein. Und jetzt auch noch das.

»Die Schlange«, kicherte er, »die Schlange, die ist weg.« Daraufhin begann er, mit fieberhafter Aktivität unser Zimmer zu durchsuchen.

Wir suchten überall, aber wir konnten diese blöde Kobra einfach nicht finden. Dann, aus was auch immer für einem Grund, hob ich mein Kopfkissen hoch. Da war sie. Den Kopf erhoben, in Verteidigungsstellung und bereit zuzuschlagen, zischte sie mich an. Ganz, ganz langsam zog ich mich zurück.

»Na, das wäre ja eine tolle Überraschung gewesen! Gut, dass du sie gefunden hast!«

Bogey fasste die Schlange am Schwanz und beförderte sie ohne größeres Aufsehen zurück in ihr dunkles Gefängnis.

»Morgen früh lasse ich sie frei. Dir macht es doch nichts aus, wenn sie hier bei uns im Zimmer schläft, oder?«

»Naja, ich würde schon besser schlafen, wenn du sicherstellen könntest, dass sie nicht wieder ausbrechen kann. Topsy wäre bestimmt nicht erfreut, wenn sie die Hochzeit absagen muss, weil ihr Bräutigam von einer Schlange gebissen wurde.«

So weit ich weiß, sind Schildnasenkobras zwar ziemlich giftig, aber nicht tödlich. Wie dem auch sei, ich hatte nicht vor, mein Bett mit einer zu teilen. Ich schlief nicht besonders gut in jener Nacht, aber die Schlange blieb, wo sie war, und am nächsten Tag heirateten wir wie geplant. Topsy habe ich diese Geschichte allerdings erst viele Jahre später erzählt.

Unsere Flitterwochen verbrachten wir in Plettenberg Bay, was damals ein kleines Seebad an der Südküste der Kapprovinz war. Topsy hat das Meer immer geliebt und mir war klar, dass sie, wenn sie es sich hätte aussuchen können, ruck, zuck dort hingezogen wäre. Wir haben nie wirklich darüber gesprochen, aber sie wusste, wie sehr ich den Busch mochte, und dass ich es außerordentlich schwierig gefunden hätte, irgendwo anders zu leben als hier.

Die ersten Jahre nach unserer Hochzeit wohnten wir in Topsys Cottage auf der Farm ihres Arbeitgebers in Bryanston. Ich arbeitete weiterhin im *Veterinary Hospital* in Johannesburg und vollendete dort meine Assistentenzeit. Wir waren uns einig, dass wir beide so bald wie möglich raus aus der Stadt und aufs Land ziehen wollten.

Vorhang auf, Manege frei

»Der Zirkus ist in der Stadt, hast du's schon gehört?« Topsy war ganz begeistert.

Walters Peugeot Kombi, nicht mehr ganz neu und schon etwas angedellt, hatte gerade vor der Eschenburgschen Tierarztpraxis in *Voortrekkerstraat* in Potgietersrus gehalten.

»Ja klar, ich habe den Aufruhr am Bahnhof gesehen«, antwortete Walter, als er aus seinem Auto stieg.

Weil er wusste, dass Topsy sich genauso für den Zirkus begeistern konnte wie er selbst, fragte er: »Sollen wir versuchen, Tickets für die Vorstellung heute Abend zu ergattern?«

»Na klar, da müssen wir hin! Aber die wollen dich schon vorher sehen. Der Löwendompteur hat nach dir gefragt. Er braucht dich so schnell wie möglich, hat er gesagt.«

»Ach so, na dann los! Kommst du mit?«

»Was für eine Frage!«

Potgietersrus war ein kleines Städtchen, das im 19. Jahrhundert von den *Voortrekkers*, den ersten *Afrikaaner*-Siedlern, gegründet und nach deren Anführer Piet Potgieter benannt worden war. Es wurde schnell zum ökonomischen Dreh- und Angelpunkt für die landwirtschaftlich ertragreiche Gegend zwischen dem Waterberg und den *Springbok Flats*. Bauern produzierten hier Weizen, Tabak, Mais und Zitrusfrüchte, aber vor allem züchteten sie Rinder. Riesige Herden von *Afrikaaner*- und *Bonsmara*-Rindern wanderten über die Ländereien, die ursprünglich einmal dem Volk der Ndebele gehört hatten. Ein halbes Jahrhundert später würde Mokopane, einst ein hochgeschätzter Anführer der Ndebele, der Stadt seinen Namen leihen, aber das war zu Walter und Topsys Zeiten noch nicht vorhersehbar.

In den frühen sechziger Jahren waren es diese großen Rinderherden, die die Eschenburgs hierher gebracht hatten, und das *Bushveld* war eine Landschaft, die sie beide liebten.

Nachdem er ein paar Jahre im *Veterinary Hospital* in Johannesburg gelernt und gearbeitet hatte, merkte Walter, dass er immer unruhiger wurde. Er wollte im Busch leben, endlich unabhängig sein und seine eigene Praxis aufmachen. Sein Mentor, Dr. Wallander, und sein Arbeitgeber, der Besitzer der Tierklinik, Dr. Jeremy Zander, hatten ihn beide dazu ermutigt. Sie hätten ihn natürlich gerne in ihrer Praxis behalten, wie sie ihm viele Male bestätigt hatten, aber sie verstanden auch seinen Wunsch, sich zu verändern. Es gab nicht mehr viel, so dachten die zwei älteren Veterinäre, was sie diesem jungen und talentierten Mann noch beibringen konnten. Er war so weit, dass er auf seinen eigenen Füßen stehen konnte.

Als der Zirkus nach Potgietersrus kam, waren schon sechs Monate seit Walters und Topsys Umzug vergangen. Sie hatten sich schnell eingewöhnt, und die Praxis, die Walter von einem älteren Kollegen übernommen hatte, ging relativ gut. Manchmal dachte er, er sollte mehr zu tun haben, aber er verstand auch, dass Kleinstädter, wie Topsy es so schön formuliert hatte, immer etwas länger brauchten, um sich an einen neuen Tierarzt zu gewöhnen.

In der Zwischenzeit gab es unglaublich viel über die neue Umgebung zu lernen. Der Busch war ihnen zwar nicht fremd, aber es erstaunte Walter doch, dass er auf seinen Rundfahrten täglich Neues entdeckte. Es freute ihn ganz ungemein, wenn er einen Baum sah, den er vorher nicht bemerkt hatte, oder einen Vogel hörte, dessen Ruf ihm noch unbekannt war. Außerdem gab es jede Menge neuer Leute kennenzulernen und Landstraßen zu erkunden, was er ganz besonders gerne und mit hoher Geschwindigkeit in seinem Peugeot tat.

Das Leben war ruhig, genau so, wie es von einer Kleinstadt im *Bushveld* zu erwarten war, aber manchmal fürchtete Walter, dass es für Topsy vielleicht ein wenig zu ruhig war. Natürlich war beiden vorher bewusst gewesen, was es hieß, auf dem Land zu leben, aber er wusste, wie gerne sie ausging und auch er selbst hatte nichts gegen ein bisschen Spaß und Unterhaltung einzuwenden. Den Zirkus im Ort zu haben, war in jedem Fall eine tolle Abwechslung zu ihrer normalen Routine. Dazu kam, dass es der berühmte *Circus Zander* war, das feinste und spektakulärste Unternehmen, das in den sechziger Jahren in Südafrika unterwegs war. Der Zirkusdirektor, Zacharias Zander, war den Eschenburgs gut bekannt.

»Ich frage mich, was der Löwendompteur wohl will?«

»Das haben sie mir nicht erzählt«, antwortete Topsy. »Aber sag mal, hast du eigentlich Erfahrung mit Löwen?«

»So ein bisschen. Nicht viel. Vor ein paar Jahren hatten wir mal zwölf junge Löwen in der Tierklinik. Die haben auch zu Zanders Zirkus gehört und klar, Zacharias Zander wollte sie natürlich nur in der Tierklinik seines Bruders Jeremy kastrieren lassen.«

»Und?«

»Naja, diese Löwen waren eigentlich sehr, sehr nett. Wir konnten sie sogar streicheln. Sie waren so um die acht Monate alt, und wir hielten sie in einem großen Hundezwinger hinter der Klinik. Jeden Tag kastrierten wir zwei, aber wir waren doch sehr vorsichtig. Obwohl sie freundlich waren, haben wir sie in einen Quetschkäfig gesteckt, bevor wir ihnen eine intravenöse Injektion verabreichten. Denn ein Löwe ist und bleibt doch immer ein Löwe.«

In der Zwischenzeit waren sie beim Zirkus angekommen, und Walter erkannte Zacharias Zander sofort. Er sah ganz seiner Rolle entspreched aus, mit seinem roten Frack, schwarzen Hosen, den auf Hochglanz polierten Schuhen und einem äußerst eindrucksvollen Zylinderhut. Nachdem sie sich begrüßt hatten, schickte er Walter in die Gastwirtschaft im Ort. Dort würde er den Dompteur am allerwahrscheinlichsten finden.

Walter kannte *Die Uitspan* und den Wirt, Josef Fischer, schon recht gut. Als er erklärte, warum er gekommen war, zeigte Josef zum anderen Ende der Bar.

Dort lehnte ein Mann am Tresen, so als bräuchte er dringend eine Stütze. Er war klein, stämmig und im mittleren Alter. Sein dünnes, schwarzes Haar war zerzaust, und er hatte seine Stirn in Falten gelegt, wodurch sich die dicken Augenbrauen über seinen halb geschlossenen Augen fast berührten. Er war unrasiert, trug einen schwarzen Pullover und Hosen, die schon bessere und vor allem sauberere Tage gesehen hatten. Er starrte in sein Glas.

»Guten Tag, ich bin Dr. Eschenburg. Sind Sie vielleicht der Löwendompteur?«

»Tak.« Der Mann antwortete ohne aufzuschauen.

»Ich habe gehört, Sie haben einen kranken Löwen?«

»Tak.«

»Er muss wohl ursprünglich aus Polen kommen«, dachte Walter. Dunkel erinnerte er sich noch an die polnische Sprache, deren Grundlagen er während seiner Kindheit in Pommern aufgeschnappt hatte.

»Sie wollten mich sehen?«

»Tak.« Der Mann musterte Walter von oben bis unten. »Du bist der Tierarzt?«

»Ja, ich bin der Tierarzt.«

»Tak. Ich brauche dich. Komm mit.« Er warf ein paar Münzen auf die Theke, leerte sein Glas in einem Zug und marschierte nach draußen, wo Topsy im Auto saß und wartete. Frauen war seinerzeit der Zugang zu Wirtshäusern dieser Art noch verboten.

Der Dompteur ging direkt auf sie zu und zeigte mit seinem Finger auf Walter. »Ist das dein Mann?«

»In der Tat, das ist mein Mann.«

»Gut, ich bringe dir seine Klamotten.«

Walter war sich nicht sicher, was er auf Topsys fragenden Blick antworten sollte oder wie dieser Kommentar wohl zu verstehen war. Meinte er etwa, er würde von seinem Besuch bei den Löwen nicht zurückkommen? Er zuckte nur mit den Schultern.

»Dein Auto?«

»Ja. Ich bringe nur meine Frau nach Hause, und dann sehe ich mir Ihren Löwen an.«

»Ok, ich komme mit.« Schon saß der Dompteur auf dem Rücksitz.

Topsy warf Walter einen Blick zu, rümpfte die Nase und flüsterte: »Er riecht. Nach Alkohol und nach altem Löwen!«

Nachdem sie Topsy zu Hause abgesetzt hatten, fuhren die Männer zum Bahnhof, wo der Zirkuszug mit seinen bunt bemalten Wagons auf einem Seitengleis stand. Der Dompteur dirigierte Walter zum letzten Wagen, der auf allen vier Seiten geschlossen war und einem Rinderwagon ähnelte.

»Da drin.«

»Alles klar. Kann ich ihn mir anschauen?«

»Komm.« Der Dompteur führte Walter zur Rückseite des Wagens, wo ein paar wackelige Stufen zu einer schmalen Tür hinaufführten.

Walter steckte seinen Kopf durch die schmale Öffnung und drehte sich dann überrascht um. Da war nicht ein Löwe im Wagen, sondern sechzehn. Die Tiere betrachteten ihn alle mit großem Interesse.

»Aha. Und welcher Löwe ist es?«

»Der da.« Der Mann zeigte zum anderen Ende des Wagens.

»Könnten Sie ihn vielleicht hierherbringen?«

»Nein. Du, komm!«

»Da rein?« Walter versuchte, seine Überraschung nicht zu zeigen.

»Hast du Angst?«

»Nein, nein, überhaupt nicht.«

»Komm!«

Als sie in den Löwenwagen traten, fasste Walter seine schwarze Medizintasche etwas fester und hielt sie vor sich wie ein Schutzschild. Er folgte dem Löwendompteur so dicht auf den Fersen, wie nur möglich, während der aufrecht durch die Mitte des Wagens lief. Es hatte sich ein Gang gebildet hatte, mit acht ausgewachsenen Löwen auf jeder Seite.

Alle saßen sie aufrecht und folgten den zwei Männern mit aufmerksamen Augen. Dann erhoben sie, genau in dem Moment, als sie an ihnen vorbeiliefen, jeweils die rechte Pranke, als wollten sie grüßen. Wie in einer gut eingeübten Vorstellung tippte der Dompteur jedem Löwen auf die erhobene Pfote und sagte: »Runter, runter«, und alle nahmen sie ihre Pranken wieder herunter und zogen sich etwas weiter an die Wand zurück.

»Da, der da ist krank.«

Der Löwe sah wirklich nicht gut aus. Seine Ohren hingen schlapp herab, seine Augen waren matt, und seine eigentlich prächtige Mähne hing ihm leblos ums Gesicht. Als er das kranke Tier sah, vergaß Walter die anderen Löwen und ließ seinem Tierarztinstinkt freien Lauf. Er nahm sein Fieberthermometer aus der Tasche.

Etwas alarmiert fragte der Dompteur: »Was machst du?«

»Ich will seine Temperatur messen.«

»Nein. Er beißt.«

»Oh. Ja. Ich verstehe. Mmh.« Er sah dem kranken Löwen in die Augen. »Gut, ich sehe auch so, dass er Fieber hat. Dann gebe ich ihm seine Spritze eben so.«

»Nein. Keine Spritze. Er beißt.«

Walter kratzte sich ratlos am Kopf. Dann hatte er eine Idee.

»Können Sie ihn dazu bewegen, sein Maul aufzumachen?«

»Tak.«

Der Dompteur nahm den Löwen bei der Nase und öffnete mit der anderen Hand sein Maul.

»Aha! Der hat ja einen ganz roten Rachen. Ihr Löwe hat eine Halsentzündung!«

Der Löwe antwortete mit einem lauten Brüllen, das den Wagen zum Zittern brachte.

»Gut, eine Sekunde nur.«

Walter versuchte, das Brüllen zu ignorieren, nahm eine Flasche mit Antibiotikumpulver aus seiner Medizintasche und schüttete eine kleine Menge auf seine Hand.

»Aufmachen, jetzt!«

Er warf dem Löwen das Pulver in den Rachen. Dieser knurrte, leckte sich die Lippen und schluckte.

»Ok. Wir gehen.« Der Dompteur hatte sich schon umgedreht.

Auf dem Rückweg fühlte sich Walter soviel besser, dass er sich nicht mehr ganz so dicht an die Fersen seines Vordermannes heftete. Ihn leise imitierend, zeigte er im Vorbeigehen auf die erhobenen Löwenpfoten und murmelte: »Runter, runter, runter...«

»Wollt ihr zur Vorstellung kommen?«, fragte der Dompteur als sie wieder an der frischen Luft waren.

»Na klar!«

Der Mann nickte nur und drückte Walter einen Stapel Eintrittskarten in die Hand.

Bei Sonnenuntergang waren Walter, Topsy und einige ihrer Freunde wieder beim Zirkus. Sie spazierten zwischen den Zelten umher, bestaunten das *Chapiteau*, aßen Zuckerwatte und amüsierten sich köstlich. Clowns brachten Kinder zum Lachen, Akrobaten turnten durch die Gegend und die Jongleure werkelten mit ihren Utensilien. Dann war es an der Zeit, ihre Logenplätze einzunehmen. Ein großer Käfig war aufgebaut worden, und die Gitterstäbe waren dicht an Walter und Topsys Plätzen.

»Das heißt wohl, dass zuerst die Löwennummer kommt.« Topsy war schon sehr gespannt.

Das Orchester blies einen Tusch, und danach wurde es ganz ruhig im großen Zelt. Die Luft war geschwängert mit den Erwartungen der Zuschauer. Die Fanfare begann von neuem, ein Trommelwirbel, dann wieder Stille.

Ein strahlender Zacharias Zander betrat die Arena begleitet von lautem Applaus.

»Ladies und Gentlemen, willkommen zum Zirkus Zander!«

Wieder brandete Applaus auf.

»Ladies und Gentlemen, ich bedaure sehr, Ihnen mitteilen zu müssen, dass die Löwennummer wegen eines unglücklichen Vorfalls heute Abend leider ausfallen muss.«

Ein Raunen ging durch die Menge, aber schon kamen die Clowns, und das Orchester spielte auf, um sie abzulenken, während die Techniker den Käfig wieder abbauten.

»Sehr seltsam«, dachte Walter, runzelte die Stirn und sah sich um. Am anderen Ende der Arena sah er eine ihm bekannte Figur, etwas untersetzt und ganz in schwarz, die sich an einen Pfosten lehnte. Er machte Topsy darauf aufmerksam. »Ich möchte wetten, dass der Löwendompteur einfach nur zu betrunken ist, um seine Vorführung durchzuziehen!«

Am nächsten Morgen, einem Sonntag, stiegen Walter und Topsy in ihr Auto. Der Zirkus war schon weitergezogen. In Kleinstädten wie Potgietersrus blieb er normalerweise nur für eine Vorstellung. Sobald die letzten Zuschauer gegangen waren, begannen die Arbeiter, das Zelt abzubauen. Alles wurde in den Zirkuswagen verstaut und die Karawane zog weiter.

Walter wusste, dass er sie in Pietersburg wiederfinden würde. Er wollte sich den kranken Löwen noch einmal anschauen und Topsy damit beeindrucken, wie er die wilden Löwen zähmte.

Als sie auf dem Zirkusgelände ankamen, bot sich ihnen ein ganz anderer Anblick als am Tag zuvor. An diesem Sonntagmorgen erschien das Zirkusleben viel weniger attraktiv, und die farbenfrohen Artisten vom letzten Abend waren nirgends zu sehen. Sie fragten sich durch, wo sie denn den Löwendompteur finden würden.

»Sein Wagen ist dort drüben. Aber der schläft sicher noch.«

Nachdem sie ihn geweckt hatten, stellte Topsy sofort fest, dass der Mann immer noch dieselben Kleider anhatte, allerdings rochen sie nun nicht mehr nur nach Alkohol und Löwen, sondern auch nach Erbrochenem. Sie beschloss, sich im Hintergrund zu halten.

»Und? Wie geht's unserem Patienten?«

»Besser.«

»Können wir einen Blick auf ihn werfen?«

»Tak.«

Voller Vorfreude, wie sehr er Topsy mit seinen Löwenzähmungskünsten imponieren würde, ging Walter auf die Treppe am hinteren Ende des Löwenwagens zu.

»Was machst du?« Der Löwendompteur starrte ihn an.

»Ich will mir nur deinen Löwen anschauen. Komm!«

»Nein.« Der Mann schüttelte energisch den Kopf. »Nein, nein.« Er sah Walter verständnislos an. »Nein, nein, NEIN!«

Walter musterte sein Gegenüber. »Was ist denn mit dir los? Gestern hast du mich da reingeschleppt und heute willst du selber nicht?«

»Nein, nein, nein, niemals!«

Der Dompteur lief um den Wagen herum und öffnete eine der hölzernen Schiebetüren an der Seite. Dort, hinter den Gittern, saß der Löwe.

»Na, der sieht heute ja schon viel besser aus. Aber er braucht noch eine Dosis. Lass uns reingehen, damit wir ihn behandeln können.«

»Nein, nein, nein, nein.« Wieder schüttelte der Pole heftig den Kopf. »Noch nie. Niemals. Niemand geht zu meinen Löwen in den Wagen. Unmöglich!«

»Aber...«

»Nein, *no, nigdy*!«

Walter zuckte mit den Schultern. Da war wohl nichts zu machen. Die gestrige Prozedur würde sich nicht wiederholen. Als er sah, wie sich der kranke Löwe erhob und auf seine Wasserschüssel zuging, die dicht am Gitter stand, kam ihm eine andere Idee.

Der Dompteur nahm die Schüssel aus dem Käfig und hielt sie so, dass Walter etwas von dem Antibiotikumpulver hineinschütten konnte. Dann schob er sie durch die Gitterstäbe in den Käfig zurück. Der Löwe, der ganz offensichtlich Durst hatte, trank sofort davon.

»Na gut, so wird's wohl gehen.«

Einen Moment lang beobachteten sie den Löwen schweigend.

»Du?« Der Löwenzähmer drehte sich zu Walter um und musterte ihn noch einmal eindringlich von oben bis unten an. »Du? Da drin?«

»Ja, Mann! Na klar! Erinnerst du dich nicht?«

»Neineineineinein. Unmöglich! Aber bitte Doktor, erzählen sie niemals dem Doktor Jeremy davon. Bitte, bitte, bitte!«

Topsy, die die ganze Geschichte an den Peugeot gelehnt beobachtet hatte, konnte sich ein Grinsen nicht verkneifen.

Walter hielt sein Versprechen, für einige Zeit zumindest. Aber als er dann doch irgendwann Dr. Jeremy Zander von seinem Zirkusabenteuer erzählte, erfuhr er, dass in der Tat wirklich noch nie jemand in den Löwenkäfig gegangen war. Er dachte einen Moment nach und schüttelte dann den Kopf.

»Aber wissen Sie, Doc«, sagt er zu seinem früheren Arbeitgeber, »ein paar Wochen später wurde ich wieder zum Zirkus gerufen, diesmal nach Vaalwater, und da ist mir ein wirklich gefährliches Tier begegnet. Ich musste ein kleines schwarz-weißes Pony nähen. Das beste Pferd in der Arena, sagten sie mir. Dieser kleine Hengst sah so unschuldig aus, aber er trat aus, ganz gezielt, so wie ich noch kein Pferd habe treten sehen. Die Löwen waren harmlos dagegen!«

Begegnungen

Der Zirkus zog weiter, und das Leben in Potgietersrus kehrte zurück zu seinem eigenen, schläfrigen Rhythmus. Anstelle von Löwen hatte Walter es wieder mit Hunden, Katzen, Pferden und Rindern zu tun. Hauptsächlich waren es letztere, mit denen er sich seinen Lebensunterhalt verdiente. Trächtigkeitsdiagnosen, Geburten, Impfungen und der eine oder andere Notfall sorgten dafür, dass er täglich beschäftigt war. Bald kannte er die nähere und fernere Umgebung wie seine Westentasche, und es dauerte nicht lange, bis sein Auto den Weg von Farm zu Farm so gut wie alleine fand. Mit hoher Geschwindigkeit flog es über die unmarkierten Schotterpisten. Jeder Tag brachte seine eigenen Überraschungen, und er sammelte wichtige Erfahrungen. Er begann zu verstehen, dass das Leben nicht immer nach Plan verlief, und dass so manches theoretische Wissen an die praktischen Umstände angepasst werden musste. Er lernte zu improvisieren, *om a plan te maak*, wie die Buren sagten; Lektionen, die ihn sein ganzes Leben lang begleiten würden.

Walter lernte auch schnell, dass die Menschen, die auf den abgelegenen Farmen in der Regel ganz bemerkenswerte Persönlichkeiten waren, und dass deren Gastfreundschft, wie überall in den ländlichen Gegenden Südafrikas, legendär war. Er hatte größte Freude daran, alle möglichen Charaktere kennenzulernen. Manche wurden gute Freunde, andere brachten ihn zum Lachen, einige waren interessant oder exzentrisch und andere ganz einfach seltsam, aber ihm war klar, dass er von jedem einzelnen eine ganze Menge lernen konnte.

Walter hatte Josef *Goue Bad* du Plessis noch nie getroffen, aber wenn man der lokalen Gerüchteküche Glauben schenken wollte, war er ein ganz unglaublich wohlhabender und erfolgreicher Geschäftsmann in Pretoria. Sein Reichtum war so groß, flüsterten die Leute in Potgietersrus, dass er sogar goldene Wasserhähne in seinem Haus hatte. Obwohl Walter nie jemanden getroffen hatte, der dieses Gerücht hätte bestätigen können, saß der Spitzname; der Mann war überall bekannt als *Goue Bad du Plessis*, der mit dem goldenen Bad.

Auf seiner Farm hatte er eine der beeindruckendsten *Afrikaaner*-Rinderherden, die Walter jemals gesehen hatte. Es waren die Nachkommen der *Sanga*, einer ursprünglichen Rinderrasse im südlichen Afrika, die die *Khoikhoi* ebenso wie die alten Buren schon seit Jahrhunderten zur Fleisch- und Milchgewinnung hielten. Letzere hatten dann weitergezüchtet und die Rasse für ihre Arbeit als Zugtiere optimiert. Es waren Gespanne eben dieser *Afrikaaner*-Ochsen, die die Wagen der *Voortrekker* vom Kap der Guten Hoffnung bis in die nördlichen Regionen Südafrikas gezogen hatten.

Seine Rinderherde war für Josef du Plessis, der selbst ein stolzer Bure war, seine größte Freude. Er besuchte sie auf der Farm an Wochenenden, Feiertagen und wann immer sonst er konnte. Er war in Farmerskreisen dafür bekannt, ein hervorragender Rinderzüchter zu sein, und man sagte, dass er all seine Tiere ausgesprochen gut kannte. Wie gut er sie wirklich kannte, das sollte Walter bald erfahren. Du Plessis' Manager hatte ihn auf die Farm bestellt, um die Herde gegen die gefürchtete Herzwasserkrankheit immunisieren zu lassen.

Jedes einzelne der typisch rotbraunen Tiere musste eingefangen werden und erhielt dann eine intravenöse Injektion mit infiziertem Schafsblut, eine Standardprozedur. Dafür wurden sie alle erst in einen *Kraal* gebracht und dann von dort in den Zwangsstand getrieben, auch das eine Standardprozedur. Was nicht Standard war, das waren die enormen, seitwärts und nach oben ragenden Hörner, die die Rinder dieser Herde hatten.

Walter war vorsichtig. Er wusste natürlich, dass die *Afrikaaner*-Rinder für ihr Temperament bekannt waren, und er fürchtete, dass sie diese Prozedur nicht über sich ergehen lassen würden, ohne sich zu beschweren. Ein schneller Hieb mit einem ihrer langen, gebogenen Hörner war viel schmerzhafter als der kleine Nadelstich, den sie in ihrem Hals spürten. Aber da mussten sie wohl durch. Zusammen mit dem Farmmanager und einer Handvoll Rinderhirten arbeitete sich

Walter mit viel Fluchen und Schimpfen voran und war froh über jede Gruppe Tiere, die den Zwangsgang erfolgreich immunisiert verließ. Allerdings bemerkte er auch, dass sich zwei mächtige Zuchtbullen geschickt im Hintergrund hielten. Sie schienen die Prozedur aus sicherer Entfernung beobachten zu wollen.

»Das kann nicht gutgehen«, dachte Walter. Ihm schwante Böses. Er ermahnte seine Helfer, die zwei nicht bis zum Schluss übrig-zulassen, erst in freundlichem Ton und später etwas energischer, jedoch ohne Erfolg.

Immer wieder überlisteten die zwei Bullen Walter und sein Team. Als sie ihr Ziel erreicht hatten und alleine im *Kraal* standen, änderte sich ihr Verhalten. Sie warfen sich äußerst eindrucksvoll in Pose, hielten die Köpfe hoch, bliesen die Nüstern auf und drohten jedem, der in ihre Nähe kommen wollte.

»Und jetzt?« Walter war zugegebenermaßen ratlos, wie er die zwei in den Zwangsgang bewegen und ihnen dann auch noch eine Spritze verpassen sollte.

Er dachte noch über mögliche Lösungen nach, als er einen langen amerikanischen Buick auf den Hof fahren sah. Aus stieg ein noch längerer Mann, der sich selbst als Josef du Plessis vorstellte, Besitzer der Rinderherde und natürlich auch der Farm, auf der sie arbeiteten.

»Sie müssen Doc Eschenburg sein? Ich habe schon viel von Ihnen gehört.«

Sie gaben sich die Hand.

»Es sieht mir so aus, als hätten Sie hier ein kleines Problem?«

»Nun ja. Um ehrlich zu sein, ja. Ihre zwei Bullen hier, die wollen nicht mitspielen.«

»Das sehe ich, aber *wag'n bietjie, ek maak hulle vir jou mak!«* – Warten Sie einen Moment, ich werde die beiden für sie zahm machen!

Mit einem leicht spöttischen Lächeln und ohne größere Umstände stieg er in den *Kraal* zu seinen zwei Bullen. Die schnauften und prusteten und senkten immer wieder drohend den Kopf, wobei sie jede seiner Bewegungen höchst aufmerksam verfolgten.

»Oh je, *here comes trouble.«* Walter war besorgt.

Aber Josef du Plessis kannte seine Pappenheimer gut. Er stand jetzt aufrecht in der Mitte des *Kraals*, streckte seinen voluminösen Spitzbauch in Richtung des größeren Bullen und wartete. Nach ein paar Sekunden begann der sich langsam seinem Besitzer zu nähern. Nach wie vor hielt er den Kopf hoch und schnaubte laut. Du Plessis stand ganz still. Er wartete, ohne seine Augen abzuwenden. Dann stand der Bulle direkt vor ihm, holte einmal tief Luft und schnaubte Du Plessis ins Gesicht, bevor er ganz langsam den Kopf senkte, bis sein Atem den Staub von den Schuhen seines Besitzers blies.

Absolute Stille lag über dem Hof. Alle hielten die Luft an. Nach einer scheinbaren Ewigkeit hob Du Plessis langsam seine Hand, streckte den Zeigefinger aus und hakte ihn, als wäre nichts dabei, in den Nasenring des Bullen. Der erschien zur Statue gefroren. Nicht ein Muskel zuckte, und seine Augen waren auf seinen Herrn gerichtet.

»Doc, komm und gib ihm seine Spritze. Er ist jetzt *mak*.« Du Plessis war ganz ruhig.

Walter war so beeindruckt, dass er ohne jegliches Zögern in die Umzäunung trat. Er fühlte die Vene, staute sie, klopte mit dem Finger darauf, stach mit der Kanüle zu und gab dem Bullen seine Injektion.

Während der ganzen Zeit hatte er seinen Atem angehalten, wie er nun feststellte, aber bevor er noch ausatmen konnte, flüsterte Du Plessis: »Und jetzt raus hier, aber schnell!«

Ruhig, aber keineswegs langsam, bewegte sich Walter rückwärts aus dem *Kraal,* und Du Plessis führte den Bullen, nach wie vor mit nur einem Finger, in den Druckgang.

Nachdem er das ganze Spektakel aus sicherer Entfernung beobachtet hatte, folgte der zweite Bulle ohne Zögern und war immunisert, bevor er wusste, wie ihm geschah. Ohne ein weiteres Wort stieg Du Plessis in seinen Buick und fuhr davon.

»Ich weiß ja nicht, wie es Ihnen geht, Doc, aber ich brauche jetzt erstmal einen Kaffee. Kommen Sie.« Der Farmmanager wischte sich den Schweiß von der Stirn und ging voran ins Haus.

Keine goldenen Wasserhähne hier, bemerkte Walter, während er auf seinen heißen Kaffee blies, »aber die Leute haben recht. Er kennt seine Tiere wirklich gut, der Herr *Goue Bad* du Plessis!«

Paraffin und Flying Machine

Wir verließen Potgietersrus und zogen auf die Farm von Topsys Eltern, nachdem ihr Vater 1963 verstorben war. Ihre Schwestern lebten beide in der Kapregion, und die Familie hatte beschlossen, dass wir uns um die Farm kümmern sollten. Wir hatten nichts dagegen einzuwenden, und so verlegte ich meine Praxis nach Naboomspruit. Es war ja nicht weit von Potgietersrus und meine Kundschaft war sowieso im ganzen Waterberg und auf die Springbokflats verstreut.

Topsys Großvater hatte *Weltevreden* gekauft und sich dort mit seiner Familie niedergelassen, obwohl die Grahams eigentlich aus der Ostkapprovinz kamen. Dort hatte einer von Topsys schottischen Vorfahren, Colonel John Graham, die Stadt Grahamstown gegründet. Ursprünglich war das ein militärischer Stützpunkt, um die östliche Grenze des Gebietes, das die britische Kolonialmacht als das ihre ansah, gegen die einheimische Xhosabevölkerung zu verteidigen. Colonel John Grahams Enkel, Sir Thomas Graham, war Topsys Großvater.

Er war der Oberste Richter der östlichen Kapdistrikte und, falls ich mich recht erinnere, für einige Zeit dort auch der amtierende Ministerpräsident. Seine zwei Söhne, Topsys Vater Gavin und sein Bruder Robert, gingen beide aufs *St Andrews College* in Grahamstown und später zur *Cambridge University* nach England.

Als der Erste Weltkrieg ausbrach, wurden beide Piloten und flogen für das *Royal Flying Corps*. Bald waren sie sogenannte *Flying Aces*, mit vielen Orden ausgezeichnete Kampfpiloten.

Topsys Vater überlebte den Krieg, aber sein Bruder nicht, woraufhin Topsys Großmutter beschloss, dass sie ihren einzigen überlebenden Sohn mit allen ihr zur Verfügung stehenden Mitteln beschützen musste.

»Du wirst meinen Sohn so weit von Flugzeugen und Kriegen wegbringen, wie nur möglich«, hatte sie deshalb ihrem Mann aufgetragen.

In der Tat war Naboomspruit 1920 sehr weit weg vom Rest der Welt. Auch deshalb hatten sie beschlossen, die Farm *Weltevreden* von der Firma *Transvaal Consolidated Lands* zu kaufen.

Obwohl Topsys Vater die Leitung des Betriebs übernahm, dort erfolgreich Rinder züchtete und Getreide, Wassermelonen, Mais und Erdnüsse anbaute, war er im Grunde seines Herzens nie wirklich ein Farmer, sondern nach wie vor Pilot. Als der Zweite Weltkrieg ausbrach, ließ er sich wieder rekrutieren, war aber, zur großen Erleichterung seiner Mutter, zu alt zum Fliegen.

Naboomspruit war nicht ganz so weit weg von Flugzeugen, wie Topsys Großmutter sich das vorgestellt hatte. Die südafrikanische *Airforce* machte nämlich bald eine Basis mit Flugschule in Pietersburg, dem heutigen Polokwane, auf, und das zog unvorsehbare Konsequenzen nach sich.

Topsy war sich nie ganz im Klaren darüber, wie ihre Schwester es anstellte, aber sie wurde ständig von den jungen Piloten der Flugschule umworben, und jedes Wochenende kamen ein paar von ihnen zur Farm, um sie zu besuchen. Sie hatten viel Spaß miteinander, aber keiner beeindruckte die schöne, junge Frau wirklich. Bis eines Tages einer dieser jungen Piloten mit seinem Flugzeug in einem der Maisfelder bruchlandete, so dass er das Wochenende mit seinem Schatz verbringen konnte. Er hatte das mit Absicht getan, weil er bis über beide Ohren in ihre Schwester verliebt war, da war sich Topsy ganz sicher.

Genau zur selben Zeit wurde in einer der Familien, die auf der Farm lebten und arbeiteten, ein Kind geboren. Deren Haus stand direkt neben dem Maisfeld, das als Notlandebahn gedient hatte, und weil die Eltern noch nie zuvor ein Flugzeug aus der Nähe gesehen hatten, und schon gar nicht eines, das vor ihrer Tür gelandet war, nannten sie ihren Sohn Flying Machine. Sein älterer Bruder hieß Paraffin, weil er als ganz kleiner Junge eine Flasche Lampenöl getrunken und dies wie durch ein Wunder überlebt hatte.

Als wir nach *Weltevreden* zogen, zusammen mit unserer Tochter Debbie, die 1961 auf die Welt gekommen war, waren Paraffin und Flying Machine schon erwachsen und erledigten die meiste schwere Arbeit auf der Farm. Paraffin war ganz besonders gut im Umgang mit Pferden, während sich Flying Machine auf alles verstand, was einen Motor hatte. Beide Männer sollten viele Jahre lang für uns arbeiten; bis wir nach Vaalwater zogen und sie in Rente gingen.

Wir wohnten damals im Haupthaus, zusammen mit meiner Schwiegermutter, mit der sich Topsy ja eigentlich nie vertragen hatte. Ich nehme an, so spielt das Leben eben manchmal. Ich kam immer gut mit ihr zurecht, aber alle anderen hatten etwas Angst vor ihr und sprachen sie immer nur ganz respektvoll mit *Mrs Graham* an.

Es dauerte nicht lange, bis eine ganze Menagerie bei uns lebte und Teil der Familie wurde. Da war zum Beispiel Rosy, das Hängebauchschwein, das nur zu gerne aus der Kuchenform fraß. Die Familie Perlhühner, die Topsy großgezogen hatte, saß am liebsten auf der Rückenlehne unseres Wohnsimmersofas. Katie, mein Jack Russell, folgte mir überall hin, und Topsy hatte Josephine, den ersten ihrer vielen Whippets. Dann waren da noch Jason, eine große Dogge, und ein paar Corgies. Jason liebte Debbie über alles und ließ sie nicht aus den Augen, wenn sie in ihrem Kinderwagen im Garten schlief.

Natürlich hatten wir auch Pferde. Mein Liebling war Karroo, ein bezaubernder Palomino. Man hatte mir dieses talentierte Vielseitigkeitspferd eines Tages geschenkt, weil es ganz furchtbar lahmte und als unheilbar galt, aber auf ganz wundersame Weise ging es ihm nach einem Jahr bei uns wieder richtig gut. Mit meinem Vollbluthengst Compadre übte ich mich ein wenig in der Zucht, und unsere kleine Stutenherde und die Ponys, die wir hielten, damit auch die Kinder etwas zum Reiten hatten, liefen alle frei in der weiten und oft überfluteten Ebene des Flusses Nyl.

Weltevreden selbst war ein langes, schmales Stück Land, von dem gut zwei Drittel immer dann überschwemmt wurden, wenn der Nyl über die Ufer trat, was mindestens einmal im Jahr vorkam. Während der Regenzeit schwoll dieses sonst so kleine und unscheinbare Flüsschen schnell an und verwandelte die Ebene in ein Sumpfgebiet mit kniehohem Wasser, das *Nylsvlei* genannt wurde.

Es muss während der regnerischen Sommermonate gewesen sein, als vor langer Zeit die ersten *Afrikaaner*-Siedler in diese Gegend kamen. Allem Anschein nach sahen sie einen unglaublich großen Fluss, und, nachdem sie ja schon viele Monate in unbekanntem Gebiet Richtung Norden unterwegs gewesen waren, dachten sie, dass es tatsächlich schon der Nil sein könnte, daher der Name.

Es war unheimlich schwierig, auf diesem Gelände erfolgreich zu farmen, was aber nicht heißen soll, dass wir unser Leben dort nicht genossen hätten. Im Gegenteil: Fast immer hatten wir an den Wochenenden Besuch von Familie, Freunden und Bekannten, und während wir Erwachsenen ausritten, auf die Jagd gingen oder auch mal einen Gin auf der Veranda genossen, war es für die Kinder schlicht und einfach ein Paradies.

Topsy behauptet gerne, dass ich Kinder anziehe wie ein Magnet. Na, ich weiß nicht. Aber ich weiß, dass ich ihre Gesellschaft sehr genieße. So überrascht es vielleicht nicht, dass wir an Wochenenden und in den Ferien immer auch viele junge Leute zu Gast hatten. In den frühen Jahren war das oft Bowen, mein Patensohn, dessen Vater unser alter Freund Bogey war, der *Rradinhoka*.

Und dann waren da noch Tokkie und Johnny de Sand, die auf der benachbarten Farm *Sleutelfontein* wohnten und mit deren Eltern wir eng befreundet waren.

Die beiden pflegten uns zu begleiten, wenn wir auf die Jagd gingen, und am Anfang, als sie noch klein waren, rannten sie immer los, sobald wir ein Perlhuhn geschossen hatten, und brachten uns dann den toten Vogel.

»Wenn ihr dabei seid, dann kann ich meine Hunde in Rente schicken«, neckte ich sie oft.

Aber wie alles im Leben war auch diese Beschäftigung nicht ohne Risiken. Eines Tages schoss ich ein paar Sporengänse, und der kleine Tokkie bekam den Schreck seines Lebens, als die schweren Vögel, einer nach dem anderen, aus dem Himmel fielen und direkt vor seinen Füßen landeten. Um Haaresbreite wären sie ihm auf den Kopf gefallen. Später behauptete er, er hätte gespürt, wie der Boden unter seinen Füßen von dem Aufprall gebebt hatte.

Als sie schon ein wenig älter waren, zeigte ich ihnen, wie man mit einem Gewehr umging, und führte sie in die Geheimnisse des Jagens ein. Ich erklärte ihnen, wie man sich in das Wesen der Tiere hineinversetzt, aber vor allem, wie wichtig es ist, diese zu respektieren. Auch das Reiten brachte ich ihnen bei, und wir verbrachten endlose Stunden miteinander, in denen wir über die ausgedehnten Ländereien der Farm und die überfluteten Wiesen des Nylsvlei galoppierten. Später erklärte ich ihnen die Sache mit den Bienen und Vögeln, den Bäumen und Gräsern und beantwortete geduldig all ihre Fragen. Obwohl ich selbst nie wirklich ein guter Schütze war, wurde ich trotzdem irgendwie zu einer Art Held für die Jungs, genauso wie Jean-Pierre mein großes Vorbild in Juchow gewesen war; die Art Held, die nur kleine Jungs zu schätzen wissen.

Jedes Jahr, vor der Maisernte, wurden Warzenschweine zum Problem auf der Farm. Wenn die sich ins Feld verirrten, konnten sie ganz ernsthaften Schaden anrichten. Dann, zur großen Freude der Kinder, wiesen wir sie an, durchs Feld zu rennen und dabei wie verrückte Hunde zu bellen. Das sollte die Warzenschweine aufschrecken und sie in die andere Richtung treiben, wo die Erwachsenen dann am Feldrand warteten, das Gewehr im Anschlag. Das Ganze war ziemlich unheimlich, ein richtiges Abenteuer, denn der Mais war mindestens doppelt so hoch wie die Kinder und sie mussten höllisch aufpassen, dass sie sich nicht verliefen. Es gab jede Menge Gruselgeschichten über riesige Schwarze Mambas, die in den Feldern lebten, und allein der Gedanke, einem Warzenschwein wirklich gegenüberzustehen, war ziemlich angsteinflößend. Dehalb bellten die Jungs immer so laut, wie sie nur konnten.

Die Kinder hatten alle ihre Lieblingspferde auf *Weltevreden*, und wenn wir nicht jagten, dann ritten wir. Der talentierteste von allen war ohne Zweifel Tokkie de Sand. Er schien mit den Pferden auf eine ganz besondere Art kommunizieren zu können. Topsy und ich sprachen oft darüber, und deshalb überraschte es uns auch nicht, als er als Zehnjähriger zu mir kam und ganz ernsthaft verkündete: »Onkel Walter, eines Tages werde ich bei den Olympishen Spielen mitreiten.«

Einfach so. Nicht ›vielleicht‹, oder ›ich würde gerne‹, nein, ›ich werde.‹

Wir haben nie daran gezweifelt, und viele Jahre später, 1992 in Barcelona, war es dann endlich so weit!

Es war unvermeidlich, dass die Wochenenden zu Ende gingen, und es irgendwann wieder Montag wurde. Zeit zur Schule zu gehen. Wenn man damals auf einer Farm am Ende der Welt lebte, lag die nächste Schule normalerweise meilenweit entfernt, und so waren Debbie und die De Sand-Buben schon im zarten Alter von sechs Jahren zu Internatskindern geworden. Ich hatte manchmal den Eindruck, dass das für uns Eltern härter war als für die Kleinen. Sie schienen sich großartig zu amüsieren, und wir sahen nur ganz selten Krokodilstränen.

»Onkel Walter, Onkel Walter, fährst du uns zur Schule? Ach bitte, Onkel Walter!«

Ich erinnere mich noch gut an diese Rufe, früh am Montagmorgen. Wie konnte ich da widerstehen? Normalerweise saßen alle drei Kinder schon lange vor der Zeit im Auto.

Als sie so sieben oder acht Jahre alt waren, hatten die beiden Jungs schon gelernt, wie man Auto fährt. Ihr einziges Problem dabei war, dass keiner von ihnen groß genug war, um sowohl das Gaspedal zu erreichen, als auch über das Steuerrad zu schauen. Aber das sollte sie nicht hindern. Johnny kniete sich dann auf den Fahrersitz und streckte seine Arme so weit er konnte um das Lenkrad, während Tokkie im Fußraum saß und den Anweisungen seines Bruders folgend die Pedale manövrierte. Die zwei wussten sogar, wie man die Kupplung bediente, ohne dass das Auto davonsprang wie ein paarungsfreudiger Springbock. Sie müssen einen guten Lehrer gehabt haben, dachte ich oft voller Stolz.

Die Kinder zur Schule zu fahren war immer eine Riesengaudi, sie waren so leicht zu beeindrucken. Um ehrlich zu sein, weiß ich heute gar nicht, wer diese Fahrten damals mehr genoss, sie oder ich. Mein alter Peugeot Kombi flog über die Schotterpisten, die unsere Farm mit dem Rest der Welt verbanden. Zu den aufgeregten Schreien der Kinder sprangen wir über Schlaglöcher und wichen dem einen oder andern Schlange aus, die die Straße zu einer ungünstigen Zeit zu überqueren versuchte. Ab und zu gönnte ich uns dann noch einen *handbrake turn*, einfach nur zum Spaß.

Wir lachten damals auch über so manch grausamen Scherz, und ich erinnere mich noch genau an den Tag, an dem wir unterwegs einem Radfahrer ganz übel mitspielten. Er strampelte hart und kämpfte sich nur ganz langsam auf der sandigen Straße voran. Johnny und Tokkie stießen sich gegenseitig an, und begannen zu grinsen; sie kannten mich schon.

Genau als wir auf Höhe des Radlers waren, hörten wir alle einen lauten Knall, der sich genauso anhörte, wie ein Schuss. Der arme Radfahrer sprang, nein, er flog von seinem Drahtesel in den Graben und drückte sich gegen die Böschung, um in Deckung zu gehen.

»Der arme Mann.« Debbie zeigte etwas mehr Mitgefühl als der Rest von uns. »Er dachte bestimmt, du schießt auf ihn! Daddy, meinst du nicht, das ist etwas unfair, diesem Mann so viel Angst einzujagen?« Dabei versuchte sie, nicht zu kichern.

Als wir uns umdrehten, sahen wir, wie unser Opfer aufstand und sich den Staub aus den Kleidern schüttelte.

»Ja, vielleicht hast du recht. Aber keine Sorge, ich mache das mit allen und jedem.« Es war nur ein paar Tage her, da war ein ausgesprochen unangenehmer Zeitgenosse, der ganz in unserer Nähe wohnte, Opfer desselben Scherzes geworden.

Tokkie und Johnny baten mich immer wieder, ihnen das Geheimnis dieses Tricks zu verraten. Ich habe es ihnen nie erzählt, aber ich bin mir ganz sicher, dass sie mittlerweile selbst darauf gekommen sind. Bei einer so alten Klapperkiste muss man nur während der Fahrt den Schlüssel im Zündschloss drehen, damit es eine Fehlzündung gibt und ordentlich knallt.

Der Pimpernel-Löwe

An einem kalten Wintermorgen im August 1972 klingelte das sogenannte Paraffintelefon auf *Weltevreden.* Drei Mal kurz, gefolgt von zwei langen Klingeltönen.

»Eschenburg, hallo?« Topsy erwartete einen Anruf von einem Patientenbesitzer. Walters Praxis in Naboomspruit war mittlerweile gut etabliert. Aber es war ihre Freundin Teresa Spencer, die mit ihrem Mann Hugh auf der benachbarten Farm *Rosslene* lebte, wo die Spencers schon seit mehreren Generationen Rinder züchteten. Ohne jegliche Höflichkeitsfloskeln kam Teresa zur Sache.

»Hast du schon von dem Löwen gehört?«

»Welcher Löwe?«

»Welcher Löwe! Der Löwe, der unsere Rinder frisst! Frans Steenkamp kam gerade vorbei, um uns zu berichten, dass er ganz frische Löwenspuren auf der Straße nach *Bossieskraal* entdeckt hat.«

»Im Ernst?«

»Natürlich im Ernst!« Teresa wurde ungeduldig. Ihr Mann Hugh war sofort losgefahren, um sich die Sache selbst anzusehen, und er hatte in der Tat frische Löwenspuren gefunden. Die größten, die er je gesehen hatte, erzählte sie Topsy.

»Und dann, als er nach unseren Rindern schaute, hat er einen halb aufgefressenen Kadaver im Gebüsch entdeckt.«

»Du, ich frage mich, ob das derselbe Löwe ist, der vor ein paar Wochen in den Nachrichten war? Der soll doch ein paar Farmarbeiter in der Nähe von Letaba getötet haben?« Topsy erinnerte sich dunkel an einen Artikel in der lokalen Zeitung.

Walter hatte dem Gespräch mit gespitzten Ohren zugehört. Ohne Zeit zu verlieren, holte er sein Gewehr aus dem Schrank.

»Ich fahre mal da rüber, zu Hugh, den Löwen finden.«

Auf *Rosslene* inspizierten die zwei Männer die Fährte noch einmal, bevor sie mit Hughs Land Rover Zweige über die Straße zogen, um den Sand zu glätten, so dass frische Spuren später klar sichtbar sein würden. Eine Gruppe kreisender Geier ließ keine Zweifel aufkommen, wo der Kadaver zu finden war.

»Und jetzt? Wo suchen wir zuerst?« Walter war eifrig bei der Sache, aber Hugh hatte andere Pläne.

»Mmh, ich denke, wir fahren besser zuerst in die Stadt und informieren die Behörden und das Kommando, denn der Kerl zieht vielleicht weiter auf eine andere Farm. Außerdem gibt es da bestimmt den einen oder anderen, der uns gerne helfen möchte.«

Die Reaktionen in Naboomspruit waren nicht ganz so, wie es sich die zwei enthusiastischen Männer erhofft hatten. Keiner nahm sie ernst. Ein Ladenbesitzer meinte sogar, sie seien von einem ihrer Angestellten hereingelegt worden, der die Rinder gestohlen und dann eine falsche Spur mit einem alten Löwenfuß gelegt hatte.

»Glauben die etwa, dass wir total blöd sind?« Hugh fand es gar nicht lustig.

Schon am nächsten Morgen bot sich ein anderes Bild. Ein paar weitere tote Rinder waren auf anderen Farmen in der Nähe aufgetaucht, und der Löwe war Stadtgespräch.

Plötzlich wusste jeder eine Geschichte zu erzählen, und schon am nächsten Tag wurde die Farm zum Hauptquartier für die große Löwenjagd erklärt. Die meisten Farmer waren bis zu den Zähnen mit großkalibrigen Gewehren und Schrotflinten bewaffnet, und das Adrenalin floss ungehemmt. Zwei sogenannte *big white hunters* aus Kenia waren eingeflogen worden, und die südafrikanische Armee hatte einen Hubschrauber geschickt, inklusive Fallschirmspringer, und einem Dobermann, der aufs Löwenjagen spezialisiert war.

Walter und Hugh waren mittendrin im Geschehen, während die Frauen es sich von der Peripherie aus anschauten und die Ereignisse kommentierten.

»Weißt du«, sagte Topsy zu Teresa, einen Gin and Tonic in der Hand, »es ist schon interessant, dass vor nur sechzig Jahren unsere Väter und Großväter hier durch die Gegend geritten sind, und damals gab es überall Löwen. Ich bin mir sicher, die mussten keine Großwildjäger aus Kenia einfliegen oder Hubschrauber mit Maschinengewehren, um die Löwen auf ihren Platz zu verweisen und die Situation unter Kontrolle zu bekommen.«

»Ja, wir sind doch ziemlich verwöhnt, meinst du nicht?«

»Um das Thema zu wechseln, rate mal, wen ich heute Nachmittag in der Stadt getroffen habe?«

»Keine Ahnung, aber du wirst es mir sicher gleich erzählen.« Topsy zündete sich noch eine Zigarette an.

»Bernhard de Sand.«

»Oh ja, das ist doch mal ein ziemlich gut aussehender Mann! Und auf dem Pferd macht er auch eine gute Figur. Ich sage immer zu Walter, dass Bernhard de Sand für mich der perfekte *Country Gentleman* ist.«

»Da hast du recht! Und ein guter Farmer ist er auch!« Teresa stimmte ihrer Freundin vollkommen zu.

»Aber weißt du, was er gesagt hat, als ich ihn gefragt habe, ob er auch an der Löwenjagd teilnehmen wird? Er hat behauptet, dass das seiner Meinung nach viel zu gefährlich sei, mit dieser Meute schusseifriger Jagdgesellen. Und dass er ganz sicher keinen Fuß in den Busch setzen wird, während diese Typen alle unterwegs sind. Denn es sei ja nicht das erste Mal, dass jemand zufälligerweise von einem dieser *big white hunters* erschossen würde, weil sie plötzlich sähen, dass sich da etwas im Busch bewegt.«

Die zwei Frauen lachten.

»Ich sage doch, er ist ein echter *Country Gentleman*!«

Der zweite Tag der großen Löwenjagd brach an, und die Zeitungsreporter traten sich gegenseitig auf die Füße, um die besten Schnipsel der Geschichte aufzuschnappen. Was sie sich jedoch am sehnlichsten wünschten, war ein Foto des Raubtiers, das mittlerweile ›Der Pimpernel-Löwe‹ getauft worden war. Genau wie der *Scarlet Pimpernel*, ein populärer Romancharakter, der ein geheimes Leben geführt, während der Französischen Revolution Aristokraten außer Landes geschmuggelt und seinen Verfolgern nichts als eine rote Pimpernel-Blüte hinterlassen hatte, erwies sich der Löwe als ungreifbar.

»Sie suchen ihn hier, sie suchen in dort...« Die Presse amüsierte sich über das ständige wachsende Team der Jäger und Farmer.

Die atemberaubendste Begegnung mit dem Löwen hatten allerdings weder die Reporter noch die Jäger, sondern Teresa Spencer und George Baloyi, einer ihrer Angestellten.

»Ich bin mir sicher, wir kamen ihm näher als alle Jäger zusammen!«, erzählte sie Walter und Topsy am Abend. »Und ich will euch eins sagen, es ist ein beeindruckender Löwe, ein majestätisches Tier, mit einer vollen schwarzen Mähne.«

Walter nickte zustimmend. »Ja, ich habe schon gehört, dass er von Botswana hierher gekommen sein soll. Er war wahrscheinlich zu alt, um seine Position im Rudel zu halten, deshalb ist er in Richtung Süden gezogen. Und dann hat er wohl gelernt, dass es hier, im Land der Rinder, leichte Mahlzeiten und wenig Konkurrenz gibt.«

Die anderen nickten. Diese Erklärung hörte sich plausibel an.

»Aber Teresa, erzähl uns doch, wie kam es, dass du ihn gesehen hast?«

»George und ich waren auf dem Heimweg aus der Stadt. Wir dachten, wir wären sicher, denn wir hatten gesehen, wie die Jäger und der Hubschrauber in die entgegengesetze Richtung losgezogen waren. Wir hielten am Tor, und George stieg aus, um es aufzumachen. Ich sah ein paar sehr seltsame Spuren, und so stieg ich auch aus. Ich folgte ihnen für ein paar Meter und bückte mich. Ich dachte gerade, die sehen aber doch ziemlich frisch aus, als ich dieses laute Brüllen hörte. Ihr könnt euch gar nicht vorstellen, wie laut das war. George erstarrte auf der Stelle. Er bewegte sich kein bisschen, wie man das so machen soll, aber ich sprang direkt aus meinen Schuhen und zurück ins Auto, bevor ich überhaupt nachdenken konnte.

Nachdem ich endlich aufgehört hatte zu zittern, und George es auch irgendwie bis ins Auto geschafft hatte, fuhren wir durchs Tor, und dann schickte ich den armen Mann noch einmal raus, um es zuzumachen und meine Schuhe zu holen, denn die hatte ich in der Aufregung stehen gelassen. In der Zwischenzeit schaute ich mich um, und da, plötzlich, sah ich den Löwen. Er saß unter einem Baum, ganz nah am Zaun. Er hat nicht einmal mit der Wimper gezuckt, so still saß er da. Er starrte uns nur an.«

»Warum hast du ihn denn nicht erschossen? Hattest du etwa kein Gewehr dabei?«

»Hatte ich, klar, aber ich war mir nicht sicher, ob es schlagkräftig genug war, um ihn auf diese Entfernung zu töten – und ich wollte ihn auf keinen Fall verwunden, denn dann hätten wir ein noch größeres Problem gehabt.«

Eine ganze Woche lang zog sich die Jagdveranstaltung hin, jedoch ohne Erfolg. Dann mussten die Großwildjäger, die Hundetruppen und die Hubschrauber sich anderen Aufgaben zuwenden, und der Pimpernel-Löwe verschwand auf Nimmerwiedersehen – allerdings ohne eine rote Blüte zu hinterlassen.

ÜBERRASCHUNGEN

Die Hunde bellten und die kleine Glocke am Tor bimmelte. Es kam jemand zu Besuch, und die Hunde wussten genau, wer es war; ihr Bellen war freundlich. Walter sah durchs Fenster. Er saß an seinem Schreibtisch und kümmerte sich um die viel geschmähte Buchführung. Es war der Teil seiner Arbeit, den er am wenigsten mochte, und es schienen sich immer Berge anzusammeln. Verzweifelt hoffte er auf Ablenkung.

»Wer das jetzt wohl ist? Und zu Fuß? Dabei ist es doch schon fast dunkel?«, wunderte er sich. Es war ja nicht so, als läge ihr Haus an der Hauptstraße mitten im Ort. Insbesondere seit der Pimpernel-Löwe sein Unwesen in der Gegend getrieben hatte, liefen nach Einbruch der Dunkelheit die wenigsten noch draußen herum, wenn es sich vermeiden ließ. Plötzlich musste Walter lachen. Am Gang erkannte er die Person, die nun auf seine Haustür zulief.

»Ich kenne wirklich nur einen, der so durch die Gegend storcht«, lachte er und stand auf.

Der große, schlanke Mann mit dem wilden lockigen Haar und der Adlernase, der nichts bei sich hatte, als die Kleider, die er am Leib trug, konnte nur ihr alter Freund Bogey sein.

»Hi, ich bin wieder da.« Bogey ließ sich auf einen Stuhl am Esstisch fallen. Dankbar akzeptierte er das Glas Wasser, das Topsy ihm reichte.

»Es macht euch doch nichts aus, wenn ich meine Schuhe ausziehe?« Ohne eine Antwort abzuwarten, löste er die Schnürsenkel.

Genauso wie alles, was folgte, war dies Teil eines Rituals. Der nächste Akt aber war Walter und Topsys liebster. Sie lachten jedesmal darüber, wenn sie über Bogey und seine Abenteuer sprachen. Denn nun drückte er mit den Zehen seines rechten Fußes den Absatz des linken Schuhs, bis dieser sich löste, auf den Boden fiel und einen breiten, nackten Fuß offenbarte.Vom Knöchel bis zum Knie waren seine Beine allerdings ganz züchtig mit einem guten Paar Buschstrümpfe bekleidet. Walter erinnerte sich daran, wie er diese Prozedur zum ersten Mal miterlebt hatte.

»Ich mache das, um den Schein zu wahren«, hatte Bogey erklärt. »Die Leute schauen einen doch ein wenig seltsam an, wenn man hier in der Gegend ohne Strümpfe rumläuft, ganz zu schweigen von barfuß.«

Das war eine eher seltsame Erklärung, hatte Walter gedacht, aber wenn man es genau nahm, war eigentlich alles seltsam, wenn es um Bogey ging. Irgendwann erschien er einfach aus dem Nichts, schritt durchs Tor, genauso wie heute, und dann blieb er für eine Weile bei den Eschenburgs. Manchmal eine Woche, einen Monat oder vielleicht auch zwei. Er begleitete Walter auf seinen Hausbesuchen, saß im Garten und las und verbrachte viel Zeit mit Paraffin und Flying Machine. Den dreien schien der Gesprächsstoff nie auszugehen. Dann, genauso plötzlich wie er gekommen war, ging er auch wieder. Er zog seine Strümpfe und Schuhe wieder an und sagte: »Ich gehe dann mal nach Makgapeng«, oder nach Botswana oder wohin auch immer, und er lief die Straße entlang.

Ein paar Monate später stand er dann wieder vor der Tür, immer noch in denselben Kleidern, und sah im Grunde genauso aus wie vorher, bis auf die Strümpfe natürlich.

1955, als Bogey sechzehn Jahre alt war, war seine Familie von England nach Südafrika ausgewandert. Sie zogen in das Nachbarhaus von Topsys Schwester, die damals noch in Johannesburg lebte, und es dauerte nicht lange, bis er zum ersten Mal auf *Weltevreden* auftauchte.

Bogey entwickelte bald eine Leidenschaft für den Busch und verbrachte Monate damit, ihn zu erkunden. Er ließ die sogenannte Zivilisation hinter sich, nur mit einem Taschenmesser und etwas Salz in der Tasche. Er lernte zu überleben, und entwickelte bald ein besonderes Verhältnis zu den einheimischen afrikanischen Dorfgemeinschaften. So wie sie reiste er zu Fuß; er aß, was sie aßen, nämlich Hirse und Wildfleisch; und er trank ihr Wasser. Er lernte ihre

Mythen und ihren Glauben zu verstehen. Er kannte den Ruf der Vögel, die Bewegungen der Schlangen und die Fährten der Antilopen. Er sprach ihre Sprache und die Sprache der Wildnis. Die Menschen bewunderten ihn und nahmen ihn in ihre Gemeinschaften auf. Irgendwann folgte er den Initiationsritualen und wurde zum *Sangoma*, einem Wunderheiler.

Bogey fand bald das, was manche später sein Totem nannten. Schlangen. Nicht lange nach seiner Ankunft in Südafrika stellte er fest, dass er nicht nur die Fähigkeit besaß, Schlangen zu fangen, sondern dass er auch genau das tun wollte. Er lernte schnell, dass er seinen Lebensunterhalt verdienen konnte, indem er Reptilien melkte, denn deren Gift wurde benötigt wurde, um Gegengifte herstellen zu können.

Wenn er sich in den ländlichen Gegenden aufhielt, dann passierte es häufig, dass er in einem Dorf genau dann ankam, wenn es irgendein Problem mit einer Schlange gab, das er dann auf seine Art lösen konnte. So verdiente er sich den Spitznamen *Rradinhogka,* ›Vater der Schlangen‹.

Seine Faszination mit dem Busch, sein Wissen über afrikanische Bräuche und Mythen und nicht zuletzt sein Fähigkeit, in der Wildnis zu überleben, führten dazu, dass er für das *Museum of Man and Science* in Johannesburg zu arbeiten begann. Er sammelte Steinzeitwerkzeuge, entdeckte alte Felsmalereien und half bei der Aufklärung so manchen Geheimnisses der afrikanischen Vergangenheit.

Bogey lebte in zwei völlig verschiedenen Welten, und dieser Gegensatz definierte ihn und sein kurzes Leben. Auf der einen Seite lebte er ein ursprüngliches, afrikanisches Leben, das tief in Traditionen und Mythologie verwurzelt war, während er gleichzeitig mit seiner Frau und Kindern ein ganz normales, südafrikanisches Vorstadtdasein führte.

In zwei so verschiedenen Welten zu Hause zu sein, war nicht immer einfach. Bogey litt an Epilepsie, was in der Welt, aus der er kam, als ernsthaftes Leiden angesehen wurde. Man fürchtete sich davor und sprach nicht darüber. In der ländlichen, afrikanischen Welt hingegen wurde Epilepsie als Zeichen der Götter akzeptiert, als Teil der Person, die er war, und als etwas, das ihn dem Göttlichen näher brachte.

Was Walter und Bogey verband, waren die starken Gefühle, die sie beide für den Busch und die Wildnis empfanden. Walter hatte sonst noch keinen Europäer kennengelernt, der eine ähnlich tiefgehende Verbindung zu seiner natürlichen Umwelt gehabt hätte. Bogey war eben einfach anders, und seine Beziehung zur Umwelt fand somit auf einer anderen Eben statt. Außerdem war er ein guter Freund, und sie kannten sich schon seit Ewigkeiten.

Am nächsten Tag, nachdem Bogey sich etwas ausgeruht und ausführlich von seinen jüngsten Buschabenteuern erzählt hatte, bat er Walter, mit ihm eine kleine Spazierfahrt zu machen. »Ich will dir etwas zeigen. Und nimm eine Taschenlampe mit.«

Nach einer guten halben Stunde Fahrt bogen sie auf eine Schotterpiste ab und wenig später auf einen fast nicht erkennbaren Pfad.

»Lass uns von hier aus zu Fuß gehen«, schlug Bogey vor. »Es ist da drüben, bei dem *Koppie*.«

Walter folgte seinem Freund, der auf flinken Füßen den schmalen Wildpfad entlanglief.

»Ist dir schon mal aufgefallen, dass da oben eine Höhle ist?« Bogey zeigte auf den Hügel vor ihnen. »Du wirst dich wundern!«

Sie kletterten über ein paar große Felsen und die Wurzeln einer alten Felsfeige. Wie diese Bäume es schafften, direkt aus dem Felsen zu wachsen, mit nichts anderem, als einer kleinen Felsspalte, in der sich das Wasser sammeln konnte, erstaunte Walter immer wieder.

Auf halber Strecke sah er plötzlich, was Bogey ihm hatte zeigen wollen. Versteckt hinter einem weiteren Felsen lag der Eingang zu einer Höhle. Erst schien es nur eine Lücke zu sein, aber als sie eintraten, öffnete sich vor ihnen ein riesiger Raum. Sie warteten einen Moment, so dass sich ihre Augen an das diffuse Licht gewöhnen konnten.

»Etwas weiter hinten muss es noch eine Öffnung geben, wahrscheinlich weiter oben.« Walter hatte eine weitere Lichtquelle bemerkt.

»Gib mir mal die Taschenlampe«, bat Bogey.

Was nun vor Walters Augen erschien verschlug ihm die Sprache. Sämtliche Wände der Höhle waren mit exquisiten Felsmalereien geschmückt.

»Das ist ja unglaublich!«

Je länger er sich umschaute, desto mehr Bilder sah er. Sie waren in verschiedenen Schattierungen roten Pigments gezeichnet, und er konnte die Umrisse von Elenantilopen, Giraffen, Zebras und sogar Elefanten erkennen.

Die Männer standen eine ganze Weile schweigend in der schattigen Kühle der Höhle. Sie brauchten keine Worte. Bezaubert betrachteten sie die Bilder, die die Vorfahren vor vielen Tausenden von Jahren gezeichnet hatten.

Als Walter später am Abend Topsy davon erzählte, war er immer noch wie in einen Bann gezogen.

»Und da bilde ich mir ein, dass ich den Waterberg kenne. Ich muss tausend Mal dort vorbeigefahren sein. Ich hatte einfach keine Ahnung. Absolut keine Ahnung!« Er schüttelte seinen Kopf.

Nur wenige Tage später schnürte Bogey seine Schuhe und verließ *Weltevreden*. Er wusste noch nicht genau wann, aber es bestand kein Zweifel, dass er bald wiederkommen würde.

Bogey war vielleicht der exzentrischste ihrer Besucher, aber bei weitem nicht der einzige. Ganz im Gegenteil: Das Haus der Eschenburgs war immer ein ruhiger Hafen für müde Reisende, einsame Seelen und unterhaltsame Gäste. Walter und Topsy zögerten nie, ihr Haus und ihre Herzen für diejenigen zu öffnen, die einen Schlafplatz, Freundschaft, gutes Essen oder einfach Gesellschaft nötig hatten.

Besucher

Ich habe immer schon gerne Streuner jeglicher Art mit nach Hause genommen, sowohl vier- als auch zweibeinige. Tramper, Radfahrer, Wanderer oder wer mir sonst noch so über den Weg lief. Wir beide, Topsy und ich, haben uns immer gefreut, neue Leute kennenzulernen, und in gewisser Hinsicht war es auch eine Familientradition. Auf Uhlenhorst hatten wir fast immer Gäste, meist Freunde, Familie oder Neuankömmlinge aus Deutschland. Meine Mutter gab für ihr Leben gern *Dinnerparties*, und wenn es ums Essen ging, da zog sie alle Register. Topsy ist da genauso, und ich habe bis heute noch niemanden getroffen, den die Mahlzeiten, die sie ihm vorsetzte, nicht völlig umgehauen hätten.

Manchmal kann so ein einfacher *Pick-Up* zu einer ganzen Reihe von unvorhergesehenen Konsequenzen führen. So war es zum Beispiel mit Rainer, der vor vielen Jahren per Anhalter in Südafrika unterwegs war. Er war ein Medizinstudent aus Berlin, und wir luden ihn ein, die Nacht bei uns zu verbringen. Topsy verwöhnte ihn, und aus einer Nacht wurden schnell zwei Wochen. Er begleitete mich auf meinen Farmrunden und Patientenbesuchen, und ich glaube, er wäre eigentlich auch gerne Tierarzt geworden. Er war ein sehr unterhaltsamer Begleiter, immer wissbegierig, und dauernd verglich er, was er in meiner Praxis sah, mit seinen Kenntnissen der Humanmedizin. Er war einer dieser speziellen Menschen, die Wissen aufnehmen wie ein trockener Schwamm, und er hörte nie auf, mir Fragen zu stellen. Was ist das für ein Baum? Und welcher Vogel ruft da? Und warum haben manche Gräser einen besseren Ernährungswert als andere? Sein erster Besuch bei uns sollte nicht der einzige bleiben. Rainer kam fast jedes Jahr zurück, irgendwann dann auch mit seiner ständig wachsenden Familie.

Viele Jahre nach unserem ersten Treffen sollte unsere Freundschaft zu einer wirklich unerwarteten Überraschung führen. Aber das ist eine andere Geschichte.

Der junge Tim war auch einer unserer unvergesslichen Gäste. Er brachte uns ganz herrlich zum Lachen. Später wurde unser Freund dann eine der führenden Figuren in der südafrikanischen Reiterwelt, und wir sahen ihn auf fast jedem Turnier, das zwischen dem Limpopo und dem Vaal stattfand.

Aber lass uns einen Schritt in die siebziger Jahre zurückgehen, als der achtzehnjährige Tim gerade erst aus England angekommen war. Er war noch ziemlich feucht hinter den Ohren und wusste rein gar nichts über das Leben hier im Busch. Natürlich wusste er auch nicht, dass wir hier noch die guten alten Paraffintelefone benutzten. Das waren Gemeinschaftsanschlüsse, bei denen mehrere Farmen mit nur einer Telefonleitung verbunden waren, und man seine Anrufe an den Klingelzeichen erkannte. Sie waren genauso altmodisch aber praktisch wie die alten Paraffinöllampen, deshalb der Name. Aus irgendeinem Grund, der mir nun entfallen ist, ließen wir Tim eines Nachmittags alleine. Topsy und ich sagten ihm, er solle sich einfach entspannen und wie zu Hause fühlen.

Während wir weg waren, klingelte das Telefon. Da er sich im Hause eines Tierarztes befand, dachte Tim, dass jeder Anruf unheimlich wichtig sein musste. Ganz gewissenhaft trug er in unser kleines Notizbuch die Zeit des Anrufs ein, dazu den Namen des Anrufers und was er sonst verstanden hatte. Mit Letzterem hatte er so seine Schwierigkeiten, weil die meisten Anrufer nur Afrikaans mit ihm sprachen, wovon er damals noch kein Wort verstand.

Im Laufe des Nachmittags klingelte das Telefon immer öfter, und nach gut zwei Stunden hatte er schon zwei ganze Seiten in unserem Notizbuch gefüllt. Je häufiger die Anrufe kamen, desto aufgeregter schienen die Anrufer zu werden. Sie schrien in die knisternde Leitung und ihr Afrikaans wurde immer unverständlicher für seine englischen Ohren. Manchmal schien sogar mehr als eine Person am anderen Ende des Telefons zu sein.

»Oh je«, dachte Tim, »die müssen sich wirklich Sorgen machen, wahrscheinlich ist da draußen irgendwo ein todkrankes Tier.«

Er hatte keine Möglichkeit, mich zu erreichen, denn damals gab es ja noch keine Handys. Er machte sich auf den Weg nach draußen, vielleicht in der Hoffnung, irgendjemanden zu finden, dem er diese eventuell lebensrettenden Informationen weitergeben könnte. Am Tor begegnete er drei sehr zornigen Farmern, die zu mir wollten. Mit Händen und Füßen versuchten die drei Männer und der *Engelsman*, miteinander zu kommunizieren, aber ohne Erfolg. Das war genau der Moment, als Topsy und ich die Bühne betraten. Wir konnten nicht anders, wir mussten beide laut lachen, als wir hörten, was passiert war. Das half natürlich auch nicht. Die drei Farmer wurden noch roter im Gesicht, und Tim sah noch verwirrter aus, falls das überhaupt möglich war.

Dann, endlich, gelang es Topsy und mir, die Situation zu entschärfen. Ich denke, es war nicht wirklich Tims Schuld, dass er nicht wusste, dass wir Teil einer sogenannten *Partyline* waren, und dass unser Klingelzeichen drei Mal lang, zwei Mal kurz war. *Oom* Karels war zwei lang und drei kurz, und *Oom* Kobus ein Mal lang und vier Mal kurz. Er hatte sie einfach alle beantwortet.

Die drei Männer blieben noch auf einen Brandy, und wir amüsierten uns alle köstlich, als wir versuchten, Tims Notizen zu entziffern.

Manche unserer Besucher kamen und gingen, während andere zu permanenten Figuren in unserem Leben wurden. So zum Beispiel Nick. Der kam und blieb.

Nick

Der nagelneue Chevrolet Nomad hielt mit quietschenden Bremsen. Wie gewöhnlich war Walter viel zu schnell auf den holprigen Schotterpisten des Waterbergs unterwegs. So schnell, dass Nick, obwohl er die Fahrgewohnheiten seines Adoptivvaters mittlerweile kennen und schätzen gelernt hatte, sich kaum auf seinem Sitz halten konnte.

Es war ein aufregender Tag für den Vierzehnjährigen gewesen. Walter hatte ihn am Nachmittag von der Schule abgeholt, aber statt direkt nach Hause zu fahren, hatten sie bei einer Schweinefarm Halt gemacht, wo eine Sau Probleme beim Ferkeln hatte. Walter und Nick, der immer noch seine Schuluniform anhatte, waren vom Farmer erleichtert begrüßt worden.

»Ah, Doc, bin ich froh, dass Sie noch kommen konnten! Die Sau hier, die scheint Probleme zu haben, die Kleinen rauszuschieben. Die ist schon seit heute Morgen dran. Die ersten zwei kamen ruck, zuck, aber jetzt ist schon ziemlich lange nichts mehr passiert.«

»Ok, Piet, kein Problem. Lass mich mal einen Blick darauf werfen.«

»Ja, Doc, bitte. Sie ist meine beste Sau.«

Walter betrachtete das im Stroh liegende Tier, das vor Schmerzen hechelte.

»Sieht so aus, als wäre da eins steckengeblieben.«

Er blickte erst auf seine Hände und dann auf die des Farmers, der ein ziemlich mächtiger Mann war. Dann schüttelte er den Kopf und wandte sich an Nick: »Du hast die richtige Handgröße.«

Bevor Nick wusste, wie ihm geschah, fand er sich halb kniend, halb liegend hinter der Sau im Stroh, und sein rechter Arm war in ihrem Körper verschwunden.

»Und, was fühlst du?«

»Huch, das wird alles ganz arg gequetscht.«

»Das ist normal, entspann dich, du kriegst schon bald den Bogen raus.«

Nick nickte und schloss die Augen. Ganz langsam und vorsichtig begann er, seine Finger etwas zu bewegen. Plöztlich leuchteten seine Augen auf.

»Jetzt hab ich was gespürt.«

Walter und Piet, der Farmer, sahen ihn erwartungsvoll an.

»Ich glaube, da ist ein Bein. Und ein Kopf.«

»Dann zieh ganz vorsichtig an dem Bein.«

Nick zog erst zögerlich, dann etwas fester.

»Oh, das ging aber schnell!« Überrascht schaute er auf seine Hand. Darin hielt er das Vorderbein eines Ferkels. Seine Augen weiteten sich.

»Das wollte ich nicht! Ich meine, dem Ferkel das Bein ausreißen!«

Walter nahm ihm das Beinchen ab und lachte.

»Keine Sorge, mein Junge. Du hast überhaupt nichts falsch gemacht. Wie es aussieht, muss der kleine Kerl hier schon eine ganze Weile tot sein. Das ist ja alles schon richtig *vrot*, das schäumt ja schon! Aber das kommt vor. Und jetzt, nimm deine Hand und hol den Rest raus.«

Nick zögerte eine Sekunde, aber Walter ermunterte ihn: »Wo liegt das Problem? Auf geht's! Das tote Ferkel muss raus, und dann müssen wir sehen, ob da vielleicht noch andere, lebendige dahinter stecken. Wenn wir nichts tun, dann sterben die auch, weil sie nicht rauskönnen, und dann bekommt die Sau wahrscheinlich eine Blutvergiftung, weil sie all das faule Zeug in ihrer Gebärmutter hat.«

Nick holte einmal tief Luft and fügte sich.

Als ob sie wusste, dass die Lösung nah war, fing die Sau wieder an zu pressen, und sechs gesunde Ferkel kamen zur Welt.

Walter wandte sich an den erleichterten Schweinebesitzer: »Ruf mich an, falls es noch mehr Probleme gibt, aber so weit ich sehen kann, dürfte alles paletti sein.«

»Vielen, vielen Dank, Doc. *Baie dankie*.«

»Und, hast du dir diesen Kerl wenigstens gut ansehen können?«, fragte er, denn das war seine eigentliche Absicht gewesen.

»Na klar! Und, mannomann, hat der vielleicht Krallen!«

»Natürlich hat er die! Und weißt du auch, wofür er die braucht?«

»Zum Graben?«

»Weißt du, diese Ameisenbären fressen nur Insekten. Bis vor Kurzem nahm man sogar an, dass sie nur Termiten fräßen, aber scheinbar nehmen sie in den trockenen Wintermonaten auch Ameisen zu sich. Sie benutzen ihre starken Vorderbeine, um mit unglaublicher Geschwindigkeit Löcher zu graben, die direkt in die unterirdischen Behausungen der Termiten führen. Dann strecken sie ihre Zunge in das Loch und lecken die panischen Tierchen auf, bevor die auch nur wissen, was überhaupt los ist. Außerdem leben sie auch in tiefen, unterirdischen Bauten. Diese können uns gefährlich werden, denn manchmal fallen Kälber da rein, und wenn wir die nicht ganz schnell finden, denn sterben sie.«

»Ja, ich weiß, und beim Reiten müssen wir auch immer aufpassen, dass unsere Pferde nicht in so ein Loch treten.«

»Genau, denn die können sich da ohne Probleme ein Bein brechen. Aber, selbstverständlich, genauso wie alles andere in der Natur, erfüllen diese Löcher auch ihren Sinn und Zweck.«

»Vielleicht weil andere Tiere darin leben können?«

»Genau. Schlangen und alle möglichen Kreaturen benutzen sie gerne, deshalb sage ich immer, wer seine Hand in einen *Aardvark*-Bau steckt, der ist selbst schuld, denn man weiß wirklich nicht, was man dort findet. Übrigens, wer am meisten von diesen Bauten profitiert, das sind die Warzenschweine. Für die sind sie genau genommen lebenswichtig«, erklärte Walter.

»Wie du ja wahrscheinlich weißt, sind Warzenschweine tagaktiv, weshalb sie nachts, wenn sie schlafen, ganz besonders Gefahr laufen, Raubtieren zum Opfer zu fallen. Aber gibt es ein besseres Versteck als den verlassenen Bau eines Ameisenbären? Sie schlafen darin, und ihre Hauptverteidigungswaffe, die Hauer, zeigen zum Eingang hin, so dass sie von nichts und niemandem überrascht werden können. Sie sind selbst keine guten Gräber, deshalb ziehen sie es vor, in einen fertigen Bau zu ziehen. Vielleicht bauen sie ihn ein wenig um oder aus, aber das ist dann auch schon alles.«

Mittlerweile waren sie auf *Weltevreden* angekommen, wo Topsy und Debbie mit dem Abendessen warteten. Sie setzten sich alle an den großen, hölzernen Esstisch, den Debbie gedeckt hatte. Wie gewöhnlich hatte sie sich auf den Abend gefreut und darauf, Zeit mit ihren Vater und Nick zu verbringen.

Walter genoss es ganz besonders, seine Tochter mit lustigen und manchmal auch haarsträubenden Geschichten zu unterhalten. Und Nick, der im letzten Jahr viel Zeit mit Walter verbracht hatte, lernte schnell und konnte schon fast genauso gut fabulieren. Er wusste, dass man eine gute Geschichte besser nicht durch zu viel Wahrheitsliebe zerstören sollte, und als er Topsy und Debbie von seiner Begegnung erzählte, wie er beinahe den größten jemals gesichteten *Aardvark* mit bloßen Händen gefangen hätte, da unterschlug er weise die Tatsache, dass es ihn nicht wirklich enttäuscht hatte, dass ihm dieses seltsame Wesen entkommen war.

Topsy beobachtete ihre Familie. Debbie klebte förmlich an Nick und Walters Lippen, aber ihre Augen schienen besonders zu strahlen, wenn Nick sprach. Und der, ja, der schien seine Geschichten nur für sie zu erzählen. Die zwei schienen sich viel besser zu verstehen, als sie jemals zu hoffen gewagt hatte.

Sie wurde aus ihrer Gedankenwelt zurückgeholt, als Nick fragte, ob er eine zweite Portion Warzenschweineintopf haben könnte. Oder war es schon seine dritte? Es erstaunte Topsy immer wieder, wie viel dieser junge Kerl verputzen konnte, und dabei blieb er dünn wie eine Bohnenstange. Walter und Nick hatten regelrechte Esswettbewerbe. Topsy wusste, dass gutes Essen eine der großen Leidenschaften in Walters Leben war, und Nick schien sich in die gleiche Richtung zu entwickeln.

»Ich denke, es ist Zeit für euch zwei ins Bett zu gehen.« Topsy sah Nick und Debbie über den Rand ihrer Brille hinweg an.

»Ja.« Walter räusperte sich und sah auf. Er war schon ein wenig eingenickt, wobei ihm das Kinn auf die Brust gesunken war.

»Ja, denn morgen haben wir einen langen Tag vor uns, Nick. Du kommst mit mir zu den Babers und kannst bei den Trächtigkeitsdiagnosen helfen. Da warten ungefähr zweihundert Färsen auf uns.«

Eine Stunde später war es ruhig geworden im Haus. Walter saß in seinem Lieblingssessel und las ein Buch über Bäume des Waterbergs. Oder zumindest tat er so.

»Dabei ist er bestimmt schon wieder eingeschlafen«, dachte Topsy, als sie es sich mit dem neuesten Roman von Jilly Cooper gemütlich machte. Aber ihre Gedanken wanderten zurück zum Abendessen. Es war so schön, Nick so glücklich zu sehen. Er wohnte nun schon über ein Jahr bei ihnen und war ganz einfach ein Teil der Familie geworden.

Topsy dachte an den letzten Winter zurück, als sie alle zum großen Reitturnier nach Pietersburg gefahren waren. Es war ein alljährliches Ereignis, das sie sich nicht entgehen ließen. Dort hatten sie ihre alte Freundin Pat getroffen, und Topsy hatte sofort gemerkt, dass etwas nicht stimmte.

»Es ist wegen Nick.«

Topsy hatte Nick noch nie gesehen, aber sie wusste, dass seine Mutter ein paar Monate zuvor bei einem Autounfall ums Leben gekommen war. Sie erinnerte sich daran, wie Pat mit Tränen in den Augen zu ihr gekommen war und gesagt hatte: »Meine Freundin Helen ist tot.« Es war ganz furchtbar gewesen.

Und dann, auf der Pietersburg-Show, hatte Pat ihr mehr erzählt. Nicks Vater war schon einige Jahre zuvor gestorben und, naja, es war wohl eine lange und komplizierte Geschichte.

»Er kann doch die Ferien bei uns verbringen.« Topsy hatte nicht gezögert. »Ich bin mir ganz sicher, dass Walter und Debbie nichts dagegen haben.«

Wenn sie jetzt darüber nachdachte, war Topsy überzeugt davon, dass Pat ganz klare Pläne gehabt hatte, als sie ihnen Nick vorstellte. Die Eschenburgs mochten den Jungen sofort, und nach dem Turnier fuhr er direkt mit ihnen nach Hause, für den Rest der Ferien. Danach war er einfach geblieben. Es hatte alles ganz vorzüglich geklappt.

Walter wusste Nicks Abenteuerlust zu schätzen und förderte sie. Er brachte ihm bei, sich vor nichts zu fürchten, noch nicht einmal vor Monsterameisenbären. Topsy schmunzelte. Er verstand sich auch vom ersten Tag an gut mit Debbie, und es dauerte nicht lange, bis die zwei begannen, sich um Kleinigkeiten zu kabbeln, wie nur Geschwister es tun.

Topsy trank noch einen Schluck von ihrem Whisky und zündete sich eine Zigarette an. Sie war froh, dass sich alles so gut entwickelt hat.

Wieviel besser sich alles noch in der nicht allzu fernen Zukunft entwickeln würde, das konnte sie an jenem Abend natürlich noch nicht wissen.

Fortuna lacht

Irgendwann in den siebziger Jahren begann man auch in Südafrika Autos herzustellen. *Chev Nomad* hieß dieses Vehikel, und es sah aus wie eine Kiste. Es war vorne und hinten gerade abgeschnitten, die Windschutzscheibe stand senkrecht, und die Motorhaube war flach und eckig. Es sollte ein *Bakkie* sein, und ich hatte mir einen mit offener Ladefläche zugelegt. Es hatte vier Räder, aber das war auch schon alles.

Dieses Fahrzeug, das ich gekauft hatte, nachdem ich mich mit meinem alten Land Cruiser Kombi überschlagen hatte, machte mich nicht wirklich glücklich. Und die irgendwie patriotische Begeisterung, ein einheimisches Auto zu fahren, schlug bald in Frust und Ärger um.

Weil es aussah wie eine Kiste, war es nicht nur hässlich, sondern hatte auch einen hohen Windwiderstand. Es fuhr also nicht besonders schnell und verbrauchte Unmengen an Benzin. Und vom ersten Tag an klapperte es. Vom zweiten Tag an verlor es Teile, als Erstes den Scheibenwischer.

»Ach, wir können auch ohne leben. Da muss man ganz flexibel sein«, dachte ich.

Aber dann lösten sich die Türgriffe, und nach ein paar Tagen fiel die Windschutzscheibe aus dem Rahmen. Nach einem Monat hatte es sage und schreibe sechzehn Teile verloren.

So überrascht es vielleicht nicht, dass ich mit dieser Klapperkiste etwas unglücklich war und dachte, was genug ist, ist genug. Ich fuhr zum Händler und machte einen Riesenaufstand. Ganz beschämt nahmen sie das Auto zurück und gaben mir ein neues. Nun lachte ich wieder und war froh, dass ich mich wenigstens einmal im Leben durchgesetzt hatte. Diesmal hatte ich mich nicht verschaukeln lassen, freute ich mich und fuhr zufrieden nach Hause. Allerdings war der neue *Nomad* genauso hässlich wie der alte.

Am nächsten Tag, während meiner Patientenbesuche, fuhren Nick und ich auf einer Farmstraße durch den Busch, als sich unser Gefährt ganz fürchterlich beschwerte. Es gab ein paar seltsame Geräusche von sich, und dann blieb es einfach stehen. Egal, wie sehr ich mich bemühte, der Motor wollte nicht wieder anspringen. Es schien fast, als wäre uns das Benzin ausgegangen.

»Aber wie war das möglich? Ich hatte doch erst am Tag zuvor vollgetankt und war seitdem höchstens zwanzig Meilen gefahren?«

Wir stiegen aus und stellten sofort fest, dass es überall nach Benzin roch. Aber ich musste erst unter das Auto kriechen, um zu einer endgültigen Diagnose zu kommen. Eine ganze Seitenwand des Benzintanks war abgefallen. Wir mussten uns vom Farmer abschleppen lassen, den Tank wieder zusammenschweißen und auch alles andere überprüfen. Obwohl wir keine weiteren Fehler finden konnten, hatte ich nun ernsthaft die Schnauze voll.

Und dann, ein paar Wochen später, lachte mir Fortuna plötzlich zu. Ich war auf dem Heimweg von meiner Morgenrunde und näherte mich einem unbeschrankten Bahnübergang; dort, wo unsere Farmstraße auf die Gleise der Pretoria-Strecke traf. Katie, meine Jack Russell-Hündin, saß wie üblich auf dem Beifahrersitz, und auf der Ladefläche hatte ich ein paar Fässer Paraffinöl und Säcke mit Pferdefutter. Ich summte vor mich hin und unterhielt mich mit Katie darüber, wie gut der Morgen doch verlaufen war und wie sehr ich mich aufs Mittagessen freute. Der *Nomad* gab sein normales Geklapper von sich. Mittlerweile fand ich diese Geräuschkulisse fast beruhigend, und fürs Erste schienen alle Teile an ihrem Platz zu bleiben.

Plötzlich hörte ich ein anderes Geräusch, das nicht so ganz in die gewohnte Symphonie hineinpasste.

»Was war denn das, Katie? Hast du das gehört?«

Da, schon wieder.

»*Oh shit*!«

Mit großem Entsetzen wurde mir bewusst, dass es ein Zug war. Die Lokomotive pfiff. Und ich stellte auch fest, dass ich zu nah an den Schienen war. Viel zu nah! Ich stieg auf die Bremse. Zum Glück funktionierte die wenigstens, und wir hielten. Da war auch schon der Zug. Mir war das doch sehr unheimlich, deshalb warf ich sofort den

Rückwärtsgang ein. Der Motor heulte auf, ich ließ die Kupplung kommen – und da sprangen wir auch schon vorwärts auf die Gleise. Direkt vor den Zug. Unglücklicherweise liegen beim *Nomad* der erste und der Rückwärtsgang ganz dicht beeinander. Ich hätte es besser wissen müssen.

Der Zug traf die Seite des Autos und wir drehten uns wie verrückt im Kreis. Ich hörte, wie die Bremsen kreischten, aber das Ungetüm kam erst ein ganzes Stück weiter zum Halten.

Nachdem sich der Staub gelegt hatte, schaute ich mich um. Katie war da. Sie saß auf meiner Schulter und hechelte. Die Paraffinfässer lagen auf dem Beifahrersitz. Der kleinere Sack mit Mais für die Pferde lag zu meinen Füßen, der andere draußen vor dem Wagen.

»Was zum Teufel, wie kommt denn der ganze Kram hierher?« Dann stellte ich fest, dass der *Bakkie* kein Dach mehr hatte.

Katie und ich stiegen aus und schauten uns um. Was für ein Durcheinander. Wir wollten uns gerade in Richtung Farmhaus, das nur ein paar hundert Meter entfernt war, in Bewegung setzen, als wir einen kleinen, aber dicken Mann sahen, der auf uns zugerannt kam. Er kam von dort, wo der Zug angehalten hatte und lief, so schnell er konnte. Er war völlig außer Atem.

»*Meneer, Meneer,* haben Sie das gesehen?«

»Ja klar, ich habe das gesehen.«

»Und? Wo ist der Fahrer?«

»Der Fahrer? Keine Ahnung. Ich nehme an, der sitzt noch in der Lokomotive.«

»Nein, nein!« Der kurze, dicke Mann schien ein wenig verwirrt und schnappte immer noch nach Luft. »Nicht der Zugführer, das bin ich doch. Wo ist der Fahrer des Autos?«

»Na, das bin ich doch. Ich bin der Fahrer dieses Autos.«

Er traute ganz offensichtlich seinen Augen nicht, musterte mich von oben bis unten, schüttelte seinen Kopf und fragte dann: »*Is jy nie dood nie*?« – Sind Sie nicht tot?

»*Nie meneer, ek is nie dood nie*.« – Nein, mein Herr, ich bin nicht tot. Was hätte ich auch sonst sagen sollen?

Ohne ein weiteres Wort starrte mich der Zugführer noch ein Weilchen an, dann schüttelte er den Kopf, drehte sich auf dem Absatz um und lief an den Schienen entlang zurück zu seiner Lokomotive. Er muss wohl einen Schock gehabt haben, denn danach fuhr er den Zug nur noch bis zum Bahnhof *Boekenhout*, ungefähr fünf Meilen weiter, und meldete sich krank.

Für mich hatte dieser kleine Unfall keine wirklichen Folgen, außer dass ich für einige Zeit kein Auto hatte. Der *Nomad* war kaputt, aber wie man sich denken kann, war ich darüber nicht wirklich traurig.

Ein paar Monate später kam ein sehr wichtig aussehender Umschlag mit der Post.

»Das ist für dich, von *South African Railways.*« Topsy schwenkte den Brief, als ich nach Hause kam. »Der sieht wirklich wichtig aus. Was hast du denn jetzt schon wieder angestellt?«

»Keine Ahnung.« Ich öffnete den Umschlag.

Das offizielle Schreiben war so schön, ich hätte es rahmen sollen: »Sir, Sie werden beschuldigt, dem Besitz der SA Railways mutwillig Schaden zugefügt zu haben, insbesondere der Lokomotive Nummer soundso. Sie werden hiermit angewiesen, postwendend den oben erwähnten Schaden zu begleichen. Andernfalls werden Sie vor Gericht geladen, an diesem oder jenem Datum, um ihre Taten zu rechtfertigen. Gesamtsumme: Sieben Rand und fünfzig Cent für den Schaden an einem Reflektor.«

Es war einfach ganz typisch für die Eisenbahnbehörde in jenen Tagen, einen solchen Brief zu schreiben. Wegen der königlichen Summe von sieben Rand und fünfzig Cent. Aber wer weiß, vielleicht musste ja derjenige, der diesen Brief geschrieben hatte, auch ein wenig lachen?

Männersache

»Topsy, ich muss nochmal los, mich um den Bullen von den Vissers kümmern, den mit dem geschwollenen Schlauch.«

»Ok, aber beeil dich! Ich will nicht zu spät zu Margies Hochzeit kommen.«

»Ah, Margies Hochzeit, die ist ja heute, genau...«

»Wie kann man nur so vergesslich sein! Natürlich ist die heute! Und du musst eine Rede halten. Das hast du doch hoffentlich nicht auch vergessen?«

»Nein, nein, natürlich nicht. Aber egal, ich muss jetzt los. Komm Nick, und bring meine Tasche!«

»Wie genau funktioniert das denn mit so einer Schlauchverstopfung?«, fragte Nick, während sie die Sandpiste so schnell entlangdonnerten, wie Walters neues Auto es nur zuließ.

Der grüne Nissan 1200 hatte den *Chev Nomad* ersetzt, und obwohl er deutlich kleiner war, war Walter ganz glücklich, dass er jetzt einen fahrbaren Untersatz hatte, der unterwegs nicht ständig sein ganzes Innenleben verlor.

»Das muss doch höllisch wehtun, oder?«

»Na klar, stell dir nur vor, wie schmerzhaft das sein muss!« Walter grinste. »Der sogenannte Schlauch, oder, anders gesagt, die Vorhaut, hängt bei den *Brahman* fast bis zum Boden herunter, viel weiter auf jeden Fall, als bei den *Afrikaaner*- oder *Bonsmara*-Bullen.«

»Ja, das habe ich schon gesehen, aber warum?«

»Na, warum weiß ich natürlich auch nicht genau, aber die *Brahman* wurden wohl nicht gezüchtet, um hier im afrikanischen Busch herumzulaufen. Ich nehme mal an, dass in Indien, wo diese Rasse herkommt, alles etwas anders aussieht? Auf jeden Fall hängt das alles wirklich sehr tief, und draußen im *Veld* können sich dann Dornen oder Gräser in der Öffnung der Vorhaut festsetzen. Die entzündet sich, schwillt an und manchmal auch ganz zu, und dann können die betroffenen Bullen kein Wasser mehr lassen.«

»Autsch! Das hört sich aber wirklich schlimm an!«

»Genau das ist es. Deshalb will ich diesen armen Kerl nicht noch einen Tag warten lassen. Er muss vor Schmerz schon an die Decke gehen. Hochzeit hin oder her.«

»Vielleicht kann Topsy das ja gar nicht wirklich verstehen, denn sie hat ja keinen...« Nick verstummte, denn sie waren gerade auf dem Hof der Vissers angelangt.

»Was für ein außerordentlich schönes Tier.« Walter bewunderte den Stier, der schon in den Zwangsstand getrieben worden war und auf sie wartete. Er war kräftig, mit großem Kopf, tiefer Brust und einem gut ausgeprägtem Buckel über der Schulter. Sein kurzes Fell glänzte silbergrau in der Sonne, und nur der Buckel, der Halslappen und die großen Ohren waren tiefschwarz. Er sah aus wie der Inbegriff eines guten, gesunden Zuchtbullen, war aber ganz offensichtlich nicht besonders glücklich. Zum einen, weil er eingesperrt war, und zum anderen, weil ihn große Schmerzen plagten.

Walter und Nick schauten sich die Sache genauer an. Dann nickte Walter. Er hatte im Kopf schon genau ausgerechnet, wieviel Beruhigungsmittel er injizieren musste. Er wollte ihn natürlich ganz ruhiggestellt haben, aber nicht so k.o., dass er sich einfach hinlegen würde. Über die Jahre hinweg hatte er ein Gefühl dafür entwickelt, wie man mit der optimalen Dosierung den gewünschten Effekt erzielen konnte.

»Ich gebe ihm die Spritze, in der Zwischenzeit such du alles zusammen, was wir brauchen«, wies Walter Nick an.

Als der mit Seilen und ein paar erfahrenen Rinderhirten im Schlepptau zurückkam, schlief der Bulle schon im Stehen.

»Gib mir die Seile und halte seinen Kopf.« Walter gab klare Instruktionen

»Ich erkläre euch später, wie das genau funktioniert mit den Seilen, aber es ist eine ganz spezielle Technik und absolut bombensicher. Jetzt müsst ihr jeder ein Seil nehmen, und wenn ich sage

»Los«, dann müsst ihr alle langsam, aber stetig an eurem Ende ziehen.«

Das Ziehen aus vier Richtungen brachte die Beine des Bullen zusammen und ohne Gegenwehr legte er sich hin. Die Seile wurden noch einmal gerichtet und eine Person an jedem Ende platziert, um sie im Notfall schnell lösen zu können.

Walter bückte sich und vergewisserte sich mit einen letzten Blick in die halbgeschlossenen Augen seines Patienten, dass die Betäubung auch wirkte. Dann fasste er die geschwollene Vorhaut mit einem festen Griff. Der Bulle reagierte mit einem kräftigen Tritt. Sein Hinterfuss traf Walter mit voller Wucht ins Gesicht.

Nick und die Männer erstarrten.

Nachdem sich der Staub gelegt hatte, lag der Bulle wieder still, als könnte er kein Wässerchen trüben, die Augen halb geschlossen. Walter hingegen lag auf dem Rücken, ganz nah an der Laderampe. Der Tritt hatte ihn gut und gerne vier Meter durch die Luft geschleudert. Er war mit einem dumpfen Schlag gelandet, der den Boden hatte erbeben lassen. Er hatte die Augen halb geschlossen und bewegte sich nicht.

Es folgte ein Moment absoluter Stille, dann rannte Nick zu Walter.

»Bist du ok?«

»Na klar bin ich ok, was ist denn das für eine Frage!« Walter öffnete die Augen.

»Was zum Teufel ist denn passiert?«

»Naja, der Bulle, der hat ausgetreten und dich...«

»Himmelherrgottszwirn!« Vorsichtig bewegte Walter seine Arme und Beine, und, nachdem er festgestellt hatte, dass alles funktionierte, stand er auf. »Na gut. Wenigstens hat er nicht wirklich Schaden angerichtet.«

Nick und die Farmarbeiter sahen einander an.

»Vielleicht solltest du mal einen Blick in den Spiegel werfen.«

»Warum? Ich habe keine Zeit, mich mitten am Tag im Spiegel zu betrachten!«

Trotzdem tat Walter wie geheißen und erkannte sich selbst kaum wieder. Sein Gesicht sah aus, als wäre nicht ein Zentimeter intakter Haut übrig, und Blut tropfte auf sein Hemd. Einen Moment lang blieb er sprachlos vor dem Rückspiegel seines Autos stehen. Als er sich dann endlich umdrehte, ging er direkt zu seiner Medizintasche, die auf der Rückklappe stand, und zog eine Spritze auf.

»Und was machst du jetzt? Können wir irgendwie helfen?«

»Nein. Könnt ihr nicht. Ich gebe diesem blöden Vieh jetzt ein Antibiotikum und dann fahren wir.«

»Aber seine geschwollene...«

»Das ist nicht mein Problem. Wenn der sich nicht benehmen kann, dann muss er mit den Konsequenzen leben; so ein blödes Rindvieh! Und ich hoffe, dass ihm sein Allerwertester genauso weh tut, wie mir mein Gesicht!«

Nachdem er dem nun bewegungslosen Tier die Spritze verabreicht hatte, sprach er ihn noch einmal direkt an: »Ja, da siehst du, was du davon hast, du Blödmann!« Und kaum hörbar murmelte er: »Vielleicht komme ich ja doch morgen zurück, um dich zu kurieren. Aber nur vielleicht!«

Früher als geplant kamen sie wieder zu Hause an. Nick war der Erste, der in die Küche ging, wo Topsy und Debbie gerade ein leichtes Mittagessen zubereiteten.

»Nick, was ist denn passiert? Wieso bist du so blass? Du siehst ja aus, als hättest du ein Gespenst gesehen!«

Nick setzte sich und atmete tief durch. »Kann ich bitte erst einmal ein Glas Wasser haben?«, fragte er, um Zeit zu gewinnen. »Ihr werdet nicht glauben, was passiert ist!«

»Ach du lieber Himmel! Daddy!« Debbie lief auf Walter zu, hielt dann aber mitten in der Bewegung inne, nicht sicher, ob sie ihren Vater umarmen sollte, mit all dem Blut auf seinem Hemd und einem Gesicht, von dem alle Haut abgeschürft war.

Topsy, die mit ihrem Brathähnchen beschäftigt war, drehte sich um und musterte ihren Mann. Dann richtete sie sich auf und holte tief Luft. »Na, du wirst ja einen schönen Anblick bieten, auf der Hochzeit! Ich hoffe, du hast deine Rede nicht vergessen!«

Später am Abend, als die Hochzeitsfeierlichkeiten richtig in Schwung gekommen waren und Walter zu großem Applaus seine Rede gehalten hatte, konnte sich Topsys Freundin Barbara einen Kommentar nicht verkneifen.

»Was ist denn heute bei euch passiert? Walters Gesicht ja schlimm aus! Das muss doch ganz arg wehtun, aber er tut so, als wäre nichts!«

Topsy seufzte. »Du kannst dir gar nicht vorstellen, wie wütend ich war, als er so nach Hause kam. Du hättest ihn sehen sollen! Immer wieder riskiert er sein Leben für die Tiere anderer Leute, und dann schreibt er ihnen noch nicht einmal eine Rechnung für seine Arbeit!«

»Schau mal, Tops, jetzt tanzt er sogar, dabei sollte man meinen, dass ihm sein ganzer Körper wehtun würde, oder?«

»Na klar, und bei jedem normalen Menschen wäre das auch so. Ein normaler Mensch hätte zumindest eine Gehirnerschütterung oder einen Schock oder irgendwas. Aber nein, nicht Walter; der macht einfach weiter, als sei nichts passiert.«

»Na, lass uns darauf noch ein Gläschen Wein trinken!«

Topsy nickte und zündete sich noch eine Zigarette an. »Habe ich dir die andere Geschichte schon erzählt?« Sie holte tief Luft.

»Schieß los!«

»Das war erst letzte Woche, da ist er auch nur um Haaresbreite davongekommen! Er war unterwegs, um Rinder zu behandeln, irgendwo am Arsch der Welt. Die waren im Druckgang, und ich weiß nicht genau, was er getan hat, aber die eine Kuh wurde sauer. Und du weißt ja, die Viecher sind nicht dumm. Die wissen genau, wo sie hinkicken müssen – seitlich durch die Pfosten.« Sie trank noch einen Schluck.

»Und?«

»Und? Du kennst doch diese *Sheriff*-Jeans, die er immer anhat? Die mit den Knöpfen vorne. Die Kuh hat ihm doch tatsächlich drei Knöpfe weggetreten vom Hosenlatz.«

»Autsch.« Barbara verzog ihr Gesicht. »Das muss aber höllisch weh getan haben!«

»Nein, keine Angst, sie hat ihn nicht wirklich getroffen. Sie hat ihm nur die Knöpfe von der Hose abgerissen.«

»Wow, na das nenne ich Glück gehabt!«

»Naja, Glück? Ich weiß nicht. Fast jede Woche passiert ihm so eine Beinahe-Katastrophe. Ich glaube manchmal, dass er neun Leben hat, wie die sprichwörtliche Katze.«

»Aber als ich ihn vor einer Weile gefragt habe, ob er jemals von einem Tier angegriffen worden sei, da hat er gesagt: Nein, noch nie!«

»Na klar, sagt er das!« Topsy blies den Rauch durch die Nase. »Für ihn ist so etwas ja auch kein Angriff, sondern ganz normales Tierverhalten.«

Einen Moment lang tranken die zwei Freundinnen ihren Wein und pafften an ihren Zigaretten.

»Erinnerst du dich an seinen Unfall mit dem Zug?«, fragte Topsy.

»Wie könnte ich das vergessen! Mir läuft es immer noch kalt den Rücken runter, wenn ich nur daran denke.«

»Ja, genau. Und jetzt stell dir vor, wie es mir geht. Es hätte ihn wirklich um Haaresbreite erwischt an jenem Tag. Der Zugführer war überzeugt davon, dass er tot sei. Und ich habe damit gerechnet, dass er unter Schock stehen würde. Aber da war nichts. Gar nichts. Als ob es die normalste Sache auf der Welt sei. ›Hallo Darling, ich wurde heute vom Zug überfahren, und wie war dein Tag?‹«

Niemals

Nein, ich wurde noch nie von einem Tier angegriffen. Niemals. Ab und an wurde ich verletzt, das schon, aber nie ernsthaft.

Eines Tages erwischte mich zum Beispiel eine Kuh mit ihren Hörnern. Ich hatte nicht richtig aufgepasst, und sie traf mich direkt am Kinn. Die Haut platzte auf, und ich habe geblutet wie ein gestochenes Schwein. Dabei war es gar nicht so, dass die Kuh von außen da durchgestoßen hätte. Vielmehr ist der menschliche Unterkieferknochen sehr scharfkantig, und der hat durch den Aufprall die Haut von innen nach außen durchtrennt. Ein sauberer Schnitt. Doc Krohn hat das dann mit in paar Stichen genäht und fertig. Ich habe noch nicht einmal mehr eine Narbe vorzuzeigen.

Ein anders Mal hielt ich eine Kuh bei den Hörnern. Sie drehte ihren Kopf nur ein kleines bisschen. Im Prinzip rollte sie ihre Hörner in meinen Händen, und dabei rollte sie die ganze Haut weg, mit einer einzigen Bewegung. Klar, auch das musste wieder genäht werden. Ich zog für einen Moment in Erwägung, es selbst zu tun, denn die Farm, auf der ich gerade arbeitete, war meilenweit vom nächsten Ort entfernt. Das war keine gute Idee, wie ich schnell feststellen musste. Ich war einfach nicht mutig genug. Ich konnte mir noch nicht einmal selbst die Lokalanästhesie verabreichen, die brennt nämlich wie Feuer. Und es war die falsche Hand. Also stand ich wieder bei Dr. Krohn vor der Tür.

Ich wurde nie von einem Tier angegriffen, aber natürlich wurde ich ab und zu getreten. Wenn einen eine Kuh tritt, das spürt man. Das tut wirklich weh. Und sie erwischt einen immer da, wo es am meisten schmerzt. Jedes Mal. Lange Zeit hatte ich einen gesunden Respekt vor Pferden und ihren Hufen, aber dann habe ich gelernt, dass Pferde eigentlich sehr freundlich sind und sich genauso gut benehmen können wie Kühe. Vollblüter auf jeden Fall. Ganz entgegen ihrem Ruf sind sie normalerweise sehr wohlerzogen. Mit manchem ruhigen Warmblüter allerdings, da kann man sich auf eine Explosion gefasst machen. Ich erinnere mich noch, wie ich eine Verletzung am Hals eines Ponies nähen musste. Es trat so energisch nach vorn aus, dass ich Sterne sah. Es passierte ganz plötzlich, ohne Vorwarnung, und viel, viel schneller, als es ein Vollblüter jemals tun würde.

Ich wurde auch nie von einer Schlange gebissen. Allerdings weiß ich genau, wie es sich anfühlt, wenn man von einem Skorpion gestochen wird; das ist eine eher unangenehme Angelegenheit. Die erwischen einen nämlich normalerweise entweder an der Hand oder am Fuß. So ein Skorpion richtet eigentlich keinen ernsthaften Schaden an, es sei denn, das Opfer ist ein kleines Kind oder eine alte, gebrechliche Person, aber der Stich ist doch extrem schmerzhaft. Jedes Mal, wenn kaltes Wasser auf die Wunde kommt, fühlt es sich an, als ob man einen elektrischen Schock bekäme. Man sagt, dass genau zwei Wochen danach der Schmerz verschwindet, und dass das wahr ist, durfte ich am eigenen Leib erfahren.

Eines Tages kam ich morgens nicht aus dem Bett, denn ich hatte mir eine ganz unfreundliche Grippe eingefangen. Mir war hundeelend. Von Topsy konnte ich kein Mitleid erwarten.

»Ihr Männer, ihr seid doch alle gleich. Eine kleine Erkältung, und ihr denkt ihr sterbt gleich.«

Sie hatte Paraffin an jenem Morgen gebeten, das Gras zu mähen, aber aus irgendeinem Grund brachte er den Rasenmäher nicht in Gang. Von meinem Bett aus hörte ich, wie er es immer wieder versuchte, aber ich stellte mich einfach schlafend. So lange, bis Topsy ins Schlafzimmer gestürmt kam.

»Ich weiß, dass es dir nicht gut geht, aber vielleicht könntest du Paraffin kurz helfen mit dem Rasenmäher. Es sieht aus wie ein Urwald da draußen.«

»Ok, ok, ich komme ja schon.«

Barfuß und im Schlafanzug ging ich in den Garten. Schon vor langer Zeit hatte ich gelernt, dass es besser war, Topsys Wünschen nachzukommen; sonst würde ich doch keine Ruhe finden.

»Und? Wo liegt das Problem?«

»Keine Ahnung, Doc. Ich habe schon alles versucht, aber der will einfach nicht.« Paraffin zuckte mit den Schultern.

Insgeheim verfluchte ich Flying Machine, dass er ausgerechnet an jenem Tag frei hatte, denn er verstand viel mehr von Motoren und Maschinen als wir alle. Mit einem Seufzer bückte ich mich und fummelte ein wenig an dem Rasenmäher herum, aber ohne Erfolg. Weil ich mich wirklich nicht so gut fühlte, musste ich mich erst einmal hinsetzen, um die Sache zu überdenken.

Als nächstes muss ich wohl laut aufgeschrien haben, denn ich erinnere mich noch an den seltsamen Blick, den mir Paraffin zuwarf, und Topsy kam aus dem Haus gerannt.

»Warum in aller Welt springst du denn hier herum wie ein Verrückter und hälst dir deinen Hintern?«

Ich wusste auch nicht, was los war. Außer dass es höllisch weh tat.

Da rief Paraffin plötzlich: *»Dok, Dok, kom hierso en kyk«* – Doc, komm her und schau dir das mal an!

Da saß doch tatsächlich ein riesiger schwarzer Skorpion auf meinem Platz. Er hatte seinen Schwanz aufgerichtet, und ein Tropfen Gift hing noch an seinem Stachel. Dazu klapperte er mit seinen Scheren, als würde er sich selbst applaudieren.

»Geschieht dir ganz recht, wer geht denn auch im Schlafanzug nach draußen – und das am hellichten Tag!« Topsy schüttelte nur den Kopf und ging wieder ins Haus.

Und ich bekam jedes Mal, wenn ich mich in die Badewanne setzte, einen elektrischen Schlag in mein Hinterteil – und das zwei ganze Wochen lang!

FLUCHTVERHALTEN

Walter fand Topsy im Garten, wo sie gerade ihre Buschbabys fütterte. Sie hatte eine Familie der kleinen Primaten einige Monate zuvor adoptiert. Die zwei Erwachsenen und drei Jungen waren schon recht zahm geworden. Erdbeerjoghurt mit Mehlwürmern war ihre Lieblingsspeise, und jeden Abend warteten sie auf Topsy und ihre Futterschale. Sie hatten einen Platz ganz nah an ihrem Herzen erobert und waren mittlerweile Teil der Familie geworden. Waren sie erst einmal gefüttert, dann machten sie sich auf die Jagd nach Insekten und hüpften mit enormen Sätzen in die Nacht.

Ihre Fähigkeit, so viel höher und weiter zu springen, als sie groß waren, hatte Walter immer schon fasziniert. Oft benutzte er dies als Beispiel, um eine seiner wichtigsten Lebensweisheiten zu verdeutlichen – nämlich dass man, selbst wenn man klein und schwach war, auch die größten und angsteinflößendsten Hindernisse überwinden konnte. Größe war nicht, was zählte, sondern der Glaube an die eigenen Fähigkeiten.

»Topsy, rate mal, wer gerade angerufen hat?« Walter konnte seine Begeisterung kaum verbergen, und wie zur Unterstützung fingen die Hunde an zu bellen.

»Pssst, ihr verjagt noch meine Buschbabys mit dem ganzen Theater, das ihr hier veranstaltet.«

»Ja, ja, ist ja gut, aber rate halt mal.«

»Keine Ahnung. Aber ich bin mir sicher, du wirst es mir gleich erzählen.«

Topsy sah dem letzten der kleinen *Nagapies* nach, das sich mit einem extravaganten Sprung in die Äste des Silberblattbaums verabschiedete.

»So?« Topsy blickte Walter fragend an.

»Es war Louis Le Roux. Er hat mich gefragt, ob ich morgen ein Nashorn für ihn betäuben kann.«

Louis Le Roux war ein Wildhüter und lebte zusammen mit seiner Frau Sandra in *Lapalala*, einem nahegelegenen Wildreservat. Es umfasste tausende Hektar *Bushveld*, zerklüftete Täler, überwachsene Hügel und steile Felswände auf beiden Seiten des Palala-Flusses. Da das Land nur wenig landwirtschaftlichen Wert hatte, war es eines der ersten Naturschutzgebiete im Waterberg geworden. Während der letzten paar Jahre hatte man Zebras, Giraffen, verschiedene Antilopenarten und auch Nashörner wieder angesiedelt. Mittlerweile wuchs und gedieh der Wildbestand.

Eines der Nashörner hatte sich mit seinem Hinterbein in einem dicken Drahtkabel verfangen und schleppte es jetzt mit sich herum, so hatte Louis berichtet. Wo und wie das passiert war, wusste er nicht. Das Kabel war wesentlich dicker als der Draht, der gewöhnlich von Wilderern zum Fallenstellen benutzt wurde, aber genauso wie eine solche Drahtschlinge, hatte es sich ganz eng um das Nashornbein geschnürt und schnitt in die Haut ein. Das lose Ende, das es ständig hinter sich herzog, irritierte es ganz enorm. Louis erzählte außerdem, dass alle seine Versuche, das Kabel selbst loszuwerden, nur darin geendet hatten, dass es sich noch tiefer ins Fleisch eingegraben hatte. Etwas musste unternommen werden.

»Ich komme mit!« Topsy war begeistert. »Morgen ist sowieso Samstag, und überhaupt, es ist dein erstes Nashorn. Das kann ich mir nicht entgehen lassen. Außerdem wollten wir den Le Rouxs schon seit Ewigkeiten mal einen Besuch abstatten. Das sind so nette Leute.«

Topsy konnte sehen, wie sehr Walter sich freute. Sie wusste, dass das Behandeln von Wildtieren, vor allem nachdem er sie mit seinem neuen Betäubungsgewehr ruhig gestellt hatte, mittlerweile zu seinen Lieblingstätigkeiten gehörte. Es war zwar alles noch recht neu, aber er hatte diese Methode schon für die Behandlung von Giraffen, Antilopen und auch dem einen oder anderen halbwilden Bullen eingesetzt, jedoch noch nie bei einem Nashorn.

Walters Freund Reuben Joubert hatte erst kürzlich eine Firma gegründet, die sich auf das Einfangen von wilden Tieren spezialisierte, nachdem er einige Zeit in den Vereinigten Staaten verbracht hatte, um sich dort die nötigen Fertigkeiten anzueignen. Er hatte diese an die Bedingungen im afrikanischen Busch übertragen und fragte Walter häufig, ob er nicht mitkommen und der verantwortliche Tierarzt der Operation sein wollte. Das Geschäft mit den wilden Tieren, deren Fang, Behandlung und Umsiedlung, steckte in Südafrika noch in den Kinderschuhen, und Reuben und Walter waren bald als Pioniere in diesem Bereich bekannt.

Der Waterberg hatte sich eigentlich nie wirklich gut für die Landwirtschaft geeignet, wegen seiner steilen Felswände, der steinigen Felder und des sauren, wenig nahrhaften Grases. Mehr und mehr Farmer ließen Ländereien, die nur bedingt zu bewirtschaften waren, wieder verwildern und begannen, dort Wildtiere zu halten. Man musste ihnen nicht dieselbe Zeit und Aufmerksamkeit widmen, wie Rindern oder Schafen, sie waren wesentlich besser an die natürlichen Bedingungen angepasst, konnten sich von den Grasarten, die in der Gegend vorkamen, gut ernähren und hatten eine höhere Resistenz gegenüber Parasiten und Krankheiten jeder Art. Wildtiere konnten entweder gegen ein Entgelt zur Jagd freigegeben, oder zur Aufstockung des Bestands an neu eingerichtete Wildfarmen und Naturschutzgebiete verkauft werden. Es war ein gutes Geschäft.

Der Wechsel von der Rinder- zur Wildtierhaltung forderte eine Reihe neuer Fähigkeiten von Farmern und Tierärzten. Hubschrauber, Allradfahrzeuge, Betäubungsgewehre und ein ganzes Team mit spezieller Ausbildung wurden benötigt, um Antilopen, Giraffen oder Büffel einzufangen. Medikamente, die die Tiere nicht nur betäubten, sondern auch bewegungsunfähig machten, waren erst kurz zuvor auf den Markt gekommen, und oft musste improvisiert werden. Sowohl Walter als auch Reuben war bewusst, dass die größte Schwierigkeit nicht darin lag, die richtige Dosis des Medikaments zu verabreichen, sondern vielmehr darin, wie man mit den bewegungslosen Tieren umging.

Immobilon, besser bekannt als *M99*, hatte die tierärztliche Arbeit in diesem Bereich revolutioniert. Plötzlich konnte man sogar Elefanten behandeln, ohne ein zu großes Risiko für ihr Leben oder das des Tierarztes eingehen zu müssen. Nashörner, Giraffen, Antilopen oder Büffel konnten verladen, transportiert und von Schlingen oder Fallen befreit werden. Verletzungen konnten behandelt und Blut abgenommen und untersucht werden. Kurz und gut, eine ganz neue Welt hatte sich aufgetan. Praktischerweise gab es auch ein genauso starkes Gegenmittel, das die Patienten innerhalb von Minuten wieder auf die Beine bringen konnte.

Topsy war klar, dass Reuben Walters Anwesenheit sehr zu schätzen wusste, und zwar nicht nur wegen seiner tierärztlichen Fähigkeiten, oder weil er ein ausgesprochen guter Schütze war. Der Hauptgrund war, so hatte er ihr erst vor Kurzem erzählt, anderer Art.

Ohne sie zu vermenschlichen, verstand Walter die Tiere, die er mit seinen Betäubungspfeilen aufs Korn nahm. Er wusste, wie sie reagieren würden und wie verängstigt sie waren. Dieses Wissen kam ihm sehr zugute, genauso wie seine Beharrlichkeit, seine Fähigkeit zu improvisieren und der tief verinnerlichte Glaube, dass nichts unmöglich war.

Das Nashorn auf *Lapalala* musste nicht eingefangen oder transportiert, sondern nur lange genug ruhiggestellt werden, damit Walter und Louis das Kabel von seinem Hinterbein entfernen konnten.

Das Betäubungsgewehr präpariert, fuhren die Eschenburgs und die Le Rouxs am nächsten Nachmittag auf der Suche nach dem betroffenen Tier durch das Wildreservat. Mit von der Partie waren eine Handvoll Helfer, die versuchten, sich auf der Ladefläche des speziell adaptierten Land Cruiser so unsichtbar wie möglich zu machen. Nashörner waren gefährlich, das wusste jeder, und das Vorhaben ihres Bosses und des Docs erschien ihnen, bei allem Respekt, zutiefst suspekt.

Genau wie Louis vorhergesagt hatte, fanden sie das Nashorn schnell. Es war so gut wie ausgewachsen, lief aber noch an der Seite seiner Mutter. Beide grasten friedlich auf einer kleinen Lichtung zwischen den sonst dichten Büschen.

»Wir halten besser hier, sonst alarmieren wir die beiden noch«, flüsterte Walter und kletterte aus dem Land Cruiser.

Louis und sein Team folgten.

»Halt nur die Augen offen, Sandra«, warnte er seine Frau, die auf dem Fahrersitz des offenen Fahrzeugs sitzen blieb. »Falls es auf euch losgeht, dann weißt du, was du tun musst. Fahr einfach weg. Sei bloß nicht mutig, das ist völlig sinnlos. Du musst keinem etwas beweisen. Die Viecher sind verdammt schnell!«

»Dein Mann scheint ja etwas nervös zu sein.« Topsy saß ganz vorne auf der Kante des Beifahrersitzes, so dass sie auch ja nichts verpassen würde.

Walter und Louis näherten sich den beiden Tieren von der windabgewandten Seite. Diese hoben ihre Köpfe und spitzten die Ohren, sie mussten die zwei Männer gehört haben, aber dann grasten sie unbeirrt weiter.

Um so lautlos wie möglich voranzukommen, zog Walter seine Schuhe aus und bedeutete Louis zu warten. Er sank auf die Knie und schlich sich ganz langsam näher, wobei er das Betäubungsgewehr unter seinen rechten Arm geklemmt hatte. Als der Abstand auf knapp zwanzig Meter geschrumpft war, hielt er an. Noch näher, und sie würden ihn ganz sicher bemerken. Versteckt im Gebüsch war seine Sicht nicht ganz so gut, wie er sich das gewünscht hatte.

»*Jirre*, ich hoffe, ich treffe das Richtige. Es ist gar nicht so einfach zu wissen, wer hier wer ist.«

Er atmete noch einmal tief durch und drückte dann ab.

»Ha! Der hat gesessen!«

Wie aus dem Lehrbuch hatte der Pfeil das muskuläre Hinterteil des jüngeren Rhinozeros getroffen, was dieses allerdings gar nicht lustig fand. Es riss seinen Kopf hoch, schnaubte ein paar Mal laut und stampfte mit dem Fuß auf. Sofort war die Mutter alarmiert. Eine Sekunde lang standen beide ganz still, nur um dann mit einem noch lauteren Schnauben loszustürmen. Sie hielten direkt auf Walter zu.

Der ließ das Gewehr fallen und flüchtete, so schnell ihn seine Füße trugen. Da er fast mit einer solchen Situation gerechnet hatte, hatte er sich schon vorher einen geeigneten Baum ausgesucht, den er jetzt anpeilte. Es schien jedoch, als hätte er die Geschwindigkeit eines zornigen Nashorns unterschätzt. Oder war es seine eigene Fitness, die er überschätzt hatte?

Topsy und Sandra beobachteten die ganze Sache. Louis stand in sicherer Entfernung neben einem Baum und war bereit, sofort hinaufzuklettern, sollte es nötig werden. Aber Walter? Der hatte gerade einen dichten Busch erreicht und stürzte sich kopfüber hinein. Zur großen Erleichterung der beiden Frauen schienen die zwei Rhinozerosse das nicht bemerkt zu haben. Sie rannten einfach an ihm vorbei. Aber nun hielten sie direkt auf ihren Land Cruiser zu und kamen mit schreckenerregender Geschwindigkeit näher.

»Lass den blöden Motor an!«, rief Topsy. »Los! Lass uns abhauen!«

Aber der Land Cruiser wollte nicht. *Njenje njenjenje*, konnte man den Anlasser hören, doch der Motor sprang einfach nicht an. Das Geräusch der donnernden Nashornfüße wurde ohrenbetäubend. Als ihnen klar wurde, dass sie es nicht mehr schaffen würden, rechtzeitig wegzufahren, sanken Topsy und Sandra so tief wie möglich in ihre Sitze und versuchten ihr Bestes, sich unsichtbar zu machen. Die Zeit schien stehenzubleiben.

In Sekundenschnelle war alles vorbei. Die zwei Tiere verfehlten das Fahrzeug um Haaresbreite. Hätte Topsy ihren Arm ausgestreckt, hätte sie die beiden anfassen können. Die drehten nun ab, in dichteres Gestrüpp hinein, und endlich begann die Betäubung zu wirken.

Ihnen dicht auf den Fersen folgte Walter, der sie nicht aus den Augen verlieren wollte, und Louis gleich hinterher. Die zwei Männer kamen gerade rechtzeitig, um zu sehen, wie das Jungtier zu Boden ging. Erleichtert näherten sie sich, nur um festzustellen, dass die Position, die es gewählt hatte, schlechter nicht hätte sein können. Sein Kopf ruhte auf einem Felsen, der zwischen zwei großen Mopane-Bäumen eingeklemmt war. Mutter Nashorn stand dicht daneben und regte sich immer mehr auf. Sie begann, enge Kreise um die Bäume und ihren Sohn zu ziehen, aber nicht ohne sich immer wieder nach Walter und Louis umzuschauen, laut zu schnauben und bedrohlich den Kopf in ihre Richtung zu senken.

»So komme ich nie an ihn ran. Ich muss die Mutter auch betäuben.«

Walter war vorbereitet und hatte einen zweiten Betäubungspfeil in der Tasche. Diemal war es einfacher. Ohne viel Palaver setzte sich die Mutter, die nahe bei ihrem Sprössling bleiben wollte, nur ein paar Meter entfernt von ihm hin. Walter und Louis entfernten das Kabel vom Bein des jungen Tieres. Glücklicherweise hatte es noch nicht zu viel Schaden angerichtet, die Verletzungen waren nur oberflächlich.

»So, das hätten wir.« Walter richtete sich auf. »Aber die nächste Frage ist, wie kriegen wir den hier wieder wach, ohne dass er sich dort verletzt?« Er deutete auf die zwei Baumstämme.

»Ich denke, wir müssen zumindest einen der beiden Bäume fällen«, antwortete Louis. »Ich habe eine Säge im Cruiser.«

Gesagt, getan. Dann verbanden sie dem Nashorn die Augen, und Walter setzte an, ihm das Gegenmittel zu injizieren.

»Ich gebe ihm nur eine niedrige Dosierung. Dann haben wir genug Zeit, ihn ein Stück weit wegzuführen, während wir die Mutter aufwecken. Aber halt, warte mal!« Er sah zum Land Cruiser hinüber und rief Topsy zu, dass sie den Fotoapparat bringen solle.

»Man muss bedenken, dass ich noch nie ein Rhinozeros geschossen habe, also lasst uns ein Bild mit dieser Trophäe aufnehmen.«

Er stellte sich in Pose, mit einem Fuß auf der Schulter des Nashorns, und versuchte, ein ernstes Gesicht zu machen. Warum die beiden Frauen sich allerdings nur mit Mühe das Lachen verkneifen konnten, war ihm nicht klar.

»Was gibt es denn hier zu lachen? Habt ihr noch nie einen echten Großwildjäger gesehen?«

Später, nachdem die erste Nashornbetäubung erfolgreich abgeschlossen war, saßen sie alle zusammen noch auf der Veranda von Louis' und Sandras Haus und tranken Kaffee mit einem ordentlichen Schuss Cognac. Immer noch ganz aufgeregt sprachen sie die Ereignisse des Nachmittages noch einmal durch.

»Jirre, hatte ich Angst«, gab Sandra zu.

»Und ich erst!« Topsy schüttelte sich geradezu. »Noch nie in meinem Leben hatte ich so viel Angst oder war einem Nashorn so nah wie heute!«

»Aber sagt doch mal, warum seid ihr denn nicht einfach weggefahren?«

»Weil der blöde Land Cruiser nicht angesprungen ist. Deshalb!«

Das Thema wechselnd grinste sie Walter an: »Und du, hast du dir schon mal deine Hosen angeschaut?«

Wie auf Kommando fingen die beiden Frauen an laut zu lachen.

Walter sah sie verständnislos an.

»Frauen! Was gibt es denn da zu lachen?«

Er sah nach unten und plötzlich verstand er.

»Und ich habe mich schon gewundert, warum es da unten plötzlich so kühl war.«

Seine Hosen waren entlang der Naht auf der Innenseite aufgerissen, von einem Aufschlag zum anderen.

»Oh je, und da bildete ich mir ein, dass ihr ein salonfähiges Trophäenbild von mir aufgenommen habt! Kein Wunder...«

AFRO-DISIAKUM

Ja, das erste Nashorn, das wir mit den Betäubungspfeilen außer Gefecht gesetzt haben, das war schon ein Abenteuer. Damals war das alles noch sehr neu, eine richtige Herausforderung. Für mich hat es nie an Reiz verloren. Heutzutage ist es fast schon zu einer Modeerscheinung geworden, dass junge Tiermedizinstudenten Wildtierärzte werden wollen. Das kann man ihnen auch nicht wirklich verübeln, denn es ist ohne Zweifel eine faszinierende Sache. Aber viele von ihnen romantisieren die Idee etwas. Ich hatte mehr als ein paar Studenten, die durch meine Praxis gingen, und die mir dann erzählten: »Ja, ich will mit wilden Tieren arbeiten«. Und einige waren noch nie wirklich im Busch gewesen, ganz zu schweigen davon, dass sie jemals einem Elefanten oder Nashorn Auge in Auge gegenübergestanden hätten. Das ist tierisch angsteinflößend, so viel kann ich sagen.

Nicht lange nach diesem ersten Abenteuer fragte mich Reuben Joubert, ob ich ein paar Nashörner für ihn in der Nähe von Thabazimbi schießen könnte. Er musste sechzehn dieser Tiere fangen, und die ganze Geschichte sollte fünf Tage dauern.

Ein paar Tage zuvor hatte ich zufällig ein paar Anhalter auf der Straße nach Pietersburg aufgelesen. James and Duncan sahen interressant und sympathisch aus und wie sich herausstellte, waren beide Journalisten aus England. Es war ihr erster Ausflug nach Afrika, und sie planten, diesen Aufenthalt mit dem Schreiben von Zeitungsartikeln zu finanzieren.

Ich nahm die beiden mit nach Hause, und sie blieben für ein paar Tage bei uns. Wir verstanden uns sehr gut, und es war nur eine Frage der Zeit, bis ihnen die geplante Nashornaktion zu Ohren kam.

Mir war schon aufgefallen, dass die beiden ziemlich abenteuerlustig waren, und so überraschte es mich überhaupt nicht, dass sie mich fragten, ob sie mitkommen könnten. Sie hatten noch nie etwas

Derartiges gesehen. Um ehrlich zu sein, sie hatten noch nicht einmal gewusst, dass man Nashörner überhaupt einfangen und dann durch die Gegend fahren konnte. Sie behaupteten gar, in ihrem ganzen Leben noch nie ein echtes Nashorn gesehen zu haben.

Das Lehrbuch sagt, dass man nie Zuschauer mitnehmen soll, wenn man Wildtiere betäubt, denn normalerweise stehen die im Weg und stören, außerdem ist die Verletzungsgefahr groß. Aber ich konnte die beiden natürlich verstehen, und sie taten mir irgendwo auch leid. Sie waren so begeistert von der Sache, dass ich dachte: »Was soll's, was für einen Schaden können die denn schon anrichten, das scheinen doch wirklich vernünftige Typen zu sein.«

Also rief ich Reuben an, der auch nichts einzuwenden hatte. James und Duncan waren so begeistert, es war direkt rührend. Ich glaube, vor ihrem inneren Auge sahen sie schon ihren Artikel und die Fotos auf der Titelseite einer großen englischen Zeitschrift. Allerdings hatten sie nicht den leisesten Schimmer, worauf sie sich wirklich eingelassen hatten.

Während dieser Aktion saß ich nicht wie sonst oft mit Reuben im Hubschrauber, sondern in einem der Fahrzeuge. Wir fanden die eine Nashornkuh ziemlich schnell, und ich schoss den Betäubungspfeil ab. Wie vorherzusehen war, war sie nicht allzu erfreut. Nun muss man wissen – und mir war das natürlich klar, aber den Engländern offensichtlich nicht – dass bei den Breitmaulnashörnern das Kalb immer vor der Mutter läuft. Irgendwie schaffte es James, zwischen die beiden zu gelangen. Und das ist kein Ort, an dem man sich gerne aufhalten möchte. Sofort ging die Mutter auf ihn los.

Duncan, der Fotograf, fand das natürlich toll. Ich glaube, er hat sich nicht einmal um seinen Kollegen Sorgen gemacht. Er fotografierte nur. Und James, der rannte, so schnell ihn seine Beine trugen, eine wütende Nashornkuh dicht auf den Fersen.

Einen Moment lang machte ich mir sogar richtig Sorgen. Konnte er die Geschwindigkeit halten, bis das *M99* anfing zu wirken? Die Kuh zeigte immer noch keinerlei Anzeichen der zu erwartenden Symptome. James war zwar athletisch und schnell, aber was, wenn er nicht schnell genug war? Ich hatte beiden eingeschärft, dass sie in einer solchen Situation, unwahrscheinlich wie sie war, auf den erstbesten Baum klettern sollten. Aber James schien das vergessen zu haben. Er rannte einfach immer weiter. Hin und wieder sah er über seine Schulter, und dann sahen wir, dass ihm die Panik ins Gesicht geschrieben stand. Unweigerlich kam das Nashorn näher.

Glücklicherweise erkannte einer der jungen Männer aus Reubens Team die Situation. Ohne ein Wort rannte er los, zwischen das Rhinozeros und den Engländer. Sofort änderte ersteres die Zielrichtung seines Zornes vom Reporter auf diesen jungen Mann, der unglaublich schnell und beweglich war. Er rannte auf einen Baum zu, um diesen herum und saß dann plötzlich mit einem Satz auf einem der Äste. Nicht ganz so behände rannte das Nashorn mit voller Geschwindigkeit geradeaus weiter, bis die Betäubung zu wirken begann.

James und Duncan hatten einen ordentlichen Schrecken bekommen, und später am Abend konnten sie nicht aufhören, über ihr Nashornabenteuer zu sprechen. Mit jeder Runde wurde das Nashorn schneller, die Bäume höher und alles dramatischer. Ganz klar, es war eine einmalige Erfahrung für die beiden, denn wer, in England, kann schon von sich behaupten, jemals von einem Nashorn gejagt worden zu sein?

Ein paar Monate später brachte die Post einen Brief von James, in dem er sich ganz ausschweifend bedankte, bevor er uns Geschichten vom Rest der Reise erzählte. Am Ende des Briefes stand ein Satz, der mich laut auflachen ließ: Ich werde niemals den Tag vergessen, an dem mir fast mein Hintern vom teuersten Afrodisiakum der Welt aufgerissen wurde – und das, während es noch auf der Nase seines Besitzers saß.

Der mit der Hyäne tanzt

Peter war einer der vielen Studenten, die sich Walters Praxis ausgesucht hatten, um etwas praktische Erfahrung zu sammeln. Er war groß, schlaksig und trug eine dicke Brille. Sein dünnes, dunkles Haar musste ganz dringend geschnitten und die runden Brillengläser geputzt werden. Seine langen Knochen bewegte er zögernd, und seine Sprache war langsam, getränkt von einem breiten *Yorkshire*-Akzent.

Peter war als Jugendlicher mit seinen Eltern nach Südafrika gekommen. Aus was für einem Grund auch immer, Walter hatte das nie richtig verstanden, hatte sich die Familie in Naboomspruit niedergelassen und dort einen Tante Emma-Laden aufgemacht. Peter studierte im dritten Jahr Veterinärmedizin in *Onderstepoort*, hatte sehr gute Noten in allen Fächern, und seine Mutter hatte Walter gebeten, ob er nicht ein paar Wochen in den Ferien von ihm lernen könnte. Der größte Traum ihres Sohnes sei, Tierarzt für Wildtiere zu werden. Walter, der den jungen Mann kannte, wie sich Menschen in einer Kleinstadt zu kennen pflegen, hatte mit einem leisen Seufzen zugestimmt.

Peter war schon seit einer Woche bei den Eschenburgs, als ein Farmer anrief, der eine Hyäne gefangen hatte.

»So, Peter, wir müssen eine Hyäne aus einer Käfigfalle herausholen. Wie stellen wir das am besten an, und was müssen wir mitnehmen?«

»Weiß nich'. Hab' noch nie 'ne Hyäne gesehen.«

»Ach so. Ja, weißt du denn irgendwas über Hyänen?«

Schweigen.

»Aber du weißt, dass es in Südafrika zwei Arten von Hyänen gibt, oder?«

Wieder Schweigen.

Walter rollte die Augen, fuhr aber fort: »Im Waterberg haben wir die Braune Hyäne, die auch Strandwolf genannt wird. Man nimmt an, dass es hier früher auch Fleckenhyänen gab, aber die wurden alle abgeschossen, und mittlerweile sieht man sie nur noch in Zululand oder im Kruger Park. Leider sind auch die Braunen Hyänen heutzutage eher rar geworden. Sie sind ein gutes Stück kleiner als ihre getupften Artgenossen und sehen eigentlich aus wie große, langhaarige Hunde. Du kannst sie ganz einfach erkennen, wenn du eine siehst.«

»Sind die gefährlich?«

»Nein. Aber manch ein Farmer wird dir eine andere Geschichte erzählen wollen und behaupten, dass sie seine Schafe und Kälber töten. Das ist völliger Unsinn. Braune Hyänen sind hauptsächlich Aasfresser. Außerdem fressen sie auch Eier, Insekten und manchmal Krebse oder andere kleine Wassertiere. Was mich immer fasziniert hat, ist die Tatsache, dass sie ziemlich lange überleben können, ohne etwas zu trinken. In der Kalahari zum Beispiel fressen sie die Tsammamelonen, um Wasser aufzunehmen.«

Sie gingen zu Walters *Bakkie* und Peter musste sich geradezu zusammenfalten, um einsteigen zu können. Betäubungsgewehr, Pfeile und Medikamente waren eingepackt, und sie fuhren mit Höchstgeschwindigkeit ihrem Ziel entgegen. Immer mal wieder warf Walter Peter einen Blick zu. Er wusste, dass er ein ausgesprochen guter Student war, aber leider hatte sich herausgestellt, dass er sich nicht besonders dafür eignete, schnell Entscheidungen zu treffen oder zu reagieren. Er stand oft da, kratzte sich am Kopf und schien nachzudenken, alle Vor- und Nachteile im Kopf abzuwägen, und bis er zu einem Entschluss kam, hatte sich die Situation in der Regel schon weiterentwickelt.

Walter seufzte.

»Also sag mal, Peter, wieso willst du eigentlich Wildtierarzt werden?«

Peter zögerte einen Moment bevor er antwortete.

»Naja, als Kind habe ich mir zu Hause in England im Fernsehen oft *Dactari* angeschaut. Das sah alles so spannend aus.«

Als er Walters verständnislosen Blick bemerkte, fügte er hinzu, dass es sich dabei um eine amerikanische Fenrsehserie handelte, die in den späten sechziger und siebziger Jahren ausgestrahlt worden war. Schauplatz war Ostafrika, und der Held ein Tierarzt, der ein Forschungszentrum für Wildtiere leitete.

Außerdem habe er alle James Herriot-Bücher gelesen, über den charismatischen Veterinär, der seinen Beruf in Yorkshire ausgeübt hatte, fuhr Peter fort.

»Jeder hat mich gewarnt, es sei unmöglich, einen Studienplatz zu bekommen, aber nachdem ich mit der Schule fertig war, habe ich es trotzdem versucht und es hat gleich geklappt. Ich bekam sogar ein Stipendium.«

»Hast du denn jemals Zweifel?« Walter mochte den jungen Mann, aber ein Wildtierarzt? Das war nicht, wo er ihn in Zukunft sah. Irgendwie musste er ihn von dieser Idee abbringen.

»Ich mag die naturwissenschaftlichen Fächer eigentlich am meisten: Chemie, Physik, Pharmakologie und Biochemie. Aber ich bin mir nicht sicher. Diese Tiere, die sind alle so viel größer, als ich mir das vorgestellt hatte und... ja.« Peter seufzte.

Walter nickte. Vielleicht gab es ja doch einen Weg.

»Weißt du, an der Uni bieten sie manchmal ganz großartige Jobs in den Forschungsabteilungen an.«

Auf der Farm angekommen wurden sie prompt zur Käfigfalle geführt, in der sich eine knurrende und ganz offensichtlich sehr unzufriedene Hyäne befand. Außerdem schien sie ein gebrochenes Bein zu haben. Walter betäubte das Tier, sie luden den ganzen Käfig auf die Ladefläche des *Bakkies* und fuhren zur Praxis zurück. Vorsichtig legten sie die schlafende Hyäne auf Walters Operationstisch und begannen mit der Untersuchung.

»Shit, das sieht aus, als hätte der Kerl sich den Femur gebrochen. Was meinst Du, Peter?«

»Weiß nich', aber du hast bestimmt recht.«

»Also, was sollen wir tun?« Walter konnte sich nicht helfen, er musste den jungen Mann einfach etwas fordern; es ärgerte ihn, dass er so wenig Initiative zeigte.

»Weiß nich'...«

»Also, zuerst muss das Bein geröntgt werden. Und dann muss man es fixieren, ich würde vorschlagen, mit einem großen *Steinmann*-Pin, sonst hält das nicht. Was denkst du?«

»Wenn du das sagst...«

Walter holte einmal tief Luft, bevor er erklärte, dass er weder röntgen konnte in seiner Praxis, noch die Möglichkeit hatte, die Fraktur zu operieren. Also musste der Patient zum Zoo in Pretoria gebracht werden, wo all die nötigen Geräte und ausreichend Erfahrung vorhanden waren. Peter nickte.

Als Walter die Veterinärabteilung des Zoos anrief, antwortete ein junger, kompetenter Kollege. Sie sollten die Hyäne so schnell wie möglich vorbeibringen, denn einer ihrer Spezialisten stünde für die Operation zur Verfügung. Nach einer kurzen Pause fragte der junge Mann: »Übrigens, was hat er denn bisher bekommen?«

»*Rompun* und *Ketavet*.« Walter gab ihm die Gebrauchsnamen der beiden Medikamente.

»Oh, na dann passen Sie besser auf, dass er nicht aufwacht!«

Walter drehte sich um. Er hatte während des Gesprächs mit dem Rücken zum Behandlungstisch gestanden, darauf vertrauend, dass Peter das Tier im Auge behalten würde. Als sein Blick nun auf den Patienten fiel, sah er, wie der mit dem Ohr zuckte.

»Ja, ich verstehe. Ich spritze besser noch etwas nach.«

Schnell zog Walter die Spritze auf und drehte sich zum Tisch hin, als plötzlich die Hölle los war.

»Zum Glück wollte er uns nicht beißen«, erzählte er Topsy später beim Abendessen, »aber der junge Peter tanzte durch die Gegend, ich sprang hin und her, und die Hyäne jagte uns von einer Ecke in die andere, trotz des gebrochenen Beins. Es hat mich übrigens sehr beeindruckt, wie schnell Peter sich plötzlich bewegen konnte!«

Einen Moment lang hatte Walter nicht so recht gewusst, wie er diese Situation wieder unter Kontrolle bringen konnte. Dann hatte er aus dem Augenwinkel ein altes Seil in einer Ecke seines immer etwas unordentlichen Behandlungsraums liegen sehen. Wie das da hingekommen war, wusste er nicht mehr, aber es leistete ihm nun gute Dienste. Er hatte eine Schlinge geknotet und sie der Hyäne über den Kopf gestreift. Mit einer schnellen Bewegung hatte er das andere Ende dieses Lassos um die stabilen Beine des Behandlungstisches geschlungen. Plötzlich einen starken Widerstand spürend, behindert vom gebrochenen Bein und doch noch etwas müde von der Anästhesie, hatte die Hyäne den Kampf aufgegeben. Mit einer zweiten Dosis *Rompun* im Blut war sie in sich zusammengesackt, als würde sie das alles überhaupt nicht interessieren.

Zu Walters großer Zufriedenheit hatte diese Geschichte gleich ein doppelt gutes Ende. Das Bein der Hyäne verheilte ohne Probleme, und sie wurde in einem Wildtierreservat in der Nähe von Pretoria ausgewildert. Und Peter änderte seine Pläne. Er blieb an der Universität und wurde dort bald zu einem der begabtesten Forscher in der Biochemie.

Badewannengeflüster

Es war schon spät am Freitagnachmittag und Topsy hatte beschlossen, sich ein heißes Bad zu gönnen. Sie drehte den Warmwasserhahn auf und war sich klar darüber, dass es eine Ewigkeit dauern würde, bis die Wanne voll war, denn der *Junker*-Durchlauferhitzer war uralt und hatte nur eine winzige Flamme. Irgendwann würden sie den auch reparieren müssen, aber nicht jetzt. Müde setze sie sich auf den Rand der alten Badewanne.

Sie waren gerade mit dem Umzug fertig geworden. Nach mehr als zwanzig Jahren auf *Weltevereden* hatten Walter und Topsy beschlossen, noch einmal neu anzufangen. Topsy hätte es nie für möglich gehalten, dass sie ihren Teil der Familienfarm, die vor vielen Jahren zwischen den Schwestern aufgeteilt worden war, irgendwann würde verkaufen können. Der Teil, der den Eschenburgs zustand, war ein langes, schmales Stück Land, von dem zwei Drittel im Überschwemmungsgebiet des Flusses Nyl lagen. Es war so gut wie unmöglich, dieses gewinnbringend zu bewirtschaften, wie Walter und Topsy bald festgestellt hatten, vor allem, wenn Walters Praxis nicht darunter leiden sollte.

Walter war mittlerweile zu einem hoch geachteten Tierarzt in der Gegend geworden, und seine Hausbesuche führten ihn bis nach Potgietersrus, Vaalwater und Warmbaths. Sowohl Farmer als auch Kleinstadtmenschen wussten seine Erfahrung und sein Wissen zu schätzen, und sie vertrauten ihm. Er verstand es nicht nur, mit Tieren umzugehen, sondern auch mit ihren Besitzern. Er war großzügig mit seinen Ratschlägen, hörte geduldig zu und war immer da, wenn er gebraucht wurde. Er beschwerte sich nie, wenn er zu einem Notfall gerufen wurde, egal ob mitten in der Nacht oder während eines Wochenend-*Braais*, und viele seiner Patienten sahen in ihm nicht mehr nur einen Tierarzt, sondern auch einen guten Freund.

Die Menschen, die Walter kannten, akzeptierten und mochten ihn genau so wie er war, aber die Neuankömmlinge in der Gegend betrachteten ihn oft erst einmal skeptisch.

Das war nicht wirklich überraschend, dachte Topsy, während sie in Gedanken verloren zusah, wie der Wasserspiegel in der Wanne langsam anstieg. Walter war kein Bilderbuchtierarzt, er fuhr kein teures Auto, in seiner Tasche mit den Instrumenten herrschte immer Chaos, und wenn er am Ende des Tages nach Hause kam, waren seine Kleider normalerweise alles andere als sauber. Er schien es nicht zu bemerken, wenn sein Hemd voller Blutflecken oder seine Hosen zerrissen waren. Seine Brille sah immer so aus, als müsste sie dringend geputzt werden, und seine Haare standen oft in alle Richtungen ab.

Er fand nichts dabei, Hunde oder Katzen auf dem Küchentisch des Besitzers zu kastrieren, auf der Ladefläche seines *Bakkies* oder auf der Gefriertruhe. Manchmal benutzte er die ungewöhnlichsten Heilmethoden und improvisierte auf eine Art und Weise, die für das ungeübte Auge eher unkonventionell war. Oft gab er Patienten, die von ihren Besitzern oder seinen Kollegen aufgegeben worden waren, noch eine Chance, und das meist mit Erfolg.

Er war immer offen, Neues zu lernen, und er wusste ein gutes Gespräch mit einem Farmarbeiter genauso zu schätzen wie das mit einem traditionellen Heiler oder einem gut ausgebildeten Akademiker. Menschen aller Himmelsrichtungen fühlten sich wohl in seiner Anwesenheit und ihm war nicht wichtig, wer sie waren oder woher sie kamen.

Dasselbe galt für die meisten Tiere. Viele seiner Klienten schworen auf seine ungewöhnliche Fähigkeit, mit den Patienten zu kommunizieren. Oft kam es vor, dass Walter von verzweifelten Besitzern angerufen wurde, denen es nicht gelang, sich ihrem kranken oder verletzten Tier zu nähern. Sie wussten, er würde einfach auf dieses zugehen können und tun, was getan werden musste.

Walter hatte auch einen ausgeprägten Sinn für Humor, fand Topsy, und sie erinnerte sich grinsend daran, wie er ihre Freundin Pamela, die damals noch neu im Ort war, zu Nicks und Debbies

Verlobungsfeier eingeladen hatte. Pamela hatte ihm gratuliert und gefragt, ob er denn den zukünftigen Bräutigam für passend halte.

»Aber natürlich tu ich das, er ist doch mein Sohn!« Walter hatte laut gelacht.

»Er ist... Ihr Sohn?«

Topsy würde Pamelas verwirrtes Gesicht nie vergessen.

»Natürlich ist er das!« Daraufhin hatte Walter erklärt, dass sie Nick als Teenager adoptiert hatten.

Topsy schüttelte den Kopf, als sie sich daran erinnerte. Wer hätte das damals gedacht! Ihre Gedanken wanderten zurück nach *Weltevreden*. Wenn man die Geldsorgen mal außen vor ließ, dann hatten sie eine unvergessliche Zeit dort verbracht. Sie hatten sich wohlgefühlt in ihrem Haus und das einzigartige Umfeld genossen. Es war auf *Weltevreden* gewesen, wo Walter sein Wissen sowie seine Leidenschaft für alles, was irgendwie mit der Natur zu tun hatte, an Debbie, Nick, Bowen, Tokkie und eine ganze Menge anderer Kinder weitergegeben hatte.

Die Zeit verging so schnell. Topsy erinnerte sich noch ganz deutlich, aber mittlerweile waren all diese Kinder längst erwachsen geworden. Nick und Debbie waren nun schon seit ein paar Jahren verheiratet und erwarteten ihr erstes Kind. Bowen war ein bekannter Künstler geworden, der fabelhafte Bleistiftzeichnungen von Tieren und Bäumen anfertigte und, genau wie sein Vater Bogey, ausgedehnte Solotrips in den Busch unternahm. Tokkie de Sand war irgendwo in England, arbeitet dort mit Pferden und kam seinem Traum, eines Tages an den Olympischen Spielen teilzunehmen, immer näher.

Es war auch auf *Weltevreden*, dass Walter Karroo, einen Palominowallach, vor seinem sicheren Todesurteil bewahrt hatte. Als ihm die renommierten Tierärzte in Johannesburg nicht hatten helfen können, hatte sein früherer Besitzer sich schweren Herzens dazu durchgerungen, seinem Leiden ein Ende zu bereiten. Aber er hatte seine Rechnung ohne Walters Jugendfreundin Viola gemacht. Sie war eingeschritten und hatte solange gebeten und gebettelt, bis sie Karroo geschenkt bekam, so dass sie ihn an Walter weitergeben konnte. Der hatte ihn sich angeschaut, mit den Schultern gezuckt und gesagt: »Ich denke, wir sollten ihm einfach die Hufeisen abnehmen und ihn ein Jahr lang frei laufen lassen. Dann sehen wir weiter. Es kostet uns ja nichts.« Nicht, dass ihm das etwas ausgemacht hätte, dachte Topsy. Sie nahmen ja immer wieder alle möglichen hoffnungslosen Fälle und heimatlosen Seelen auf. Was war da schon ein Maul mehr, das gefüttert werden musste? Und wie so oft hatte Walter recht behalten. Ein Jahr später war Karroo wieder auf dem Damm, und wenig später konnte Walter mit ihm beim *Nylvalley Horse Trial* teilnehmen.

Seit sie angefangen hatten, dieses Vielseitigkeitsturnier zu organisieren, war es ein fester Bestandteil ihres Lebens und des südafrikanischen Turnierkalenders geworden. Aber das war eine ganz andere Geschichte.

Als die Besitzer des Grundstückes, das an *Weltevreden* grenzte, ihnen einen guten Preis geboten hatten, weil sie die Zäune abschaffen und beide Grundstücke zusammen in ein Naturschutzgebiet verwandeln wollten, da konnten Walter und Topsy nicht widerstehen und verkauften. Zur selben Zeit suchte ihr guter, alter Freund Ian Visser nach neuen Pächtern für seine Farm *Boekenhout*, die nur zwanzig Kilometer von Naboomspruit entfernt am Rand des Waterberges lag.

Das alte Farmhaus, das im Schatten von zwei großen, wilden Seringa-Bäumen stand, war auf allen vier Seiten von einer breiten Veranda umgeben und gefiel Topsy sofort. Es hatte lange leer gestanden und war deshalb etwas renovierungsbedürftig, aber es gab nichts, was sie nicht mit ein paar Stunden harter Arbeit würden richten könnten.

Abgesehen von ein paar kleineren Details, hatten sie den Umzug an jenem Freitagnachmittag im Jahre 1988 hinter sich gebracht. Paraffin und Flying Machine hatten sich in ihre neuen Unterkünfte zurückgezogen und Walter war noch unterwegs.

Immer noch auf dem Badewannenrand sitzend und darauf wartend, dass der Junker seine Arbeit beendete, fiel Topsys Blick auf die Toilette.

»Ich glaub's ja nicht, da schwimmen ja immer noch Rostplacken drin rum.«

Das Wasser des Bohrlochs hatte einen hohen Eisengehalt, und da das Haus so lange leer gestanden hatte, hatte sich überall dort, wo Wasser stand, ein Rostbelag gebildet, der in dünnen Schichten abblätterte.

»Na, die hol' ich besser noch raus, bevor sich das alles verstopft.«

Gerade als sie ihre Hand in die Schüssel stecken wollte, sah sie eine Bewegung. Sie schrak auf und sah genauer hin. Sie traute ihren Augen nicht. Ein Schlangenkopf bewegte sich auf ihre Hand zu. Mit Schwung warf sie den Toilettendeckel zu und fand sich im nächsten Moment mit dem Rücken zur Wand neben der Tür stehend. Genau in diesem Moment hörte sie Walter draußen vorfahren.

»Na, wenigstens einmal kommt er zur rechten Zeit«, dachte sie und rief, »Walter, Walter, komm schnell! Da ist eine Schlange im Klo!«

Walter hörte erst nichts, und dann, zu Topsys Unmut, glaubte er ihr nicht.

»Na, wo ist denn deine Schlange?« Sein Grinsen sprach Bände, während er sich an den Türrahmen des Badezimmers lehnte.

»Na da!«

»Wo?«

»Da!«

»Also ich sehe nichts.«

»Na, dann mach halt den Deckel auf! Du wirst schon sehen.«

»Tut mir wirklich leid, Topsy, aber da ist nichts. Bist du dir sicher, dass es eine Schlange war, und nicht nur Rost, der da rumgeschwommen ist?«

Topsy wurde langsam wütend, und Walter, dem bewusst war, dass er sich auf dünnem Eis bewegte, versuchte, sie zu besänftigen. Er schlug vor, dass sie doch ein Bad nehmen solle, zur Beruhigung gewissermaßen.

»Und mich dabei von einem schuppigen Reptil beobachten lassen?« Topsy hielt es ganz offensichtlich nicht für eine gute Idee.

»Du kannst sagen, was du willst, und du kannst machen, was du willst, aber ich weiß, dass die Schlange da war. Die hat wohl den Schrecken ihres Lebens gekriegt, als sie dich gesehen hat, und hat sich mit einem doppelten *U-Turn* aus dem Staub gemacht. Aber eins ist sicher. Ich werde dieses Badezimmer nicht wieder benutzen, es sei denn, wir finden das blöde Vieh.«

Walter seufzte und beschloss, *Oom* Ticky, den Schlangenfänger anzurufen.

»Schade, dass Bogey nicht mehr bei uns ist. Er würde dieses kleine Problem im Handumdrehen lösen.« Bogey war zehn Jahre zuvor einen frühen Tod gestorben. Er hatte Schlangen besser verstanden als jeder andere.

»Ja, aber *Oom* Ticky ist auch ein guter Schlangenfänger; der wird das hier auch noch auf die Reihe kriegen, da bin ich mir sicher.«

Oom Ticky hatte sich seit frühester Kindheit für Schlangen begeistert und sie auch gefangen. Über die Jahrzehnte hinweg war diese Faszination zum Talent geworden, und als er in den Ruhestand ging, wurde er der designierte Schlangenfänger im Waterberg. Für die giftigen Exemplare hatte er einen Schlangenstock, der ungefähr einen Meter lang und an einem Ende mit einer Zange ausgestattet war. Aber wenn es sich nicht gerade um eine Schwarze Mamba oder eine aggressive Kobra handelte, sah er meist kein Problem, einfach seine Hände zu benutzen.

Aufmerksam hörte *Oom* Ticky Topsys Erzählung zu, bevor er das Badezimmer betrat. Er war kleinwüchsig, trug eine dicke Hornbrille und sein Kopf bewegte sich langsam von einer Seite auf die andere, während er sich sorgfältig umsah.

»Es wundert mich, dass er nicht auch noch züngelt«, schoss es Topsy durch den Kopf, und sie sah, dass Walter, der am Türrahmen festgewachsen zu sein schien, ähnliche Gedanken hegte.

»*Jammer*, aber ich kann nichts finden.« *Oom* Ticky schien enttäuscht. Er hatte in alle Ecken geschaut und sogar den Deckel des Spülkastens angehoben.

»Die war hier, ich schwöre es.« Topsy war es langsam leid, sich ständig wiederholen zu müssen. Geistesabwesend drückte sie die Spültaste.

»Hey! Habt ihr das gesehen?«

»Jajajajaja!« *Oom* Ticky war plötzlich ganz aufgeregt.

»Was denn?« Walter musste offensichtlich besser aufpassen.

»Da ist gerade was unter dem Rand rausgekommen, da, wo beim Spülen das Wasser herausfließt. Ich hab's genau gesehen!«

»Im Ernst?«

»Im Ernst.«

Der Schlangenfänger bückte sich und streckte seine Hand ganz vorsichtig unter den Toilettenrand. Als er sich wieder aufrichtete, hielt er den Schwanz einer etwa einen Meter langen und ziemlich verärgerten Speikobra in der Hand.

Einen respektvollen Abstand zu *Oom* Ticky wahrend, der das unwirsche Tier nun in einem Sack verschwinden ließ, warf Topsy ihrem Mann einen unmissverständlichen Blick zu. »Siehst du, habe ich's doch gesagt. Aber du glaubst mir ja nie.«

»Ja, ja, du hast ja recht. Aber jetzt sehen wir besser mal nach, wo dieser Kerl herkam. Ich habe nämlich noch nie gehört, dass Schlangen freiwillig in Toiletten hineinklettern.«

»Naja«, sagte *Oom* Ticky, »wenn er nicht auf diesem Weg reingekommen ist, und wir aber ziemlich sicher sind, dass er hier rauskam, dann muss es noch einen anderen Weg geben. Lasst uns mal draußen nachsehen. Wo ist denn eure Sammelgrube?«

Als sie sich diese näher ansahen, wurde einiges klar. Sie war erst ein paar Tage zuvor mit einer neuen Zementplatte versiegelt worden. Die alte Abdeckung war schon ziemlich lange kaputt gewesen, und das dunkle, feuchte Loch war in der Zwischenzeit zum idealen Versteck für Frösche, Kröten und andere lichtscheue Kreaturen geworden.

»Das macht Sinn«, nickte *Oom* Ticky, »denn wo Frösche sind, da sind auch Schlangen. Mit dem neuen Deckel, da habt ihr ihnen den Ausgang abgeschnitten, weshalb der einzige Weg nach draußen dann durch die Toilette war. Gibt es vielleicht noch eine andere, die hier hinein abläuft? Die untersuchen wir besser auch. Und ich schlage vor, dass ihr in der nächsten Zeit Vorsicht walten lasst, denn ich bin mir sicher, dass die hier«, und er deutete auf den Sack, »nicht die einzige ist.«

Ein paar Wochen später kamen Topsys Schwester und ihr Mann zu Besuch nach *Boekenhout*. Arthur, Topsys Schwager, war ungefähr zwanzig Jahre älter als sie und Kampfpilot im Zweiten Weltkrieg gewesen. Er konnte mehrere Tapferkeitsmedallien sein eigen nennen.

Der Sonntagsbraten wurde im Garten unter dem Seringa-Baum serviert. Die Stimmung war ausgesprochen heiter, Wein und Bier flossen in Strömen und es wurde viel und laut gelacht, natürlich auch über die Geschichte von der Schlange im Klo.

Nachdem die Männer ihren zweiten Brandy zu sich genommen hatten, stand Arthur auf und machte sich auf den Weg zum sogenannten Draußenbadezimmer. Sekunden später wurde der Rest der Gesellschaft durch einen durchdringenden Schrei alarmiert. Die Tür flog auf, und herausgerannt kam Arthur, so schnell ihn seine Füße trugen. Fast stolperte er dabei über seine Hose, die ihm um die Knöchel hing, und der Schreck war ihm deutlich ins Gesicht geschrieben.

Eine eingehende Untersuchung des Vorfalls ergab, dass es nur eine Wespe gewesen war, die Arthur in die niederen Regionen gestochen hatte.

Mamba Mercy

Wir amüsierten uns noch eine ganze Weile über die Geschichte mit der Schlange auf dem stillen Örtchen und die Tapferkeit von Topsys Schwager Arthur. Aber das war nur eine von vielen Schlangengeschichten.

Eines Tages war ich auf dem Weg zur Farm von Louis Meyer. Ich nehme an, dass ich wieder einmal ziemlich schnell fuhr, als ich plötzlich dieses schwarze Band sah, das sich quer über die Straße streckte. Natürlich trat ich sofort auf die Bremse. Ich schleuderte ein wenig, aber kam dann doch ungefähr fünfzig Meter weiter zum Stehen. Es stellte sich heraus, dass dieses Band eine Schwarze Mamba war. Ein Schauer lief mir über den Rücken. Ich möchte nicht wirklich behaupten, dass ich mich vor Schwarzen Mambas fürchte, aber so richtig wohl habe ich mich trotzdem nie in ihrer Gesellschaft gefühlt.

Ich überfuhr Schlangen aus Prinzip nicht, obwohl viele Farmer hier das nach wie vor tun, frei nach dem Motto: Nur eine tote Schlange ist eine gute Schlange. Das mit der Schwarzen Mamba war ein Unfall, und mir war gar nicht wohl bei der Sache. Ich betrachtete das tote Tier eine ganze Weile und fragte mich, was ich wohl am besten damit tun sollte. Es war bei weitem die größte und längste Mamba, die ich je gesehen hatte; sie war gut und gerne vier Meter lang. Irgendwie erschien es mir wie ein Sakrileg, dieses ehrfurchtgebietende Tier so einfach auf der Straße liegen zu lassen. Deshalb hob ich sie auf und warf sie in den Laderaum.

»Ob das wohl ein Fehler war?« Ein ungutes Gefühl beschlich mich, als ich weiterfuhr, und meine Nackenhaare begannen, sich zu sträuben. Aber die Schlange war mausetot gewesen, schließlich hatte ich sie ja überfahren, so versuchte ich mich zu beruhigen. Außerdem war die Fahrerkabine meines *Bakkie* vollkommen getrennt von der Ladefläche, die zu der Zeit ein Verdeck hatte. Trotz allem kam mir irgendwie irgendetwas spanisch vor. Ich fühlte mich beobachtet und einfach nicht wohl in meiner Haut.

Die Schwarze Mamba ist übrigens nur ganz selten schwarz. Ihre Farbe variiert von graugrün über graubraun bis hin zu metallisch glänzendem anthrazitgrau. Sie hat einen rechteckigen, fast kantigen Kopf und ist schnell und tödlich. Es ist die schwarze Schleimhaut auf der Innenseite des Mauls, die ihr den Namen verliehen hat. In einer der afrikanischen Sprachen, die hier in der Gegend gesprochen wird, wird sie *muriti wa lesu* genannt, was so viel heißt wie Schatten des Todes.

Wer von der Schwarzen Mamba spricht, der kann sich der Aufmerksamkeit seiner Zuhörer sicher sein, und es gibt unendlich viele Geschichten und Mythen über dieses Reptil. Jeder scheint jemanden zu kennen, der jemanden kennt, der von einem Zusammentreffen mit einem besonders furchteinflößenden Exemplar dieser Art berichten kann – oder auch nicht. Denn in den wenigsten Fällen überleben die, die von einer Schwarzen Mamba gebissen werden. Es gibt natürlich ein paar Ausnahmen, und diese *Survival*-Geschichten entwickeln schnell ein gewisses Eigenleben. Irgendwann weiß keiner mehr so genau, was auf einer wahren Begebenheit beruht, und was pure Folklore ist.

Wie dem auch sei, keinen Moment zu früh kam ich auf Louis Meyers Farm an.

»*Howzit*?«

»*Howzit*!« Ich war doch ziemlich aufgeregt, weshalb ich Louis sofort von meiner Begegnung erzählen musste. »Donnerwetter, ich bin gerade über eine Riesenmamba gefahren. Die größte, die ich je gesehen habe.«

»Aha. Tot?« Louis war ein eher wortkarger Typ.

»Ja klar! Mausetot. Ich hab' sie hinten reingeworfen.«

»Zeig mal.«

Wir öffneten das Verdeck.

»Und? Wo ist deine Schlange?«

Da war keine Schlange. Und mir kamen wieder meine gesträubten Nackenhaare in den Sinn und das seltsame Gefühl, das ich auf der Fahrt hierher im Bauch gehabt hatte.

»Ich weiß es wirklich nicht.«

»Sicher, dass sie tot war?«

»Ja, na klar. Mausetot. Denkst du etwa, ich hätte sie angefasst, wenn sie nicht tot gewesen wäre?«

»Und sicher, dass sie hier drin war?«

Louis schüttelte nur den Kopf, zuckte mit den Schultern und wollte gerade weitergehen, als er nach oben sah und plötzlich erstarrte. Ich folgte seinem Blick und traute meinen Augen nicht. Da war sie! Die züngelnde Zunge. Sie hatte sich auf den kleinen Vorsprung manövriert, der über dem Seitenfenster des Verdecks eine Art Rinne bildete. Wir sahen uns an, und dann, ohne ein weiteres Wort, schlichen wir uns rückwärts davon. Ich setzte mich vorne in die Fahrerkabine und setzte so zurück, dass das Verdeck nun tief im Gebüsch steckte. Außerdem versicherte ich mich mehrfach, dass ich Türen und Fenster der Fahrerkabine dicht geschlossen hatte.

»Jetzt lass uns mal deine Rinder anschauen.«

Nachdem wir ein paar Stunden mit Louis Herde zugebracht hatten, fühlte ich noch nicht wirklich das Bedürfnis, zu meinem Fahrzeug zurückzugehen. So akzeptierte ich erleichtert den von Louis' Frau angebotenen Kaffee, ein paar *Rusks* und einen netten Schwatz. Irgendwann musste ich dann aber doch weiter. Louis Meyer begleitete mich zu meinem Wagen, nur für den Fall der Fälle, aber diesmal war und blieb die Mamba verschwunden.

WEIHNACHTEN

Walter räumte das Behandlungszimmer seiner Praxis auf *Boekenhout* auf, nachdem er den letzten Patient des Tages nach Hause geschickt hatte. Was für ein Patient das gewesen war! Fred und Minnie Badenhorst, neu in Naboomspruit und noch etwas unentspannt, wie Topsy gleich festgestellt hatte, hatten ihren Schäferhund am frühen Nachmittag zum Kastrieren gebracht.

Sie hatten darauf bestanden, bei der Operation dabeizubleiben, und Walter hatte nichts dagegen gehabt. Das hatte er nie. Aber dieses Mal, aus ihm unerklärlichen Gründen, war das Tier unter der Narkose gestorben. Er hatte noch nicht einmal das Skalpell angesetzt, da hörte der Hund auf zu atmen. Es war kein Puls mehr da, gar nichts. Er versuchte es mit Herzmassage, ohne Erfolg.

Die Badenhorsts waren natürlich entsetzt. Walter schlug vor, dass sie eine Autopsie vornehmen sollten, um den Grund für das plötzliche Ableben ihres besten Freundes herauszufinden. Und dann, ja, was dann passiert war, das verstand er immer noch nicht wirklich. Er hatte mit der Obduktion beginnen wollen und gerade die Haut für den ersten Einschnitt berührt, da sah er, wie sich die Brust des Hundes plötzlich hob. Mit einem lauten, seufzenden Geräusch holte dieser tief Luft. Minnie Badenhorst wäre fast in Ohnmacht gefallen und wollte ihren Hund am liebsten sofort mit nach Hause nehmen, aber Walter hatte sie davon überzeugen können, dass sie die Kastration doch noch durchführen sollten, damit sie ihn nicht noch einmal in Narkose legen müssten.

»Na, ich glaube, die sehen wir so schnell nicht wieder«, hatte Walter gedacht, als das Ehepaar mit seinem wiederauferstandenen Vierbeiner vom Hof gefahren war. Er hatte ihnen nicht wirklich eine Erklärung für den Vorfall geben können. Manchmal musste man einfach akzeptieren, dass seltsame oder unerklärliche Dinge geschahen.

»Walter, warum hast du die beiden denn nicht bezahlen lassen?« Topsy hatte ihn ärgerlich angesehen.

»Wie kann ich ihnen denn Geld abnehmen, wenn der Hund fast gestorben wäre?«

»Ganz einfach, du hast trotzdem Medikamente benutzt, deine Geräte müssen gereinigt werden, und was ist mit deiner Zeit? Außerdem muss ich dir ja nicht sagen, dass wir Paraffins und Flying Machines Lohn bezahlen müssen, und, und, und!«

Walter seufzte laut, während er seine Instrumente sterilisierte. Geld war zu einem ständigen Streitpunkt zwischen ihm und Topsy geworden. Es verging kaum ein Tag, an dem sie nicht darüber diskutierten. Meistens war es Topsy, die ihren Unmut kundtat, oft mit gutem Grund, wie er selbst zugeben musste. Er wusste, dass er oft vergaß, seine Arbeit in Rechnung zu stellen, oder die Besitzer seiner Patienten taten ihm leid, weil er wusste, dass sie eigentlich kein Geld hatten. Dann kam noch dazu, dass sein ganzes Abrechnungssystem eine einzige Katastrophe war. Viel zu oft verlor er die Notizen, die er sich unterwegs gemacht hatte. Aber im Großen und Ganzen lief es wohl darauf hinaus, dass ihm Geld einfach nicht wirklich wichtig war.

Es war erst einen Monat her, dass er Topsy versprochen hatte, sich etwas zusammenzureißen, wie sie es ausgedrückt hatte, aber es fiel ihm schwer.

Zum Glück gab es ein paar alte, vertraute Klienten, wie zum Beispiel die De Sands, die ihm jeden Monat eine ordentliche Summe überwiesen, egal ob er eine Rechnung schrieb oder nicht. Und oft bezahlten sie ihm mehr, als er ihnen für seine Leistungen berechnet hätte.

»Es hat gar keinen Sinn, dass du dich darüber beschwerst«, hatte Bernhard de Sand gesagt, als Walter diese Zahlungen einmal in Frage gestellt hatte. »Ich habe in meinem Leben schon mit vielen Tierärzten gearbeitet, und keiner war so kompetent wie du. Bei weitem nicht. Um ehrlich zu sein, die meisten dieser Typen waren ziemlich unfähig. Aber die nehmen alle mindestens fünf Mal so viel wie du für die gleiche Arbeit. Ich habe Tiere nach *Onderstepoort* in die Klinik gebracht, und ich weiß, was die einem in Rechnung stellen. Deshalb weiß ich auch genau, was deine Arbeit wert ist, und genau so viel werde ich dir auch bezahlen. Ich mag es nämlich gar nicht, wenn ich anderen etwas schuldig bin. Deshalb kannst du auf deine Rechnungen schreiben, was du willst, und ich werde dir geben, was ich will, und basta.«

Wenn sich alles immer nur ums Geld drehte, das konnte einen schon mürbe machen, dachte Walter. Aber wie auch immer, er froh, dass der Schäferhund wieder ins Leben zurückgefunden hat.

Topsys Stimme riss ihn aus seinen Gedanken. Sie wollte nochmal kurz in die Stadt fahren, um Zigaretten zu kaufen. Er selbst hatte vor mehr als fünfzehn Jahren mit dem Rauchen aufgehört, von sechzig Zigaretten am Tag auf null, was niemand für möglich gehalten hätte. Er erinnerte sich noch gut, wie er eines Tages nach Hause gekommen war, sein Päckchen *Golden Leaf* auf den Tisch gelegt und verkündet hatte: »Ich höre jetzt damit auf.«

»Du tust was?« Drei Gesichter hatten ihn ungläubig angestarrt.

»Ich höre jetzt mit dem Rauchen auf.« Er hatte das halb volle Päckchen von sich geschoben.

»Meinst du das im Enst?« Debbie hatte ihn mit weit aufgerissen Augen voller Hoffnung angestarrt. Sie hasste sein Qualmen.

»Wow!« Nick hatte nur anerkennend mit dem Kopf genickt. »Aber ist das nicht verdammt schwierig?« Er hatte selbst schon experimentiert und den starken Sog des Nikotins gespürt.

»Schwierig?« Topsy hatte nur gelacht. »Schwierig? Unmöglich. Das ist ganz unmöglich. Das macht er nie, ich wette mit euch, dass er sich spätestens morgen wieder eine ansteckt.«

Er hatte es ihnen allen gezeigt und während Topsy nach wie vor zu allen möglichen und unmöglichen Zeiten zum Kiosk fahren musste, hatte er seitdem keine einzige Zigarette mehr angerührt.

»Ach, das war keine große Sache«, pflegte er abzuwinken, wenn ihn jemand danach fragte. »Wenn man sich erstmal entschieden hast, ist das ganz einfach.«

Als Walter, nachdem er fertig aufgeräumt hatte, von seinen Praxisräumen zum Haus hinüberging, fiel es ihm plötzlich weder ein:

»Ach du liebe Güte, heute ist ja Heilig Abend, wie konnte ich das nur vergessen! Vielleicht sollte ich mich doch etwas zurechtmachen vor dem Abendessen.«

Wie jedes Jahr erwarteten sie ein paar Gäste zu Weihnachten. Nick und Debbie waren mit ihren zwei Töchtern Hannah und Jade schon unterwegs. Sie würden etwas später ankommen und auch Karin und Rainer mitbringen. Denselben Rainer, den Walter vor vielen Jahren aufgelesen hatte, als er per Anhalter durch Afrika gereist war.

»Ich frage mich, wer sonst noch so auftauchen wird?« Es war schon seit langem Tradition, dass die Eschenburgs an Weihnachten alle und jeden willkommen hießen – seien es nun Zwei- oder Vierbeiner.

Er wurde aus seinen Gedanken geholt, als er hörte, wie ein Auto hielt und zwei Türen zugeschlagen wurden.

»Das muss Topsy sein, aber mit wem spricht sie denn?«

Zu seiner Überraschung kam Topsy in Begleitung eines ihm unbekannten Mannes mittleren Alters ins Haus. Fit sah er aus, und ein freundliches Gesicht hatte er. Er begrüßte Walter auf deutsch.

»Walter, das ist Gerd.« Topsy stellte sie einander vor. »Ich habe sein knallgelbes Fahrrad vor dem Laden in Naboom stehen sehen. Er ist damit den ganzen Weg von Deutschland bis hierher geradelt, kannst du dir das vorstellen? Und jetzt weiß er nicht, wo er Weihnachten verbringen soll. Da dachte ich, ich bringe ihn einfach mit.«

Walter nickte, er sah aus, wie ein interessanter Mensch, er würde gut zu den anderen passen.

Nachdem Gerd sich etwas frisch gemacht hatte, setzte er sich zu Walter auf die Veranda und erzählte ihm seine Geschichte. Er war Pilot bei der Luftwaffe in Deutschland gewesen, war vor ein paar Jahren früh in den Ruhestand gegangen und hatte jetzt Zeit, die Welt zu erkunden. Das tat er am liebsten mit seinem gelben Fahrrad. Er war schon durch ganz Europa gereist, durch Asien, den Nahen Osten, und jetzt war Afrika an der Reihe.

»Normalerweise schreibe ich dann einen Artikel oder zwei über meine Reisen«, erklärte er, »und ich liebe dieses Leben. Mich hat es schon immer in die Ferne gezogen, vielleicht bin ich deshalb ja Pilot geworden. Ich hatte eine wirklich gute Zeit bei der Luftwaffe, bin nur froh, dass ich nie in einem Krieg fliegen musste. Aber das beste an der Sache ist, dass die einen früh in Rente schicken!«

Der erste Weihnachtsfeiertag begann mit einem Telefonanruf. Ein Farmer war ganz verzweifelt, denn eine seiner Kühe hatte Probleme beim Kalben. Er entschuldigte sich immer wieder und sagte, er wisse ja, dass Weihnachten sei, aber seiner Meinung nach ginge es ohne einen Kaiserschnitt einfach nicht weiter.

Walter machte sich sofort auf den Weg.

»Ok, da fahren wir besser gleich hin. Wer will mitkommen?«

Es war in der Tat ein Notfall. Das Kalb steckte in Steißlage fest, und alle Versuche, es in die richtige Richtung zu drehen, waren kläglich gescheitert. Sie waren nicht eine Minute zu früh gekommen, denn die Kuh befand sich schon in schlechter Verfassung. Ihre Atmung war schwer und der Puls viel zu schnell und flach.

Fast dreißig Jahre Erfahrung zeigten nun ihr Resultat. Da stand ein Eimer mit Wasser und Seife, Walter gab der Kuh die Lokalanästhesie, der Farmer band sie am Zaun fest und Nick bereitete die nötigen Instrumente vor. Die linke Flanke wurde rasiert, gewaschen und Schicht um Schicht aufgeschnitten, um das Kalb, das noch am Leben war, herausziehen zu können.

»Hier ist dein Weihnachtsgeschenk, Willie, ein wunderschönes Kuhkalb.« Walter lachte, als er es dem Farmer übergab. Dann nähte er die Wunde wieder zu.

»So, das war's!« In der Zwischenzeit hatte der Farmer das neugeborene Kalb vor die Nase seiner Mutter gelegt und es trocken gerieben. Während Walter noch dabei war, die Wunde zu verschließen, hatte die Kuh begonnen, ihre Tochter sauber zu lecken, und innerhalb von Minuten stand diese auf ihren wackeligen Beinen.

»Das ist ja sowas von süß!« Karin, die auch mit von der Partie war, konnte ihren Blick nicht von dem kleinen Kälbchen abwenden.

»Und ich habe immer geglaubt, Fohlen wären goldig, aber das hier, das ist einfach das Schönste, was ich je gesehen habe!« Sie war nicht die einzige, die sich eine Träne aus dem Augenwinkel wischte.

Als Walter und seine Gefolgschaft wieder auf *Boekenhout* eintrafen, war die Weihnachtsfeier schon voll in Schwung. Der Tisch, der unter dem großen Seringa-Baum im Garten stand, war festlich gedeckt. Die weiße Leinentischdecke, rote Servietten und das gute Familiensilber, dazu Blumen, Pralinen und Nüsse, Weihnachtshüte und Knallbonbons.

Walter sah sich um. Was ein herrlicher Ort dies doch war; und was für eine Menagerie ganz spezieller Menschen und Tieren. Da saßen Topsy und Carla, Nicks ältere Schwester, nebeneinander auf der Verandatreppe. Sie tranken Gin und pafften zufrieden an ihren Zigaretten. Seine zwei Enkeltöchter schliefen beide tief und fest im Schatten des Baumes. Drei Whippets, ein Dobermann und der unvermeidliche Jack Russell lagen auch auf verschiedene schattige Plätze verteilt im Garten herum, während sich der neueste Familienzuwachs, eine Brieftaube, in einem alten Vogelkäfig niedergelassen hatte.

Topsy hatte ihn Herbert getauft, als er ein paar Wochen zuvor auf ihrer Veranda mit einem gebrochenen Bein notgelandet war. Nachdem sie festgestellt hatten, dass er völlig zahm war, hatte Walter das Beinchen gerichtet und eingegipst. Topsy hatte daraufhin die Briefaubenleute in Naboom angerufen, aber die hatten ihr nur gesagt, sie solle ihre Zeit nicht verschwenden und ihm einfach den Hals umdrehen.

»Kannnst du dir das vorstellen? Angeblich ist eine Brieftaube, die ihren Weg nicht gesund nach Hause findet, völlig nutzlos.« Walter konnte hören, dass Topsy immer noch empört war, als sie Carla von diesem Gespräch berichtete.

»Ich glaube, wenn der Gips ab ist, dann lassen wir einfach die Käfigtür offen, so dass Herbert selbst entscheiden kann, was er tun möchte. Will er hierbleiben, dann freuen wir uns, aber wenn er zurück nach Hause fliegen und sich dort die Musik anhören will, dann ist das natürlich seine Sache. Vielleicht sollte ich ihm ein Briefchen ans Bein binden, in dem steht, ›Bitte tötet mich nicht, ich war beim Tierarzt, und der hat mein Bein geflickt.‹ Ja, genau, das werde ich tun.« Topsy trank noch einen Schluck Gin und wandte sich dann an Debbie, die sich zu ihr und Carla auf die Treppe gesetzt hatte,

»Erinnerst du dich an Esmeralda? Vor ein paar Tagen habe ich gehört, dass sie an einem Sonntagsbraten erstickt ist.«

»Sie ist was?«

»Ja, Rosemary kam in die Küche und da lag Esmeralda auf dem Boden und hatte alle Viere von sich gestreckt. Angeblich steckte ihr eine ganze Lammkeule im Hals. Keiner weiß, wie es ihr gelungen ist, diese aus dem geschlossenen Ofen zu holen, aber offensichtlich hat sie es irgendwie geschafft, und das war dann das Ende.«

»Wer ist denn diese arme Esmeralda, über die ihr euch da unterhaltet?« Carla war sichtlich verwirrt.

Topsy lachte. »Esmeralda ist, beziehungsweie war, ein zahmes Schwein. Sie hat Walters Cousine Rosemary gehörte. Und die hat immer behauptet, Esmeralda sei viel schlauer als ihre Hunde.«

Endlich war es Zeit fürs Weihnachtsessen. Walter war mittlerweile doch recht hungrig.

»Halt, wartet, wartet«, rief Topy, »wir müssen doch erst noch die Wassermelone aufhängen, und jeder muss einen Schluck davon trinken.«

Innerhalb weniger Minuten hatte Nick ihr geholfen, die große Frucht an einen der unteren Zweige des Baums zu hängen. Walter nahm sein Taschenmesser und stach ein paar Löcher hinein, in die er Strohhalme steckte.

»Karin, Werner, Gerd, kommt mal her und probiert das hier! Es ist.... einfach göttlich!« Er nahm noch einen großen Schluck. »Ich glaube, das ist die Beste, die wir je gemacht haben!«

Jeder probierte den speziellen Wassermelonentrunk, und bald wurde die Atmosphäre noch ausgelassener. Als Karin kichernd fragte, wie man denn ein solch sensationelles Getränk herstellte, ratterte

Debbie das Rezept herunter, als hätte sie es zu viele Male auswendig gelernt.

»Man schneidet das obere Ende einer Wassermelone ab, und bewahrt diesen Deckel auf. Dann muss man drei Viertel des Fruchtfleisches rauskratzen, und stattdessen eine Mixtur aus Gin, Rum, Wodka und süßem Wein hineinfüllen. Das Ganze wird über Nacht in den Kühlschrank gestellt und am nächsten Morgen kommen dann noch pürierte Erdbeeren und Vanilleeis dazu. Jetzt musst du nur noch den Deckel wieder draufsetzen und die Melone in ein Orangennetz stecken, das oben zugebunden wird. Getrunken wird mit einem Strohhalm direkt aus der Melone, denn man darf dieses Getränk nie in ein Glas gießen!«

»Warum denn das?«

»Weil es ganz fürchterlich aussieht!«

Irgendwann saßen sie dann alle am Tisch, hatten ihre Weihnachtshüte aufgesetzt und genossen das Essen. Melone und Schinken, geräucherten Truthahn, knusprig geröstete Kartoffeln, Gemüse und verschiedene Soßen. Zum Nachtisch gab es dann traditionellen *Christmas Cake* mit viel Brandybutter, Götterspeise mit Vanillesoße und natürlich jede Menge Wein und Sekt und später Brandy und Whisky.

»Und ich dachte immer, dass wir in Deutschland an Weihnachten viel essen«, stöhnte Gerd, nachdem er im Schatten eines Baumes kollabiert war. »Selbst wenn ich wollte, könnte ich mich nicht bewegen. Ich habe keine Ahnung, wie ich jemals wieder auf mein Fahrrad kommen soll.«

Sinn für Humor

Die Kuh visierte ihr Ziel an. Dann ging sie auf Walter los. Alle erstarrten. Der Eigentümer der Kuh, André van Heerden, seine Farmarbeiter und Walters Freund Willem, der ihn an seinem freien Tag begleitete, alle hielten den Atem an. Es war ganz offensichtlich, dass Walter es niemals schaffen würde, der Kuh zu entkommen. Obwohl sie krank war, sehr krank sogar, entwickelte sie auf den letzten Metern eine sagenhafte Geschwindigkeit. Und sie hatte ein paar mächtige Hörner.

Vorher hatten die Männer versucht, die Kuh in den Druckgang zu treiben, doch sie hatte sich standhaft geweigert. Walter war niemand, der die Flinte schnell ins Korn warf, und so hatte er sich eine lange Fangstange gegriffen, ein Seil am Ende verknotet und war damit mutig in den *Kraal* gestiegen. Er hatte gehofft, zumindest so nah an das wildgewordene Tier heranzukommen, dass er die Schlinge über dessen Hörner bringen konnte.

Nur schien sein Plan diesmal nicht so zu funktionieren, wie er sich das gedacht hatte.

Kaum hatte die Kuh den Braten gerochen, nahm sie ihn auch schon ins Visier. Da er in der kreisförmigen Umzäunung nirgendwo in Deckung gehen konnte, ließ Walter die Stange fallen und stand seinen Mann. Gerade als alle das Schlimmste fürchteten, und die Kuh direkt vor ihm war, fasste er sie bei den Hörnern. Dann sprang er mit einer schnellen Bewegung zur Seite, drehte den Kopf des Tieres herum und zog mit aller Kraft. Bevor sie wusste, wie ihr geschah, lag die Kuh auf der Seite. Halb saß Walter, halb lag er auf ihrem Kopf und hielt sie so am Boden.

»Was steht ihr alle so dumm in der Gegend rum? Schnell, kommt her!«, rief er seinen verblüfften Zuschauern zu. Die lösten sich aus ihrer Erstarrung, und ein paar der Rinderhüter kamen ihm zur Hilfe. Keiner konnte so recht glauben, was sie gerade gesehen hatten.

»Wie im Film!«, wiederholte Willem immer wieder und schüttelte seinen Kopf, als er dem Tierarzt sein Stethoskop reichte.

Walter untersuchte die Kuh, die nicht so recht zu wissen schien, wie ihr da geschehen war. Sie wehrte sich nicht mehr. Er hörte ihr Herz ab, ihre Lungen, ihre Mägen und deren Peristaltik, und entschied dann, dass er mit seinem ersten Eindruck richtig gelegen hatte. Die Diagnose lautete Pansenazidose, eine akute Verdauungsstörung. Der Farmer hatte ihm mitgeteilt, dass das Tier in die Futterkammer eingebrochen war und sich dort am Getreide vollgefressen hatte. Wie viel es genau verschlungen hatte, wusste keiner, aber das Ergebnis war offensichtlich. Die ungewöhnliche Menge an Kohlehydraten war dabei zu fermentieren, und nun litt es unter den Konsequenzen. Es fraß gar nichts mehr, schien deprimiert und dehydriert.

Als Walter seine Patientin behandelte, eine schmerzhafte Prozedur, bei der er ihr einen Schlauch durch die Nase und weiter in den Magen schob, zuckte sie nicht einmal mit den Wimpern. Er füllte eine gute Dosis Essig und Zucker ein, ein traditionelles Heilmittel, das, wie er schon oft festgestellt hatte, in solchen Fällen Wunder wirkte.

»Ok, ihr könnt sie jetzt loslassen«, wies er seine Assistenten an, nachdem er sich selbst aus dem Aktionsbereich der Kuh zurückgezogen hatte. Diese stand auf, ging langsam zu ihren Artgenossen zurück und mischte sich möglichst unauffällig unter die Herde.

»Du liebe Güte, Walter, wie um Himmels Willen hast du das nur gemacht? Ich dachte schon, wir müssten dich in Einzelteilen aufsammeln!« Willem klopfte seinem Freund anerkennend auf die Schulter.

»Ach, weißt du, wenn du die bei den Hörnern nimmst, dann gibt das so eine Hebelwirkung, und damit kannst du einiges anrichten.«

»Hast du das vorher denn schon mal ausprobiert? Ich meine, du sahst aus wie ein Profi, völlig kaltblütig, als würdest du so etwas täglich machen.«

»Ich hatte ja nicht wirklich eine Wahl, oder? Aber nein, ich habe das noch nie ausprobiert. Aber ich hab’s im Film gesehen, die

Cowboys machen das doch ständig!« Walter lachte. »Und es ist schon erstaunlich, wozu man in der Lage bist, wenn das Adrenalin fließt!«

Willem, der immer darauf bestand, extrem kurze, blaue Rugby-Shorts zu tragen, egal ob Sommer oder Winter, war ein guter Freund von Walter und Topsy. Ihm gehörte die Autowerkstatt in Naboom, und über die Jahre hinweg hatte er sich schon um einige von Walters malträtierten Fahrzeugen kümmern müssen. Walter genoss Willems Gesellschaft und ein zweites Paar Hände war oft sehr nützlich.

So zögerte er nicht lange, seinen Freund zu fragen, ob er ihn begleiten wolle, als er gebeten wurde, ein paar junge Elefanten einzufangen.

Die zwei Dickhäuter, die erst vor Kurzem auf eine Farm im Waterberg übergesiedelt worden waren, waren aus ihrem Gehege ausgebrochen und in die nahen Hügel entkommen. Walter war sich nicht ganz sicher, wie die beiden das geschafft hatten, aber er wusste, dass er sie einfangen musste, bevor sie sich selbst oder Anderen Schaden zufügen konnten. Schnell hatte er ein Team zusammengestellt. Er würde das Betäubungsgewehr übernehmen, Reuben war verantwortlich für die Arbeit vom Hubschrauber aus, und Heinz Hauser stellte zwei Tieflader mit Kran zur Verfügung. Heinz war nicht nur der Besitzer der Farm und der Elefanten, sondern nannte auch ein großes Fuhrunternehmen in Johannesburg sein eigen.

Nach langem Suchen fanden sie die Ausreißer und setzten sie mit jeweils einem gut platzierten Betäubungspfeil außer Gefecht. Dann wurde der Elefantenbulle auf einen der Lastwagen verladen und dieser losgeschickt. Die junge Kuh, die nur eine Schulterhöhe von ungefähr drei Metern hatte, wurde gerade auf das andere Fahrzeug gehievt, als Walter feststellte, dass ihm ein paar Meter Seil fehlten. Sie banden das Tier fest, so gut sie konnten, und Willem sprang mit auf die Ladefläche. Er setzte sich so, dass er seine Füße gegen die Seite stützen konnte, und lehnte sich mit dem Rücken gegen die Elefantenkehle, um zu verhindern, dass der Dickhäuter nach hinten rutschte. Walter übernahm die Nachhut in seinem *Bakkie*.

Er sah Willems zufriedenes Grinsen und es war offensichtlich, wie sehr dieser sein kleines Abenteuer genoss. Er würde hinterher ein paar schöne Geschichten erzählen können, denn wer kann schon von sich behaupten, zusammen mit einem Elefanten durch den Busch gefahren zu sein.

Es waren noch ein paar Kilometer bis zum Elefantengehege, und sie kamen auf der holprigen Schotterpiste nur langsam voran, als Walter bemerkte, wie sich Willems Gesichtsausdruck plötzlich änderte. Seine Augen weiteten sich, er öffnete den Mund weit, und dann rief er: »Walter, Walter, *die ding word wakker*!« – Sie wacht auf!

Es lag mehr als nur ein bisschen Panik in seiner Stimme. Der Fahrer bekam nichts mit und fuhr unbeirrt weiter.

Aus Walters Blickwinkel sah alles recht ungefährlich aus, und so lehnte er sich aus dem Fenster seines Wagens und rief zurück: »Halt durch, Willem, nicht mehr weit, halt dich fest!«, in der Hoffnung, dass es damit getan wäre. Wenn es sich irgendwie vermeiden ließ, dann wollte er dem Tier nicht noch eine Dosis *M99* verpassen, es sei denn es handelte sich um einen wirklichen Notfall. Zu seiner heimlichen Freude und Willems Schrecken konnte er dann beobachten, wie die Elefantendame begann, ihre Umgebung zu erkunden. Sie bewegte nur ihren Rüssel, aber mit dem untersuchte sie Willem von Kopf bis Fuß. Walter traute seinen Augen kaum, – und inn diesem Moment überkam ihn dann doch eine Welle des Mitgefühls – als er sah, wie sie den Rüssel an Willems Bein entlang nach oben bewegte, bis in seine extrem kurzen, blauen Rugby-Shorts hinein.

»Walterrrr, *sy word wakkerrrrrrr*!«

Als die Aktion beendet und die Elefanten wieder sicher in ihrer Unterkunft waren, war auch Willem schnell wieder auf dem Damm. Er strahlte übers ganze Gesicht.

»Danke, Walter, das war ganz großartig! Jetzt kann ich meinen Enkeln eine Mordsgeschichte erzählen! Denn wer kann schon von sich behaupten, dass er von einer lieben Elefantendame gestreichelt worden ist?«

Walter nickte nachdenklich, bevor er antwortete: »Ja, weißt du, ich bin davon überzeugt, dass da irgendwo einer sitzt, der einen ganz wunderbaren Sinn für Humor hat.«

Mein Mikroskop

Wie schon gesagt, der da oben muss einen ganz herrlichen Sinn für Humor haben, das ist ganz offensichtlich. Kurz nach dem Vorfall mit dem liebeslustigen Elefanten, rief mich ein Rinderfarmer aus der Nähe von Naboom an. An seinen Namen kann ich mich nicht mehr erinnern, aber seine Geschichte ähnelt der von *Goue Bad du Plessis* und seinem *Afrikaaner*-Bullen. Dieses Mal war der Farmer allerdings kein Bure, sondern ein *Engelsman*. Vielleicht war sein Name ja Douglas Netherdale; ja, das passt. Douglas hatte eine Herde von *Brahman*-Rindern, und als er mich anrief, hatte er einen Teil dieser Herde verkauft und musste sie zu einer anderen Farm transportieren, ein paar hundert Kilometer weit weg.

Die *Brahman* sind viel besser an unsere klimatischen Verhältnisse hier angepasst als die meisten europäischen Rassen. Die Kühe sind berühmt dafür, extrem gute Mütter zu sein, aber das Verhalten der Bullen kann schwanken. Entweder sind sie ganz außerordentlich zahm und freundlich, das merkt man dann gleich, oder aber man muss höllisch aufpassen. Ich hatte nun schon eine ganze Menge Erfahrungen mit dieser Art gesammelt, aber generell habe ich sie immer für freundliche Genossen gehalten. Man muss einfach akzeptieren, dass man, wenn man mit einem Zweitausendpfünder umgeht, eventuell mit Konsequenzen zu rechnen hat.

»Sagen Sie mal, Doc, könnten Sie eventuell einen Bullen für uns ruhigstellen?«, fragte mich Douglas.

»Na klar, kann ich einen Bullen ruhigstellen.« Was war das denn für eine dumme Frage, dachte ich.

»Ja, aber können Sie das mit dem Betäubungsgewehr machen?«

»Das kann ich auch, klar.« Jetzt verstand ich. Zu jener Zeit gab es noch nicht allzu viele Tierärzte, die ein Betäubungsgewehr hatten und damit auch umgehen konnten.

»Ok, wenn Sie dann morgen um fünf in der Früh bei mir auf der Farm sein könnten, ich brauche ihre Hilfe, um meinen Bullen zu verladen.«

»Das kann ich wohl tun, aber haben Sie denn keine Laderampe?« Ich konnte mir die Frage nicht verkneifen.

»Natürlich haben wir eine Laderampe. Aber dieser Bulle denkt, dass er der Boss ist, und wir kriegen ihn nicht einmal in die Nähe der Rampe, ganz zu schweigen von einem Viehtransporter. Wir haben alles versucht, das können Sie mir glauben!«

Am nächsten Morgen fuhr ich also zur Farm von Douglas. Die Herde war schon im *Kraal*, und er grüßte mich mit einem energischen: »Doc, da ist er! Schießen Sie ihn!«

»Aber der sieht doch ganz friedlich aus!«

Der Bulle stand ganz ruhig da und betrachtete uns wiederkäuend. Die bevorstehende Reise schien ihn in keinster Weise zu beunruhigen.

Douglas nickte. »Ja, er war mal ein Schaubulle, der ist eigentlich ziemlich zahm. Aber wenn man versucht, ihn zu verladen, dann springt er einfach raus.«

Nun, ich dachte ich wüsste es besser, kletterte über die Umzäunung des *Kraals* und näherte mich langsam diesem *Brahman*, der übrigens ganz außergewohnlich groß war. Ein Prachtexemplar!

Ich kam überhaupt nicht in seine Nähe. Trotz seines gewaltigen Gewichts sprang er, mir nichts dir nichts, über den Zaun.

»Sie Idiot! Ich habe Ihnen doch gesagt, dass Sie ihm einen Betäubungspfeil in den Hintern schießen müssen!« Douglas rollte die Augen.

»*Sorry*.« Ich kam mir nun wirklich äußerst dämlich vor, aber was sollte ich sonst sagen?

Die ganze Prozedur begann von Neuem. Die Rinderherde musste aus dem *Kraal* herausgetrieben werden und nachdem der Bulle wieder mit seinen Damen vereint war, wurden sie alle zusammen wieder hineinmanövriert.

»Na, dann lasst es uns nochmal versuchen.« Ich lud das Gewehr, stellte mich so, dass ich das Hinterteil des Bullen im Blick hatte, und schoss.

Er grunzte einmal, warf seinen Kopf in die Höhe und drehte sich mit erstaunlicher Geschwindigkeit auf dem Absatz um. Dann starrte er mich an. Ich dachte, es sei wohl besser, ein paar Minuten zu warten, bis die Medizin wirkte, denn ich wollte nicht schon wieder die Pferde scheu machen. Aber dann kam der Bulle auf die Umzäunung zugelaufen. Schritt für Schritt kam er näher, sein Halslappen schwang von einer Seite zur anderen, und dann stand er direkt vor mir.

»Sind Sie sich sicher, dass er eine Schaubulle war?«, fragte ich, ohne meine Augen von dem Tier zu nehmen.

»Ja, hundert Prozent. Ich habe ihn doch auf der *Rand Show* gekauft.«

Er sah mir immer noch in die Augen, und ich starrte zurück. Ich hob meinen Zeigefinger und steckte ihn ganz vorsichtig in seinen Nasenring. Der Bulle reagierte nicht. Absolut gar nicht. Er sah mich nur unverwandt an, so als wollte er fragen: Und was jetzt?

Ohne meine Augen von ihm zu nehmen oder den Ring loszulassen, kletterte ich langsam durch den Zaun. Und dann führte ich den großen *Brahman* an nur einem Finger die Laderampe hoch auf den Transporter. Dort hielt ich ihn fest, während seine Kühe aufgeladen wurden. In der Zwischenzeit hatte Douglas den Pfeil aus seinem Hinterteil gezogen.

»So, jetzt müssen wir nur warten, bis er sich hinlegt«, sagte ich. Wir warteten und warteten, aber eine halbe Stunde später stand er immer noch.

»Wo ist der Pfeil?« Irgendetwas stimmte hier nicht.

Als Douglas ihn mir gab, steckte ich eine lange Nadel hinein, aspirierte und heraus kam die gleiche Menge Medizin, die ich vorher eingefüllt hatte. Der Pfeil hatte zwar genau richtig gesessen, aber er hatte seinen Inhalt nicht freigesetzt wie geplant. Der Bulle hatte nicht einen Tropfen *Muthi* im Blut. Wir beide sahen den Humor in dieser Geschichte und mussten erst einmal herzlich lachen.

Außerdem war Douglas Netherdale so sehr davon beeindruckt, dass ich seinen wilden Bullen einfach so am Nasenring auf den Laster geführt hatte, dass er mir sein *Zeiss*-Mikroskop schenkte. Das steht heute noch in meiner Praxis, und jedes Mal, wenn ich es sehe, kann ich mir ein Schmunzeln kaum verkneifen.

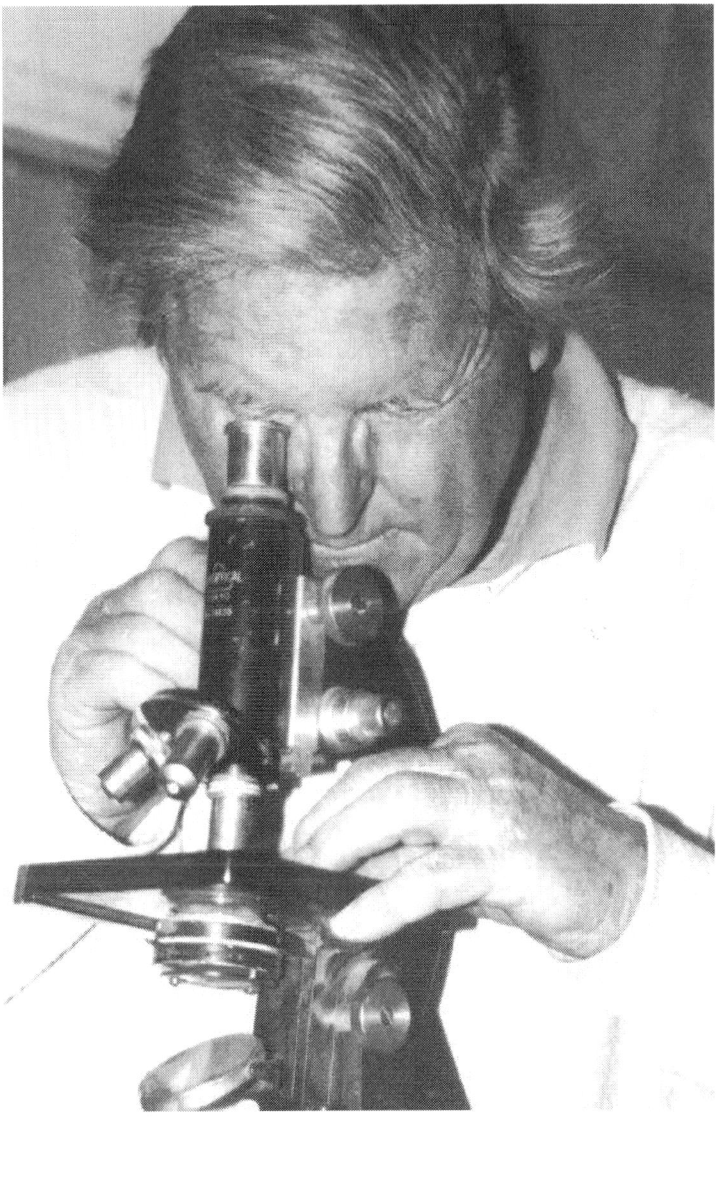

Bruno und andere wilde Gesellen

Über die Jahre hinweg mag Walter wohl als ein eher unorthodoxer Tierarzt bekannt geworden sein, aber er war bei weitem nicht die einzige außergewöhnliche Persönlichkeit, die es in den Waterberg verschlagen hatte. Ganz im Gegenteil. Immer wieder waren ihm Gerüchte über einen gewissen Friekkie van der Merwe zu Ohren gekommen, und es freute ihn ganz ungemein, als er endlich diesen Mann kennenlernte, der in Farmerskreisen als echte Legende bekannt geworden war.

Friekkie van der Merwe war aus zwei Gründen berühmt. Erstens, weil Friekkie niemals Schuhe trug. Schuhe waren einfach nichts für ihn. Er ging sogar ohne Schuhe in die Kirche. Und zum Zweiten war er bekannt als der Mann, der mit bloßen Händen einen Leoparden getötet hatte.

Das *tier*, wie ein Leopard auf Afrikaans heißt, hatte auf der Farm, auf der Friekkie als Manager arbeitete, schon jede Menge junger Antilopen gerissen. Als dasselbe Tier, das nahm man zumindest an, angefangen hatte, Kälber zu töten, da hatte Friekkie die Nase voll gehabt und eine Falle gestellt.

Eines Morgens, so hatte Walter gehört, ging Friekkie hinaus, um die Falle zu überprüfen. Alles war ganz ruhig. Vielleicht zu ruhig, dachte er, denn plötzlich fühlte er, wie sich ihm die Nackenhaare sträubten. Er sah sich um, konnte aber nichts Ungewöhnliches entdecken. Er zuckte mit den Schultern. Als er sich umdrehte, um zurück ins Haus zu gehen, wo sein morgendlicher Kaffee auf ihn wartete, hörte er ein ohrenbetäubendes Fauchen. Der Leopard war auf ihm – von wo er gekommen war, das sollte Friekkie niemals erfahren.

Friekkie hatte keine Chance, ihn zu erschießen, dafür war alles viel zu schnell gegangen. Glücklicherweise trug er einen stabilen Ledergürtel, der ihn davor bewahrte, direkt den Bauch aufgerissen zu bekommen. Während der Leopard seine Hinterläufe gegen den Gürtel stemmte, gelang es Friekkie, der nun um sein Leben kämpfte, seine Hände um den Hals des Tieres zu legen. Er drückte mit aller Kraft zu. Es schien eine Ewigkeit zu dauern, aber langsam begann die Energie seines Angreifers zu schwinden. Dann erschlaffte der Körper des Leoparden völlig.

Friekkie hatte viel Glück an jenem Tag, sagten manche Leute hinterher, denn er hatte überlebt. Er hatte großes Pech, meinten andere, denn er musste einen ganzen Monat im Krankenhaus bleiben.

Walter war eigentlich der Überzeugung, dass jeder, der einen Leoparden zu Gesicht bekam, viel Glück hatte. Er bewunderte diese scheuen und meist unsichtbaren Raubtiere für ihre Schönheit und Eleganz. Ihr Vorkommen verringerte sich ständig und dramatisch, und ihr Ruf unter den Farmern war wesentlich schlimmer, als der Schaden, den sie wirklich anrichteten. Wie dem auch sei, nachdem er den Leoparden mit seinen bloßen Händen getötet hatte, war Friekkie ein Held, da bestand kein Zweifel.

Der Leopard war nicht das einzige Tier, das Jacques Burger, dem Besitzer der Farm, auf der Friekkie arbeitete, Kopfschmerzen bereitete. Das andere Problem war Bruno. Bruno war ein ganz gemeiner Büffel, zumindest wenn man Jacques Glauben schenkte.

»He's no good for man or beast«, pflegte Jacques, der normalerweise nur Afrikaans sprach, jedesmal zu sagen, wenn Bruno wieder einmal etwas angestellt hatte.

Bruno war groß und stark und hatte ganz enorm breite Hörner. Da er ein Flaschenkind war, war er relativ zahm, und Jacques hatte eigentlich gehofft, dass er ihn als Maskottchen auf der Farm würde halten können. Aber Bruno schien diese Idee ganz und gar nicht zu gefallen. Wenn er in seinem Gehege war, ließ er sich von außen gerne am Kopf kratzen und benahm sich wie ein ganz freundlicher Geselle, aber sobald irgendjemand dumm genug war, in sein Gehege hineinzugehen, wurde es ungemütlich. Bruno wurde wütend und versuchte, den Eindringling zu töten. Das größte Problem aber war, dass sich Bruno in regelmäßigen Abständen wohl ziemlich langweilte, es dann schaffte auszubrechen und sich mit Vorliebe daran machte, Jacques Rinderbullen zu massakrieren.

Irgendwann hatte Jacques genug davon und beschloss, Bruno zu verkaufen. Der Käufer wartete schon, und so rief er Walter zu Hilfe. Es gelang ihnen, den Büffel mit einem Betäubungspfeil zu treffen, aber nicht, ihn zu verladen. Obwohl er schon eine gute Dosis Medikamente intus hatte, kooperierte Bruno nicht. Er stand still und weigerte sich, auch nur einen Schritt zu tun.

Niemals um einen Plan verlegen, trat Friekkie in Aktion. Er band den Büffel an der Anhängerkupplung des *Bakkies* fest und versuchte, ihn so vorwärts zu ziehen. Aber Bruno blieb standhaft. Friekkie, der langsam die Geduld verlor, sprang aus dem Fahrzeug und versuchte, ihn von hinten zu schieben. Erfolglos. Dann hatte Friekkie eine bessere Idee.

»Das wird ihn in Schwung bringen!«, rief er Walter und Jacques zu und sprang auf Brunos Rücken.

In der Tat. Mit einem lauten Schnauben erwachte das Tier aus seinem Stupor. Bruno riss den Kopf hoch, zerriss das Seil zum Land Cruiser und rannte los. Plötzlich fand sich Friekkie auf einem wild bockenden Büffel wieder.

Jacques und Walter waren so überrascht, dass es ihnen die Sprache verschlug. Sie sahen, wie Friekkies Hut in hohem Bogen davonflog. Dann raste Bruno auf einen wilden Feigenbaum zu, der ein paar dicke, tiefhängende Äste hatte. Gerade als er darunter hindurchstürmte, bekam Friekkie einen Ast zu fassen und zog sich daran hoch, während der Büffel weitergaloppierte. Alle waren erleichtert, aber nur für kurze Zeit. Friekkie wollte nun zurück in die relative Sicherheit des Land Cruisers, und war gerade dabei, sich auf den Boden herunterzulassen, da hielt der Büffel an, drehte sich um und rannte mit voller Geschwindigkeit wieder auf den Baum und Friekkie zu. Der wiederum hatte keine Wahl und musste so schnell wie möglich wieder auf seinen Ast zu klettern.

Walter konnte sein Grinsen nicht verbergen, als er beobachtete, wie die beiden dieses Spiel eine Weile spielten; lange genug für

Jacques, um zum Farmhaus zurückzufahren und noch eine Dosis *M99* zu holen.

»Gib ihm das Zeug einfach«, sagte er zu Walter. »Wenn's ihn umbringt, dann ist das eben so. Ich hab' jetzt die Nase voll.«

Die zweite Dosis des Medikaments wirkte, und *Good Riddance* war alles, was Jacques zu sagen hatte, als Bruno endlich auf der Ladefläche eines Viehtransporters die Farm verließ.

Sechs Monate später erhielt Walter einen Anruf aus Marble Hall.

»Hallo! Ist das Doc Eschenbach?«

»Ja, hier spricht Doktor Eschenburg.«

»Können Sie einen Büffel ruhigstellen? Er ist in unserem *Kraal*, und er richtet unglaublichen Schaden an.« Irgendwie hörte sich das alles doch sehr bekannt an, dachte Walter.

»Wir haben ihn an ein Forschungszentrum verkauft, die wollen Samenexperimente mit ihm machen. Ist mir eigentlich egal. Kommen Sie einfach und schießen Sie ihn, so dass wir ihn wegfahren können.« Walter meinte, einen Hauch von Verzweiflung in der Stimme des Anrufers entdeckt zu haben. Seine Neugier war geweckt.

Als er auf der Farm ankam, wurde sein Verdacht bestätigt. Der Büffel, um den es hier ging, war kein anderer als Bruno, und Walter bot sich ein befremdlicher Anblick.

Innerhalb einer stabilen Umzäunung standen ein Traktor und ein nagelneues Auto, allerdings beide in einem erbarmungswürdigen Zustand. Und da war Bruno, der zufrieden wiederkäute.

Ein hohlwangiger Mann näherte sich Walter und stellte sich als Herr Pretorius vor.

»Doc, ich bitte Sie, entweder Sie sedieren dieses Ungetüm gleich hier und jetzt, so dass wir ihn verladen und wegfahren können, oder ich erschieße ihn. Schauen Sie sich das nur an!« Ihm kamen fast die Tränen, als er auf seine zwei Fahrzeuge deutete.

Plötzlich, als wäre ihm gerade bewusst geworden, dass er Zuschauer hatte, sprang Bruno auf und prügelte wild auf den Traktor ein, bevor er sich wieder hinsetzte und wiederkäute, als wäre nichts gewesen. Wenige Minuten später sprang er wieder auf. Diesmal war es das Auto, das Schläge bekam, bevor er sich wieder bequem niederließ, so als wäre dies das allernormalste Verhalten für einen afrikanischen Büffel.

Walter betäubte Bruno, er wurde verladen, diesmal ohne Probleme, und Herr Pretorius hatte größte Freude daran, ihn höchstpersönlich abzutransportieren. Walter sah ihnen nach, zusammen mit einem sichtlich erleichterten Farmverwalter.

»Good riddance«, rief dieser, und er hörte sich an wie Jacques' Echo. Dann lud er Walter auf einen Kaffee ins Farmhaus ein.

Herr Pretorius hatte die Farm vor gar nicht langer Zeit gekauft, und das Haus hatte er selbst entworfen und gebaut. Es war ein extravagantes Gebäude mit einem geschwungenen Grasdach, Natursteinwänden und viel dunklem Holz. An den Ecken hing das Gras vom Dach hinunter bis auf den Boden.

Walter wurde durch eine große Glasschiebetür ins Wohnzimmer geführt. Es dauerte einen Moment, aber nachdem sich seine Augen erst einmal an das schummrige Licht gewöhnt hatten, konnte er seine Überraschung kaum verbergen. Von der gegenüberliegenden Seite des Raumes starrte ihn ein riesiger Elefantenkopf an. Dieser war umgeben von einer Reihe anderer ausgestopfter Trophäen: Kudu, Gemsbok, Nyala, Waterbuck und alle möglichen anderen Köpfe von Tieren, die man in diesen Breiten jagen konnte. Vor dem offenen Kamin stand ein ausgewachsenes Krokodil, und der Durchgang zur Küche war auf der einen Seite flankiert von einem Löwen, und auf der anderen von einem Leoparden.

Es hingen keine Bilder an den Wänden. Stattdessen war jeder Quadratzentimeter freier Fläche mit *Karossen* bedeckt, die aus den Fellen von afrikanischen Zibetkatzen zusammengestückelt waren. Sie erinnerten an makabre Wandteppiche. Was zu dieser be-drückenden Atmosphäre noch beitrug, war, dass alle Möbel aus dem groben, dunklen, aber auf Hochglanz polierten Holz ehemaliger Eisenbahnschwellen gezimmert worden waren. Walter war erleichtert, als der Manager ihn bat, mit in die Küche zu kommen, um sich dort Brunos Geschichte anzuhören.

Genau wie auf Jacques' Farm hatte sich der zahme Büffel in Marble Hall sehr gelangweilt. Er hatte wohl auch festgestellt, dass er gerne in menschlicher Gesellschaft war und hielt sich am liebsten in der Nähe des Hauses auf. Herr Pretorius und seine Angestellten hatten versucht, ihn in den *Kraal* zu treiben, aber er hatte sich geweigert, und wenn Bruno sich weigerte, dann ging er eben nicht.

Im Hof schien das neue Auto seines Besitzers ganz besonders Brunos Interesse zu wecken, und da der *Kraal* der einzige Ort war, den dieser mied wie die Pest, dachten sie, es sei eine gute Idee, das Auto und den Traktor dort in Sicherheit zu bringen.

Ein stabiler Palisadenzaun umgab das Haus und den zugehörigen Garten. Wahrscheinlich um seiner Langeweile Herr zu werden, begann Bruno, sich mit dem Zaun zu beschäftigen. Nach und nach riss er einen Pfahl nach dem anderen heraus, bis er ein Loch geschaffen hatte, das groß genug war, um ungehindert hindurchzulaufen.

Dann entdeckte er das Haus. Das Gras, das vom Dach herunterhing, sah gar köstlich aus, also kaute er etwas darauf herum, nur um es dann wieder auszuspucken. Es war nicht wirklich zum Verzehr geeignet, und das ärgerte ihn. Bruno begann, es mit seinen Hörnern vom Dach herunterzureißen. Nun hatte er freien Zugang zur Veranda. Als er sich dort plötzlich einem anderen Büffel gegenübersah, beschloss er, diesen anzugreifen. Er rannte direkt durch die verspiegelte Glasschiebetür. Verwirrt darüber, wohin sein Gegner wohl verschwunden sein konnte, hatte er wohl einen Moment lang den Elefantenkopf, das Krokodil und die anderen ausgestopften Tiere angestarrt. Vielleicht erschreckte ihn dieser Anblick, denn er drehte er sich auf dem Absatz um und rannte davon.

Er rannte zurück durch die zersplitterte Glastür, zwängte sich durch das Loch im Zaun und stürzte sich dann direkt in seinen *Kraal*, wo er sich erst einmal hinsetzte und in Ruhe wiederkäute. Schnell hatten sie das Tor geschlossen, und Bruno verhielt sich unauffällig. Alle waren erleichtert. Endlich war der Büffel, wo er hingehörte, und die Situation schien unter Kontrolle.

Wenn da nicht das Auto und der Traktor im *Kraal* gewesen wären. Obwohl Bruno ganz friedlich dort saß, war klar, dass sich niemand trauen würde, die Fahrzeuge dort herauszuholen. Sobald ihm jemand zu nahe kam, sprang Bruno auf und attackierte entweder das Auto oder den Traktor.

Walter schüttelte nur seinen Kopf. Das war die seltsamste Büffelgeschichte, die ihm jemals zu Ohren gekommen war, und er hatte so einige gehört.

Für Bruno endete die Geschichte nicht auf der Forschungsstation. Dort fand man nämlich schnell heraus, dass er unfruchtbar war. Das Letzte, was Walter hörte, war, dass er als Trophäe für einen sogenannten *Big White Hunter* sein Ende gefunden hatte. Das tat ihm eigentlich sehr leid, denn er hatte Bruno doch irgendwie ins Herz geschlossen.

Gefährliche Giraffen

Walter und Reuben Joubert waren wieder einmal zusammen unterwegs, diesmal um ein paar Giraffen einzufangen. Alles war so weit gut gelaufen; der Hubschrauber hatte die kleine Gruppe in die mobile *Boma* getrieben, und Walter hatte die Tiere betäubt, die dann zur Farm ihres neuen Eigentümers transportiert worden waren.

Vom Helikopter aus war Reuben und Walter ein junger Giraffenbulle aufgefallen, der nicht zur Herde gehörte, die verladen werden sollte. Sie hatten gesehen, dass sich eine Drahtschlinge um eines seiner Hinterbeine gewickelt hatte. Da nicht genügend Zeit war, um sich um dieses Tier zu kümmern, hatte Walter beschlossen, am nächsten Tag zurückzukommen, um die Schlinge zu entfernen. Sonst konnte sie zu Infektionen und letztendlich dem Tod des Tieres führen.

Dieses Mal war es Bernhard de Sand, der perfekte *Country Gentleman*, der Walter begleitete; nur so zum Spaß, und um, falls nötig, eine helfende Hand zu reichen. Paraffin und Flying Machine waren auch mit von der Partie und saßen auf der Ladefläche von Walters grünem Nissan. Bernhard de Sand war zwar von Beruf Rechtsanwalt, hatte aber seine Robe an den Nagel gehängt und gegen kurze Hosen, Kniestrümpfe und *Veldskoene* eingetauscht. Schon als junger Mann hatte er beschlossen, seinen Traum zu verwirklichen, und hatte die Familienfarm Sleutelfontein übernommen, auf der er nun hauptberuflich Rinder züchtete. Die De Sands hatten die Eschenburgs kennengelernt, als Johnny und Tokkie auf dieselbe Schule gegangen waren wie Debbie, und Walter hatte die Gesellschaft seines belesenen Freundes immer genossen. Bernhard auf der anderen Seite war ein großer Bewunderer von Walters tierärztlichen Fähigkeiten.

Es war das erste Mal, dass Bernhard beim Giraffenfangen dabei war, und er wollte genau wissen, wie alles funktionierte. Geduldig erklärte Walter das Prozedere.

»Es ist gar nicht so kompliziert, aber es gibt ein paar Dinge, auf die man achten muss. Ganz wichtig ist, dass man den Pfeil schon vorher vorbereitet, denn die Viecher pflegen nicht in der Gegend rumzuhängen und auf uns zu warten. Zweitens muss man akkurat treffen, so dass das *Muthi* in den Muskel injiziert wird. Hinterquartier oder Schulter sind gut.«

»Und wie weiß man, dass die Betäubung funktioniert?«

»Schon bald, nachdem der Pfeil richtig sitzt, wird der Gang ataxisch, also unkoordiniert. Die Giraffe fängt an, die Knie viel höher zu heben als normal, so ähnlich wie ein Lippizaner bei der hohen Dressur. Da gibt es viel Aktion, aber wenig Vorwärtsbewegung. Gleichzeitig wird der Kopf zurüsckgeworfen und die Nase zeigt gen Himmel.«

»Dann braucht man zwei Helfer, um dieses Auf-der-Stelle-Treten zu nutzen. Diese müssen der Giraffe ein Seil um den Hals legen, und zwar so hoch wie möglich, und es dann hinter ihr überkreuzen. Wenn das Tier zu Boden geht, haben sie Kontrolle über die Bewegungen des Kopfes.«

»Aha, ich verstehe, so dass der Kopf nicht auf den Boden knallt?«

»Genau. Denn natürlich müssen wir verhindern, dass sich die Giraffe während dieser ganzen Aktion verletzt. Als nächstes wird eine Augenbinde angelegt.«

»Und wie fixiert man so ein Tier dann, so dass es nicht plötzlich wieder aufsteht? Außerdem habe ich gehört, dass die auch ganz ordentlich zutreten können?«

»Giraffen sind wirklich seltsame Tiere«, fuhr Walter mit seinen Erklärungen fort. »Von allen Landsäugetieren haben sie das größte Herz, den längsten Hals, den längsten Schwanz und die längsten Beine. Und letztere benutzen sie auch zur Selbstverteidigung. Ein ordentlicher Tritt von einer ausgewachsenen Giraffe kann jeden menschlichen Knochen brechen. Aber der lange Hals ist ihre Achillesferse, vor allem wenn sie erst einmal am Boden liegt. Wenn man den Kopf mit Kraft festhält, kann sie nicht mehr aufstehen, auch wenn kein anderer Teil des Körpers fixiert ist.«

Sie fanden den Giraffenbullen. Der Betäubungspfeil wurde platziert und schnell zeigten sich alle Symptome wie aus dem Bilderbuch. Sie führten ein Seil um seinen Hals, und der Patient begann, sich auf einem relativ freien Stück Boden niederzulegen. Dann bäumte er sich noch ein letztes Mal auf und versuchte, sich nach vorne zu bewegen. Als Walter darauf reagierte und einen Schritt zur Seite machte, um mehr Halt zu haben, trat er mit seinem Fuß in ein Ameisenbärenloch. Er hörte ein seltsames Geräusch und spürte einen intensiven Schmerz in seinem Knöchel.

Gleichzeitig wurden Bernhard de Sand, Paraffin und Flying Machine überrascht von Fluch- und Schimpfworten, die vom anderen Ende der Giraffe zu kommen schienen. Obwohl keiner von ihnen des Deutschen mächtig war, verstanden sie doch, dass Walter auf seine Muttersprache zurückgegriffen hatte, um Verärgerung und Schmerz Luft zu machen.

»Scheibenkleister. Mann!«

»Was ist denn los, Walter? Ist alles ok?«

»Ach, nichts.« Er biss seine Zähne zusammen. »Es ist nur meine Achillessehne. Ich glaube, die ist gerade gerissen. Aber lasst uns weitermachen, wir haben nicht viel Zeit.«

Der Giraffenbulle legte sich nun ruhig hin. Er hatte die Beine unter seinem Körper gefaltet und den Kopf zur Seite gelegt. Aber sobald die Männer näherkamen, versuchte er, wieder aufzustehen.

»Bernhard, schnell! Setz dich auf seinen Hals und halte ihn runter. Er darf sich nicht verletzen!«, rief Walter. Es schien als habe er etwas unterdosiert, aber es sollte reichen, solange das Tier seinen Kopf nicht heben konnte.

»Kein Problem!« Das hatte Bernhard sich zumindest so gedacht. Die Giraffe aber dachte anders und schüttelte ihren Kopf.

»Mann, Bernhard, sei doch nicht so schüchtern! Setz dich einfach auf den Kopf von dem blöden Vieh.«

»Ok, ok.«

Bernhard saß nun mitten auf dem Giraffenkopf.

Aber Walter sah aus dem Augenwinkel, dass die Giraffe doch noch einen Versuch unternehmen wollte, wieder aufzustehen.

»Mensch, Bernhard, *jirre*! Kannst du dieses blöde Ding nicht mal drei Sekunden unten halten?« Walter war kurz davor, seine Beherrschung zu verlieren, wozu der schmerzende Knöchel nicht unwesentlich beitrug. Er drehte sich um und sah, wie Bernhard, selbst kein kleiner Mann, auf dem Giraffenkopf saß. Allerdings schwebte der gut eineinhalb Meter über dem Boden, und seine Beine baumelten völlig nutzlos in der Luft. Offensichtlich fragte er sich gerade, wie er aus dieser eher würdelosen Situation wieder herauskommen sollte.

Walter wurde klar, dass er etwas unternehmen musste.

»Paraffin, Flying Machine! Kommt, schnell!«

Dann nahm er Anlauf und stürmte los. Trotz seines schmerzenden Beins warf er sich mit vollem Schwung auf den Hals der Giraffe, und das keinen Moment zu früh. Paraffin und Flying Machine folgten einen Moment später. Gemeinsam schafften sie es, das Tier am Boden zu halten.

Bernhard war sichtlich erleichtert, wieder beide Füße auf dem Boden zu haben.

»Walter, ich bin beeindruckt! Auf diesen *tackle* wäre jeder *Springbok*-Rugbyspieler stolz gewesen!«

»Was weißt du denn schon?«, murmelte Walter und verfluchte gleichzeitig seinen Fuß, der jetzt noch mehr weh tat. »Nur weil ich gut Rugby spielen konnte, habe ich überhaupt mein Physikexamen bestanden, damals in *Onderstepoort*. Ohne Rugby wäre ich wahrscheinlich heute gar nicht hier.«

Er nahm den Drahtschneider und entfernte die Schlinge vom Fuß der Giraffe. Sie hatte schon tief in die Haut eingeschnitten, und die Verletzung zeigte erste Anzeichen einer Infektion. Nachdem er ein Antibiotikum und ein entzündungshemmendes Medikament verabreicht hatte, spritzte er das Gegenmittel und die Männer traten einen Schritt zurück. Paraffin und Flying Machine sammelten die Seile und andere Gerätschaften ein, während Walter und Bernhard den Giraffenbullen beobachteten. Es dauerte nicht lange, bis er die Beine ausstreckte, aufstand, einmal über die Schulter blickte und sich dann im leichten Galopp elegant davonmachte. Die Männer waren zufrieden.

Walters Knöchel wurde nicht besser, und nach ein paar Tagen gab er Topsys Drängen nach und entschloss sich, seinem alten Freund Dr. Kroon einen Besuch abzustatten.

»Ja, Doc, siehst du, Giraffen sind gefährliche Gesellen!« lachte er.

»Ne, Walli, das ist nur eine Zerrung, das kommt für ein paar Wochen in Gips, und dann ist gut, du wirst schon sehen.«

Allerdings war nach ein paar Wochen kein Zeichen von Besserung zu erkennen.

»Oh dear«, bemerkte Walter, »mein Fuß benimmt sich ja immer noch, als würde er nicht zu mir gehören.«

»Dr. Eschenburg? Es sieht tatsächlich so aus, als seien beide Sehnen gerissen«, verkündete der Spezialist in der *Sandton Clinic*, an den Walter überwiesen worden war. »Sie hätten wirklich früher kommen sollen. Aber nun gut. Wir haben keine Wahl, wir müssen operieren und die Sehnen wieder zusammennähen. Wie ist das denn überhaupt passiert?«

»Ich bin hinter einer Giraffe durchs *Veld* gerannt und in ein Loch getreten.«

Der Arzt lächelte höflich. »Nein, ich müsste wirklich wissen, was passiert ist.«

»Ja, wissen Sie, Herr Doktor, Giraffen sind gefährliche Gesellen. Wie lange noch, bis ich diesen blöden Fuß wieder benutzen kann?«

»Mindestens drei Monate.« Der Arzt schüttelte den Kopf. Starrsinnige Patienten waren ihm schon öfter begegnet.

Drei Monate! Aber er hatte keine Wahl. Und es brauchte mehr als einen Gipsfuß, um Walter davon abzuhalten, seinen Beruf auszuüben – und sich auch weiter mit Giraffen zu beschäftigen.

****

Innerhalb weniger Wochen kam es Walter vor, als hätte er schon immer einen Gipsfuß gehabt. Er hatte einen Tag gebraucht, um zu lernen, damit Auto zu fahren, und in den meisten Fällen hinderte es ihn nicht mehr wirklich, wenn er seine Patienten besuchte. Nur wenn es um die Behandlung wilder Tiere ging, da hatte er sich eine Pause verordnen müssen.

Der einst weiße Verband hatte schon eine unidentifizierbare Farbe angenommen, als Walters Freund Leon anrief.

»Kannst du eine Giraffe für mich fangen?« Leon kam immer gleich direkt zur Sache.

»Naja, eigentlich nicht wirklich. Nicht in meinem Zustand«, antwortete Walter mit Bedauern in der Stimme. Er vermisste den ganz besonderen Nervenkitzel, den nur die Arbeit mit Wildtieren brachte.

Leon und seine Frau Juliana hatten sich vor Kurzem im Waterberg zur Ruhe gesetzt und eine große Farm gekauft. Es war keine gute Rinderfarm und das Gelände zu felsig, um wirklich etwas anbauen zu können, aber das Land war ideal für das Natur- und Wildschutzgebiet, das die beiden geplant hatten.

»Wir wollen keinen Tourismus, und wir wollen auch keine Jagd«, hatten sie Walter erklärt. »Um ehrlich zu sein, wollen wir einfach ein Stück Land haben, auf dem die Tiere sich frei bewegen können. Unser ganzes Leben haben wir davon geträumt. Und nun wir haben uns entschieden, dass wir unseren Traum in die Tat umzusetzen wollen, bevor wir zu alt sind.«

Sie hatten einen Wildzaun um die Außengrenze der Farm errichtet, und gleichzeitig alle inneren Zäune, die früher die Rinderweiden getrennt hatten, abgebaut. Langsam begannen sie, Wildtiere wieder einzuführen, und nun hatte Leon eine junge Giraffe erworben. Er konnte es nicht abwarten, sie über die Hügel seiner Farm wandern zu sehen.

»Ach komm schon, Walter. Es ist auch nur eine ganz Kleine.« Er wusste, wie er seinen Freund ködern konnte.

»Also gut, wenn es nur eine Kleine ist, dann komme ich später vorbei und schaue sie mir mal an.« Walter hatte angebissen. »Ich bringe mein Blasrohr mit, und wenn wir nahe genug rankommen, dann kann ich sie damit außer Gefecht setzen.«

»Ja, ja, wir kommen schon nahe genug ran; sie ist in einem Stall untergebracht.«

Was Walter vorfand, als er am Schuppen ankam, den Leon so großzügig ›Stall‹ genannt hatte, war eine sehr wütende, kleine Giraffe. Sie war ungefähr acht Fuß groß und stand in einem engen Gehege am Ende des schmalen und sonst leeren Schuppens, der so niedrig war, dass sie sich ständig ducken musste. Sie war ganz offensichtlich nicht glücklich und kickte immer wieder heftig an die Wand, sobald sich jemand näherte.

»Na, die scheint ja ordentlich sauer zu sein! Am besten, wir regeln das hier gleich.« Walter präparierte seinen Pfeil, zielte auf das Hinterteil und blies ihn in die Mitte des linken Oberschenkels.

Das war ganz offensichtlich zu viel des Guten. Mit einem lauten Schnauben legte die Giraffe los, trat nach hinten aus und rannte krachend durch die Absperrung. Den Kopf tief haltend galoppierte sie nun durch den ganzen Schuppen, immer wieder, vor und zurück, wobei sie sich ständig unter den Dachbalken ducken musste. Aber auch der Schuppen war offensichtlich zu klein, und so hielt sie auf das große Tor zu. Das war mit zwei Holzstangen versperrt, die sie in alle Richtungen fliegen ließ. Somit landete sie im Hof, der von einem stabilen Holzzaun umgeben war. Sie regte sich immer mehr auf und galoppierte immer schneller an der Umzäunung entlang.

Walter war ziemlich gehandicapt mit seinem Gipsfuß und hüpfte der Giraffe mehr schlecht als recht hinterher. Gerade als er in den Hof trat, warf diese sich mit aller Kraft gegen zwei dicke Kabel, die den Eingang verschlossen und die letzte Barriere zur vermeintlichen Freiheit darstellten. Sie hielten dem Ansturm stand, dehnten sich ein wenig und warfen dann das überraschte Tier zurück wie ein Gummiseil. Mit einem verwirrten Gesichtsausdruck landete es direkt vor Walters Füßen.

»Ha, jetzt hab ich dich!« Triumphierend sprang er der Giraffe auf den Hals und drückte den Kopf zu Boden. Es gab keinen Widerstand mehr. »Als ob jemand die Luft rausgelassen hätte«, dachte er.

In kürzester Zeit bewerkstelligten es Leon und sein Team, die Augenbinde anzulegen und die Giraffe wie ein Hühnchen zu verschnüren. Sie beschlossen, dass es am schnellsten und einfachsten sei, das Tier auf der Ladefläche von Walters *Bakkie* zu transportieren.

Viele Köpfe drehten sich nach ihnen um, als sie die Straße entlangfuhren. Walter und Leon hatten sich beide ins Fahrerhäuschen gequetscht, während die Giraffe auf der Ladefläche des Wagens saß und ihr Kopf auf dem Dach der Kabine ruhte. Acht von Leons Männern wiederum saßen auf der Giraffe, um sie in Position zu halten.

Aber sie rührte sich nicht, und als sie am Ziel waren, hoben Leon und seine Assistenten sie vorsichtig von der Ladefläche und setzten sie in ihrem neuen Gehege auf den Boden. Sie hatten keine Probleme, die Seile und die Augenbinde zu lösen, während Walter die Spritze mit dem Aufwachmittel präparierte. Aber bevor er nahe genug kommen konnte, um die Injektion zu verabreichen, hob die Giraffe den Kopf, sah sich einmal um, sprang auf die Füße und lief davon.

»Und was war das jetzt? Einfach auf und davon? Wie geht das denn?« Die Verwirrung stand ihm ins Gesicht geschrieben.

»Walli, ich glaube, du solltest dir das hier mal ansehen.«

Als er den Pfeil, den Leon in der Hand hielt, genauer betrachtete, konnte er nur den Kopf schütteln.

»Der ist ja immer noch voller *Muthi*!« Es war genau dasselbe passiert, wie vor einigen Jahren bei dem *Brahman*-Bullen, dem er sein Mikroskop zu verdanken hatte.

»Ich glaub's einfach nicht, dass wir diesen Kerl verladen und durch den halben Waterberg kutschiert haben und dazu noch auf der Ladefläche meines *Bakkie*, und er hatte nicht einen Tropfen Medizin im Blut! Das ist einfach unglaublich!«

Die kleine, zornige Giraffen wurde schnell zu einem von Leons und Julianas Lieblingen auf ihrer Farm. Obwohl sie nie zahm wurde, und nie jemanden auch nur in ihre Nähe kommen ließ, sahen sie sie oft nah an ihrem Haus vorbeispazieren.

»Manchmal frage ich mich...«, bemerkte Leon eine Weile später zu Walter, »weißt du, wir denken, dass wir sie beobachten, aber ist es nicht vielleicht umgekehrt?«

»Ja, genau«, lachte Walter, »frei nach dem Motto, *who's who in the zoo?*«

Glück gehabt

Ich war auf dem Rückweg von einer Farm in der Nähe von Alma, wo ich an jenem Nachmittag mit Trächtigkeitsdiagnosen beschäftigt gewesen war. Das ist eine ganz einmalige Gegend, sogenanntes saures *Bushveld* wie aus dem Bilderbuch, mit einer großen Vielfalt verschiedenster Bäume und Büsche. Ich fuhr an ein paar alten, wilden Feigenbäumen vorbei, und sah große Terminalias und Buschweiden, Albizias, wilde Seringas und natürlich die allgegenwärtigen Mopanebäume. Angeblich gab es in den abgelegeneren Tälern dort auch ein paar ganz prächtige *Yellowwoods*. Ich hatte mir vorgenommen, mir die eines Tages genauer anzuschauen, aber das musste warten, denn es war schon ziemlich spät geworden.

Das trockene Gras leuchtete golden; es war heiß, und ich trödelte, ohne mich wirklich auf die Straße zu konzentrieren. Was heißt Straße, es war nicht viel mehr als ein Feldweg mit einem hohen *Middelmannetjie*. Ich befand mich ungefähr auf halber Strecke zwischen dem Farmhaus und der nächsten größeren Straße, und da dies eine ziemlich große Farm war, also ziemlich weit weg von beidem, als eine Kudukuh und ihr Kalb meine Aufmerksamkeit erregten. Obwohl sie nicht die beeindruckenden Hörner ihrer Männer haben, sind es doch ganz ausgesprochen gut aussehende und elegante Tiere.

Ich beobachtete sie eine ganze Weile, wie sie sich an den Blättern gütlich taten. Im weichen Nachmittagslicht glänzte ihr Fell ganz besonders schön, und mir wurde wieder einmal bewusst, wie dankbar ich sein musste, in diesem wunderschönen Teil der Welt leben zu dürfen.

Aber dann holte mich ein äußerst unangenehmes, knirschendes Geräusch zurück in die Realität, und fast gleichzeitig kam mein Auto unfreiwillig zum Stehen. Ich saß in meinem nun schon alten Nissan 1200, der berühmt gworden war, weil ich eine Giraffe mit ihm transportiert hatte. Er hatte nicht viel Bodenfreiheit, und ich war an einen Straßenabschnitt mit besonders hohem *Middelmannetjie* gelangt. Das Gras, das auf dieser Erhebung in der Mitte der Straße wuchs, war fast genauso hoch wie ich, und das Chassis saß fest auf. Drei der vier Räder drehten sich hilflos in der Luft und waren nicht in der Lage, wieder Fuß zu fassen.

»Und jetzt?« Ich hatte wenig Lust, bis zur Farm zurückzulaufen, und um diese Tageszeit war es eher unwahrscheinlich, dass Hannes Lamprecht, der Farmer, oder sonst irgendjemand hier noch vorbeikommen würde. Ich versuchte noch einmal, den *Bakkie* in Bewegung zu setzen, aber die Räder waren einfach zu weit vom Boden weg. Ich versuchte es mit Schieben, aber das gute Stück bewegte sich keinen Zentimeter. Dann begann ich, es zu schaukeln. Ich warf mein ganzes Gewicht auf das hintere Ende, und stellte dabei fest, dass ich so die Räder auf den Boden bringen konnte.

Noch einmal sah ich mich um, ob nicht doch vielleicht jemand kam, aber in der Beziehung hatte ich wohl kein Glück. Sogar die Kudus waren verschwunden. Die Sonne näherte sich nun recht schnell dem Horizont, und ich wusste, dass Topsy zu Hause auf mich wartete.

Plötzlich hatte ich eine Idee. Ich sah mich um und fand schnell einen etwa fußballgroßen Stein. Diesen legte ich auf das Gaspedal und drückte es so halb herunter. Dann klemmte ich einen Stock zwischen Lenkrad und Fahrersitz, so dass die Räder etwas nach links gedreht waren. Ich ließ den Motor an und legte den ersten Gang ein. Die Räder begannen sich zu drehen, und Sand sprühte in alle Richtungen, dort wo sie die Straßenoberfläche gerade so berührten.

»Wer braucht schon Hilfe, wenn es Steine und Stöcke gibt!«, freute ich mich. Ich musste noch eine ganze Weile schieben und schaukeln, aber langsam gelang es mir, die Karre in Bewegung zu setzen. Allerdings hatte sie noch nicht genug Schwung, denn sobald ich aufhörte, blieb sie auch stehen. Also machte ich weiter und gab ihr noch einen heftigen Stoß. Plötzlich griffen die Räder und sie bewegte sich langsam vom *Middelmannetjie* nach links von der Straße herunter.

Ich wischte mir den Schweiß von der Stirn und musste zugeben, dass ich, als mir diese clevere Idee eingefallen war, nie weiter als bis zu diesem Punkt gedacht hatte.

»He, warte doch auf mich!«, rief ich laut, aber, wie vielleicht vorherzusehen war, hörte die alte Kiste nicht auf mich. Sie fuhr mir einfach querfeldein davon, gerade ein klein wenig zu schnell, als dass ich hätte aufholen können. Ich gab mein Bestes, denn ich wollte sie wirklich nicht davonkommen lassen, aber es sah schlecht aus. Dann, wie so oft im Leben, lächelte mir Fortuna wieder einmal zu.

Ungefähr einen halben Kilometer weiter fuhr das gute Stück nämlich mitten in einen dichten Busch, was ihre Fahrt so weit verlangsamte, dass ich sie einholen konnte. Ich sprang auf den Fahrersitz, setzte zurück auf die Straße und schafft es gerade noch, rechtzeitig zum Abendessen zu Hause zu sein.

Der Pudhi

Es kam die Zeit des alljährlichen *Nylvalley Horse Trials*, und Walter war sehr erleichtert, dass er endlich seinen Gips losgeworden war. Er hatte ihn sich selbst abgenommen, eine gute Woche vor der Zeit und zu deutlich ausgesprochener Kritik von Topsy und seinem alten Freund Dr. Kroon, aber er hatte die Nase einfach voll gehabt von dem Ding. Und so weit so gut, die Sehnen schienen ohne weitere Komplikationen verheilt zu sein.

»Just as well«, dachte er, denn vor ihnen lag ein ziemlich hektisches Wochenende. Pferdeleute würden von überall kommen, um an ihrem Turnier teilzunehmen. Manche ihrer Stammgäste behaupteten, dass es für sie der Höhepunkt der Saison war, was Walter immer wieder stolz von einem Ohr zum anderen lächeln ließ.

Er war den ganzen Morgen zusammen mit seinem Freund Johnny Perreira unterwegs gewesen, und gemeinsam hatten sie die Hindernisse für den Vielseitigkeitsparcours aufgebaut. Mittlerweile waren sie ziemlich gut darin, und mit der Hilfe von Paraffin und Flying Machine ließen sie ihrer Kreativität freien Lauf. Dieses Jahr gab es eine sogenante Elefantenfalle, und jede Menge Wasserhindernisse. Sie ließen die Teilnehmer Hunderte von Metern durch das Nylsvlei galoppieren. Der Boden war ideal, weich und sandig, und die wenigen Felsen waren leuchtend weiß gestrichen, so dass die Reiter, die sich hier noch nicht auskannten, sie nicht übersehen konnten. Das Turnier dauerte von Donnerstag bis Montag, und Walter und Johnny freuten sich schon darauf. Es war *party time*.

»Du musst so schnell wie möglich nach *Twee Rivieren*.« Topsy wartete schon auf Walter, als er zum Mittagessen auf *Boekenhout* eintraf. »Angeblich haben sie dort eine Kuh mit Tollwut. Sie sagen, sie hätte Schaum vor dem Mund.«

Walter beschloss, sofort loszufahren. Das Mittagessen konnte warten. Falls es sich wirklich um Tollwut handelte, war die Lage ernst, und es galt, keine Zeit zu verlieren.

Als er auf der Farm ankam und zu dem Tier geführt wurde, das von den anderen Rindern abgesondert worden war, hielt er einen Moment inne, um sich die Sache genau anzusehen. Die Kuh speichelte heftig und hatte einen wilden, panischen Ausdruck in den Augen.

»Sie hat seit mindestens einem Tag weder Futter noch Wasser angerührt.« Hennie Terblanche, der junge Farmer, war besorgt. »Bitte Doc, sagen Sie, dass es nicht Tollwut ist!«

»Ich muss mir das mal näher anschauen.« Walter ging vorsichtig auf das verstörte Tier zu und beobachtete es mit schiefgelegtem Kopf. Dann nickte er.

»Bringt sie in den Zwangsstand. Und dann brauche ich zwei Männer, um sie zu halten. Einer muss sie bei den Hörnern nehmen, und der andere an der Nase.«

Er untersuchte sie sorgfältig, wobei seine besondere Aufmerksamkeit dem Kopf galt. Er beendete die Prozedur damit, seine Hand in das Maul der Kuh zu stecken. Dann nickte er.

»Genau, wie ich gedacht habe. Ihr müsst der Kuh mehr Minerallecksteine geben.«

»Ich wusste gar nicht, dass Mineralfutter was mit Tollwut zu tun hat«, murmelte Hennie, als er dem Tierarzt zusah, wie er mit seiner Hand immer noch im Maul der Kuh herumfuhrwerkte.

»Komm mal her und fühl das hier.« Walter führte die Hand des jungen Mannes. »Kannst du die Zunge spüren? Und die Zähne? Gut. Jetzt wag dich noch ein Stückchen weiter rein.«

»Donnerwetter! Was ist das denn?« Hennis Augen waren vor Überraschung geweitet.

»Warte, ich zeig's dir.«

Mit einem geschickten Manöver zog Walter nun einen kleinen, knochigen Schädel aus dem Maul der Kuh.

»Siehst du, das hier war mal der Kopf von einem *Duiker*, einer kleinen Antilopenart. Die Einheimischen hier nennen das den *Pudhi*.

Der steckte ganz hinten im Rachen der Kuh. Die hat ganz offensichtlich darauf herumgekaut und dann versucht, ihn herunterzuschlucken. Aber das hat nicht funktioniert, denn der Schädel ist zu groß. Außerdem haben *Duiker* kurze Hörner, die nach hinten zeigen. Und die haben sich, als die Kuh dann versucht hat, den Schädel wieder auszuspucken, in den Nasengängen verhakt. Dann saß das Ding fest und konnte weder vor noch zurück. Um es rauszubekommen«, fuhr Walter fort, »muss man es erst ein klein wenig weiter nach hinten schieben, um die Hörner frei zu bekommen, und dann kann man es ganz, ganz vorsichtig herausziehen.«

Hennie verstand immer noch nicht ganz, aber seine zwei Farmarbeiter sahen sich vielsagend an. Sie wussten um den *Pudhi*, von dem ihre Legenden besagten, dass er magische Kräfte besaß.

»Aber Doc, warum hatte diese Kuh denn überhaupt einen *Duiker*-Schädel im Maul? So weit ich weiß, sind Kühe doch Grasfresser?«

»Naja, deshalb sage ich ja, deine Kühe brauchen mehr Mineralstoffe. Diese Kuh hat nämlich *Pica*. Du weißt doch, was das ist, oder?«

Hennie nickte etwas zögerlich, er war sich nicht hundertprozentig sicher. Ihm war auch nicht bewusst, dass dies eines von Walters Lieblingsthemen war.

»*Pica*«, erklärte dieser nun, »ist eine Essstörung, die durch Mineralstoffmangel verursacht wird, und oft zu *Osteophagie* führt. Das heißt, dass die Tiere anfangen, auf Knochen herumzukauen, um so die nötigen Mineralien zu sich zu nehmen. Deshalb hat deine Kuh versucht, den *Duiker*-Schädel zu fressen, und deshalb sage ich dir, dass du deinen Tieren mehr Mineralstoffe geben musst. Normalerweise würde man das kaum bemerken, denn die kleineren Knochen werden einfach verschluckt. Aber wenn sie einen ganzen Kopf zu fressen versuchen, dann bleibt der ihnen zweifelsohne im Halse stecken.«

Walter genoss es dieser Tage, kleine Vorträge zu halten, und in Hennie hatte er einen aufmerksamen Zuhörer gefunden.

»Die meisten Tiere fressen Knochen, manche mehr als andere. Pica betrifft Nutztiere genauso wie Wildtiere, und in den letzten paar Jahren habe ich leider sehen müssen, wie einige Giraffen daran zugrunde gegangen sind.«

Walter wendete sich wieder der Kuh zu.

»Ihr könnt sie jetzt loslassen. Ich habe ihr eine Spritze gegeben, um zu verhindern, dass es zu einer Infektion kommt, wo der Schädel die Schleimhaut verletzt hat. Außerdem hat sie eine Dosis Vitamine und Mineralstoffe bekommen. Aber vergesst nicht, euch um die Lecksteine zu kümmern.«

Hennie war erleichtert. Wenn es Tollwut gewesen wäre, dann wäre das alles so viel schlimmer gewesen. »Vielen Dank, Doc, aber sagen Sie mal, wie haben Sie das denn gewusst?«

»Ich will dir mal eine Geschichte erzählen, Hennie.« Walter lehnte sich an die Ladeklappe seines Autos.

»Vor einiger Zeit zeigte mir Paraffin auf unserer Farm ein totes Kudu und fragte mich dann, ob ich ihm sagen könnte, wer es getötet hatte. Er wusste es ganz offensichtlich, und dachte, ich sei ahnungslos. »Ich bin mir ganz sicher, dass das der *Pudhi* war«, riet ich. Als Paraffin mich ganz enttäuscht ansah, wusste ich, dass ich recht hatte. Danach sahen wir uns das Kudu gemeinsam an, beziehungsweise das, was davon noch übrig war, denn das meiste war schon von den Schakalen gefressen worden. Als wir ihm ins Maul schauten, fanden wir den Schädelknochen, den es im Hals stecken hatte.«

Walter musste insgeheim über Hennie lachen. Diese Geschichten waren alle neu für den jungen Mann. Er war nicht in der Gegend aufgewachsen und musste noch eine ganze Menge lernen. Aber er schien dazu bereit zu sein, wie Walter mit Freude feststellte, denn nun lud ihn Hennie auf einen Kaffee ein. In der Küche setzten sie ihr Gespräch fort, und für Hennie nahm es ein paar unvorhergesehene Wendungen.

»Also, Hennie, jetzt hast du gesehen, wie ein Duiker ein Kudu töten kann, und fast auch deine Kuh, aber kannst du dir vorstellen, wie ein Zebra eine Giraffe umbringt? Ich habe es mit meinen eigenen Augen gesehen!«

»Ja, aber wie macht das Zebra das? Und warum?«

»Naja, das Zebra ist natürlich zuerst gestorben.«

Hennie schüttelte nur verständnislos den Kopf.

»Die Giraffe fand den Schädel des Zebras und kaute darauf herum, genau wie deine Kuh. Irgendwie hat sie es dann geschafft, ihren Unterkiefer durch den zygomatischen Bogen, also den Wangenknochen des Zebraschädels, zu manövrieren und dann in der Augenhöhle zu verhaken. Nun hatte diese arme Giraffe also einen ganzen Zebraschädel am Unterkiefer hängen, was bedeutete, dass sie nichts mehr fressen konnte. Ein Wildhüter wurde irgendwann darauf aufmerksam und bat mich zu kommen. Wir fuhren raus und fanden die Giraffe, aber es war leider schon zu spät. Das arme Ding hatte viel zu viel Gewicht verloren. Wer weiß, wie lange der Zebraschädel da schon hing; wahrscheinlich seit Tagen, wenn nicht Wochen. Ironischerweise warf die Giraffe, als die Betäubung zu wirken begann, ihren Kopf so heftig in den Nacken, dass sich der Zebraschädel löste und in hohem Bogen davonflog. Dieses Problem wäre gelöst, dachten wir, aber leider starb sie, kurz nachdem sie sich hingelegt hatte. Sie war einfach zu schwach. Aber du siehst, es war in der Tat das Zebra, das die Giraffe umgebracht hat!«

Walter war jetzt richtig in Fahrt gekommen. Er mochte Hennie. Ganz offensichtlich hatte er sein Herz auf dem rechten Fleck, und er bemühte sich wirklich um das Wohlergehen seiner Tiere. Während Hennie noch diese letzte Geschichte verdaute, fragte ihn Walter: »Du kennst doch die Kudubessie, oder?«

Wieder nickte Hennie etwas zögerlich.

»Das ist ein ganz wunderschöner Busch hier, mit einem noch schöneren lateinischen Namen. Der heißt nämlich *Pseudolachnostylis maprouneifolia.* In manchen Jahren produziert der eine ganze Menge gelber Früchte. Diese haben nur wenig Fruchtfleisch um einen harten Kern, fast schon wie eine Nuss. Vom Geschmack her sind sie ziemlich sauer, aber aus irgendeinem Grund sind die Kudus ganz wild darauf. Vor ein paar Jahren wurde ich beauftragt, eine *postmortem*-Untersuchung an einer Giraffe durchzuführen. Die war ziemlich dünn und wohl schon ein paar Tage krank gewesen, bevor sie in den

Busch verschwunden war. Sie wurde erst wiedergefunden, als sie schon tot war. Ich hatte da so eine Ahnung und wandte mich deshalb direkt dem Verdauungstrakt zu. Mein Verdacht wurde bestätigt. Da war alles voller Nussschalen; von einem Ende bis zum anderen. Also war diese Giraffe wohl an Nüssen gestorben. So, jetzt muss ich aber wirklich los.« Walter stand auf. »Aber habe ich dir schon die Geschichte vom Leguan erzählt, der die Kuh umgebracht hat?«

Hennie schüttelte nur den Kopf.

»Naja, die verschieben wir besser aufs nächste Mal.« Walter stieg in sein Auto und fuhr davon.

Auf dem Heimweg lächelte er. Dies war ein Hausbesuch ganz nach seinem Geschmack gewesen. Ein Fall von Tollwut, der sich als *Pudhi* entpuppt hatte. Der Kuh ging es schon wieder viel besser, da hatte er keine Zweifel. Und Hennie, ja Hennie hatte noch viel zu lernen, aber sie hatten heute einen guten Anfang gemacht.

Als er sich *Boekenhout* näherte, wanderten seine Gedanken zurück zum *Nylvalley*-Turnier. Auch hier gab es noch eine ganze Menge zu tun, bevor die ersten Reiter mit ihren Pferden ankamen. Natürlich war die Organisation von so einem großen Turnier kein Zuckerschlecken und bedeutete viel, viel Arbeit, aber es war auf jeden Fall die Sache wert. Sie hatten so viel Spaß dabei! Vor allem Topsy liebte es, sie blühte jedes Jahr richtig auf. Sie war Richterin für das Vielseitigkeitsreiten und gab Herz und Seele für dieses Turnier. Und wenn immer alles lief, wie am Schnürchen, dann war das ihr allein verdanken.

Das Event wurde ein großer Erfolg, genau wie jedes Jahr. Am Abend nach dem Turnier wartete eine Überraschung auf Walter und Topsy. Einige ihrer Freunde, unter ihnen der junge Tim, der sie viele Jahre zuvor mit der Paraffin-Telefon-Geschichte unterhalten hatte, wollten sich gerne bei ihnen bedanken. Sie wussten, wieviel Mühe sie sich immer mit dem Turnier machten. So hatten sie beschlossen, die beiden zum Abendessen auszuführen. Allerdings hatten sie nicht damit gerechnet, dass in diesem Teil der Welt sonntagabends alle Geschäfte und Restaurants geschlossen hatten. Aber auch Tim hatte mittlerweile gelernt, wie man improvisierte, und es gelang ihm, sich mit dem griechischen Besitzer des Gemischtwarenladens zu arrangieren, der anbot, für die ganze Truppe zu kochen. Sie räumten sein Lager um, bis es einem Speisesaal ähnelte, wobei Kisten aller Art als Tische und Stühle herhalten mussten.

Walter und Topsy waren begeistert. Das Essen war köstlich, die Gesellschaft großartig, und sie tanzten bis spät in die Nacht. Diese außergewöhnliche Party sollte in Naboomspruit noch viele Jahre lang Stadtgespräch bleiben.

WEISHEITEN

Die Sache mit dem Leguan und der Kuh, das war eine Mordsgeschichte, im wahrsten Sinne des Wortes. Wenn man den Mythen hier im *Bushveld* Glauben schenkt, dann sind Leguane ausgesprochen eindrucksvolle, wenn auch geheimnisumwobene Kreaturen. Von diesen *Monitor Lizards,* oder *Iguanas,* weiß man zum Beispiel, dass sie gerne Milch trinken, und zwar direkt von der Zitze, was mit fatalen Konsequenzen für die Kuh einhergehen kann. Denn, so sagt man, wenn der Leguan beim Milchtrinken gestört wird, beißt er die Zitze ab, und die Kuh verblutet.

Topsy schüttelt immer den Kopf über diese Geschichten und die Leute, die daran glauben. Aber selbstverständlich glauben sie daran, und sie haben es mir bewiesen.

Eines Tages wurde ich auf den Hof eines Hühnerfarmers in der Nähe von Warmbaths gerufen, um eine Obduktion an einer Kuh durchzuführen. Die war einfach plötzlich tot gewesen, hatte man mir am Telefon erzählt, und keiner wusste warum. Als ich die Kuh fand, sah ich, dass ihr eine Zitze fehlte, und dass der Boden rund um ihren Körper in Blut getränkt war. Sie war ganz offensichtlich verblutet. Ich untersuchte sie von einem Ende bis zum anderen, und obwohl ich extrem gründlich arbeitete, konnte ich keine Todesursache feststellen – außer, dass sie verblutet war und dass ihr eine Zitze fehlte.

Ein alter Farmarbeiter hatte mir geholfen, während seine Kollegen uns zuschauten. Plötzlich fingen diese an, sich ganz aufgeregt auf *Sesotho* zu unterhalten.

»Und jetzt? Was ist denn jetzt los?« Ich war neugierig.

Einer von ihnen antwortete in Afrikaans: *»Nee doktor, hy is daarso.«* – Er sitzt dort.

»Wer sitzt wo?«

»Na, der, der unsere Kuh getötet hat, der sitzt da oben.« Der Mann zeigte in den Baum, in dessen Schatten wir gearbeitet hatten.

»Wie um alles in der Welt kommst du denn darauf?«

»Weil er hier im Baum sitzt.«

Und da sah ich es auch. Ein riesiger Leguan saß auf einem Ast direkt über der toten Kuh. Nun, was braucht man denn noch für Beweise?

Logischerweise hatte er die Zitze nicht mehr im Maul. Und dass er sie verschluckt hatte, das konnte ich nicht beweisen, denn als ich versuchte, ihn zu fangen, da rannte er davon. Aber was ich hiermit eigentlich sagen will, ist, dass es oft viel mehr zu lernen gibt, als nur das, was uns zuerst offensichtlich erscheint.

Nimm die Kobras zum Beispiel, die angeblich auch Milch von Kühen stehlen. Der Euter sieht plötzlich aus, als wolle er wegen einer Entzündung explodieren. Die kommt scheinbar aus dem Nichts und kann innerhalb von ein oder zwei Stunden ganz schlimm aussehen. Diese Euterschwellung wird dann oft der Gelben Kobra in die Schuhe geschoben.

Und es ist wahr, dass Kobras gerne Milch trinken. Ich weiß nicht warum, aber wenn man ihnen ein Schälchen hinstellt, dann kommen sie bald und trinken es leer. Und ein Kobrabiss wird auf jeden Fall eine starke Mastitis hervorrufen. Warum sollte diese Geschichte also nicht wahr sein?

Normalerweise schauen wir, die sogenannten schlauen Leute, die wir studiert haben, auf einen solchen Euter und sagen, das ist eine Streptokokken-Mastitis oder eine Staphylokken-Mastitis. Die noch eher naturverbundenen Menschen sagen uns aber, dass es die Schlange war, die der Kuh in den Euter gebissen hat. Kann man wirklich mit Sicherheit sagen, dass sie falsch liegen? Man findet zwar nur selten Bissspuren, aber das kann auch daher rühren, dass die Kobra dünne Zähne hat und überhaupt nur selten Spuren hinterlässt.

Viele, viele seltsame Geschichten sind wahr, und ich bin mir ganz sicher, dass eine solche Geschichte, wenn sie über Generationen hinweg weitergegeben wird, immer einen wahren Kern hat.

Wahr oder vielleicht eher weise. Und nur weil wir zu dumm sind, um diese alten Weisheiten wirklich zu verstehen, heißt das noch lange nicht, dass man nicht trotzdem seine Lektionen lernen kann.

Improvisationen

Je älter Walter wurde, um so mehr genoss er es, Studenten bei sich zu haben. Er war ganz einer Meinung mit James Herriot, dem berühmten Tierarzt aus Yorkshire, dass Studenten die idealen Toröffner waren. Wenn ich einen Rand bekäme für jedes Tor, das ich bei meinen Farmbesuchen öffnen muss, dachte er oft, dann wäre ich schon lange Millionär.

In den landwirtschaftlich genutzten Gegenden in Südafrika gab es wirklich überall Tore. Farmer allerdings, die Weideroste neben ihren Toren hatten, gab es wenige – so fühlte es sich zumindest an. Eigentlich machte es Walter ja gar nichts aus, wenn er hin und wieder aussteigen musste, um ein Gatter zu öffnen, denn es gab ihm Gelegenheit, interessante Dinge zu sehen, die er sonst verpasst hätte; eine Familie Warzenschweine zum Beispiel, die das Dickicht auf der Suche nach etwas Nahrhaftem durchpflügten; ein paar Blesböcke, die friedlich auf einer Lichtung grasten; ein Schwarm Karminspinte, die sich auf der Telefonleitung ausruhten, oder Grüntauben, die sich, perfekt getarnt, im Laub versteckten. Trotzdem war es manchmal auch ganz schön, sich zurückzulehnen und zuzuschauen, wie jemand anders die Arbeit erledigte.

Chris war Topsys Neffe, mittelgroß, blond und bebrillt, und er war einer der Schnellsten. Raus, Tor aufmachen und wieder zurück ins Auto wie ein geölter Blitz. Er war auch ein sehr talentierter Student. Er hatte noch nicht viel Zeit mit Walter verbracht, als ein Farmer seinen Jagdhund zur Sprechstunde in die Praxis brachte. Sie anästhesierten das Tier, das eine nässende Wunde am Kopf hatte, dann übergab Walter an Chris.

»*He's all yours!*« – Ganz für dich!

Er wusste, dass der junge Mann schon ausreichend Fähigkeiten besaß, um einen kleinen chirurgischen Eingriff selbst vorzunehmen.

Chris begann, die Wunde nach allen Regeln der Kunst zu untersuchen. Da sie nicht frisch war, dauerte das ein Weilchen. Endlich sah er auf.

»Onkel Walter, da steckt was drin.«

»Wenn es lose ist, dann hol es raus.«

»Das sieht ja aus wie ein Zahn.« Chris war überrascht. »Aber von was für einem Tier ist der denn?«

»Wie viele Tiere kennst du, die gerade Eckzähne haben und nicht krumme?«

Chris musste einen Moment lang nachdenken. »Naja, Menschen natürlich... Aber irgendwie glaube ich nicht, dass ein Mensch diesen Hund in den Kopf gebissen hat. Also muss es wohl ein Pavian gewesen sein!«

Er war begeistert. Dies war seine erste Trophäe, und Walter ermunterte ihn, den Zahn für seine zukünftige Sammlung aufzubewahren.

Ein paar Tage später hielt sich Chris verkrampft am Beifahrersitz fest und warf hin und wieder unauffällig einen Blick auf Walter, der seinen *Bakkie* gnadenlos die Schotterpiste entlangprügelte. Wäre dies ein normaler Tag gewesen, dann würden sie jetzt den letzten Fall besprechen, den sie zusammen gesehen hatten, die Behandlung und Medikamente diskutieren, die sie verabreicht hatten, und die Erfahrungen aus dem wirklichen Leben damit vergleichen, was gerade an der Universität gelehrt wurde. Dort wurde oft von anderen, neueren Methoden gesprochen, und sie würden debattieren, ob diese überhaupt angewendet werden konnten, wenn ein Tierarzt weit ab vom Schuss arbeitete.

Aber es war kein normaler Tag, und die zwei Männer saßen schweigend nebeneinander, jeder in seine Gedanken vertieft. Sie hatten auf einer Farm in der Nähe von Marble Hall mit einer Herde *Brahman* gearbeitet. An diesem heißen Frühsommertag hatten sie die Rinder in den Druckgang treiben müssen, um die jährlichen Impfungen verabreichen zu können. Aber aus unerfindlichen Gründen hatten die Tiere nicht kooperieren wollen. Nach einiger Zeit verloren der Farmmanager und seine Arbeiter die Geduld und begannen laut zu rufen. Dann griffen sie sich ein paar Längen schwarzer Plastikrohre, die auf dem Hof herumlagen, und schwangen sie durch die Luft. Die Herde begann, sich schneller vorwärtszubewegen. Dann schneller und immer schneller. Es gab Geschrei, Rinder brüllten ärgerlich und Staub stieg auf. Es war schwierig zu erkennen, was genau los war.

Plötzlich tönte Walters tiefe Stimme über den Hof.

»Hou op! Julle maak beeste dood! Hou op! Is julle mal?« – Halt! Aufhören! Ihr bringt die Rinder um! Seid ihr denn alle verrückt geworden?

Es war unklar, was die Panik und die darauffolgende Stampede verursacht hatte, aber das Ergebnis war dramatisch. Mindestens zehn Tiere lagen aufeinander am Eingang zum *Kraal*, und die Kuh, die sich zuunterst befand, gab keinerlei Lebenszeichen mehr von sich.

»Hast du schon einmal eine Kuh wiederbelebt?«

Walter schwitzte und war rot im Gesicht. Er atmete heftig, stürzte sich auf das leblose Tier und begann mit der Herzmassage.

Die anderen standen hilflos daneben und sahen ihm zu. Nach ungefähr fünfzehn Minuten musste er sich geschlagen geben. Die Kuh rührte sich nicht.

»Es gibt hier nichts mehr, was wir noch tun können. Ich schlage vor, wir verlegen die Impfungen auf einen anderen Tag, wenn sich alles etwas beruhigt hat.«

»Weißt du, was passiert ist, ist passiert. Es hat keinen Sinn, im Nachhinein darüber Tränen zu vergießen.« Walter brach das Schweigen, als sie auf einen Feldweg abbogen, der zu einer anderen Farm führte. »Ich weiß, es ist ein ganz schlimmes Gefühl, aber da war nichts, was wir für die letzte Kuh hätten tun können.«

»Ich weiß, Onkel Walter, es ist nur, ach ich weiß nicht.« Chris zögerte. »Es war halt alles ziemlich dramatisch.«

»Es ist immer schrecklich, wenn ein Tier stirbt, während du mit ihm beschäftigt bist. Aber lass uns nach vorne schauen.« Um das

Thema zu wechseln, fragte er Chris, ob er sich noch daran erinnerte, worum es bei ihrem nächsten Fall ging.

»War das nicht ein Uterusprolaps bei einer Kuh?«

»Ach ja, genau, jetzt erinnere ich mich auch. Mir sind in der letzten Zeit ein paar davon untergekommen. Und du wirst es nicht glauben, was ein ganz besonders schlauer Farmer vor Kurzem vollbracht hat. Der hat nämlich den Prolaps selbst herbeigeführt.«

Chris' Interesse war geweckt, und Walter fuhr fort: »Die Kuh hatte ohne Probleme gekalbt, aber dann fiel dem Farmer auf, dass die Nachgeburt nicht so schnell rauskam, wie er das gerne gehabt hätte. Anstatt mich zu rufen oder einen anderen Tierarzt, meinte er, er könne das selbst reparieren. Er band einen Backstein an das Stück Nachgeburt, das er zu fassen bekam, in der Hoffnung, dass dieser die ganze Chose herausziehen würde. Als er dann am nächsten Morgen nachsah, war die Nachgeburt zwar draußen, aber mit ihr der ganze Uterus. Und dann rief er mich an, ich solle kommen und die Sache in Ordnung bringen.« Walter schüttelte den Kopf.

Mittlerweile waren sie auf der Farm angekommen, und die Patientin, eine müde aussehende *Bonsmara*-Kuh, stand schon bereit.

»Ich glaube nicht, dass die uns Probleme machen wird.«

Die Kuh stand apathisch im Zwangsstand, und der prolabierte Uterus hing ihr bis aufs Sprunggelenk.

»Aber lass mich das mal machen. Ich sehe nur ungerne zu, wie meine Studenten sich plagen.« Walter zog sein Hemd aus und brachte sich hinter der Kuh in Position.

Chris schüttelte ungläubig den Kopf. Er traute seinen Augen kaum, als er sah, wie Walter die vorgefallene Gebärmutter wieder an ihren Platz schob. Dabei nutzte er sein nicht gerade unbedeutendes Körpergewicht mit schwungvollen Bewegungen, bis sein Arm ganz und gar in der Kuh verschwunden war. Genau im richtigen Moment zog er den Arm zurück und schob dann den Rest des Organs an seinen Platz, wobei er seine Bewegungen so geschickt auf das Pressen der Kuh abstimmte, dass deren ganzer Körper hin- und herzuschaukeln schien.

»Das ist ja verrückt«, staunte Chris, »er sieht aus wie ein Golfer im besten Alter, der einen langen *drive* schlägt und dabei sein ganzes Gewicht hinter den Schlag bringt. Perfektes *Timing*!«

Die Behandlung hatte nicht länger als fünf Minuten gedauert. Walter grinste nur, als er sich schnell abwusch und sein Hemd wieder anzog.

»Gut, das war das. Weiter geht's!«

Chris war noch immer völlig verblüfft, wie schell und zügig Walter diesen letzten Fall erledigt hatte, und die nächste Frage traf in unvorbereitet.

»Wusstest du eigentlich, dass es manchmal ganz nützlich sein kann, eine Zwei-Liter-Plastikflasche dabeizuhaben, wenn man zu einem Prolaps gerufen wird?«

Chris war erstaunt.

»Ja, genau, die kannst du nämlich dann in die Vagina einnähen«, fuhr Walter etwas rätselhaft fort. Dann fügte er noch hinzu, dass diese unkonventionelle Behandlungsmethode in ihrem, einem ziemlich frischen Fall, nicht indiziert gewesen war.

»Aber eine Zervix, die schon ein paar Tage heraushängt, weil keiner den Vorfall bemerkt hat, ist sonnenverbrannt, hart und geschwollen. Nachdem du sie wieder reingeschoben hast, musst du irgendwie dafür sorgen, dass sie dort auch bleibt, denn die Kuh wird immer wieder versuchen, das, was ihr nun wie ein Fremdkörper erscheint, wieder herauszupressen. Das ist der Zeitpunkt, an dem die Flasche ins Spiel kommt, beziehungsweise erfolgreich eingeführt werden kann. Dann muss man die Vulva noch mit ein paar soliden Stichen verschließen, und fertig.«

Als Antwort auf Chris fragenden Blick gab Walter zu, dass die Kuh das wohl schon für einige Zeit als unangenehm empfinden, aber dass sich die Irritation schnell legen würde.

»Und denk daran, es hilft überhaupt nicht, normales Nahtmaterial zu benutzen, denn das würde einfach nur durch das Gewebe hindurchschneiden. Was du benutzen kannst, ist ganz ordinärer Vier-Millimeter-Bindedraht. Ich weiß, es hört sich ziemlich gruselig an, aber es funktioniert. Du wirst noch lernen, wie oft man improvisieren muss. Ich meine das ganz im Ernst. Improvisieren zu können, ist eine der wichtigsten Fähigkeiten, die ein Tierarzt haben muss, besonders wenn er in abgelegeneren Gebieten arbeitet.« Walter sah zu Chris hinüber, um sich zu vergewissern, dass er noch dessen volle Aufmerksamkeit hatte.

»Wenn du manchmal Hunderte von Kilometern weit weg bist von qualifizierter medizinischer Hilfe, dann musst du dir selbst zu helfen wissen. Stell dir vor, du bist auf einer Farm, weit ab vom Schuss, und du musst eine große Wunde nähen. Nach dem ersten Stich bricht dir die Nadel ab, oder der Nadelhalter funktioniert nicht mehr. Und dann? Es ist fast unmöglich, mit bloßen Händen eine akzeptable Naht zu fabrizieren. Also? Wenn du ganz schlau und gut vorbereitet bist, dann hast du irgendwo eine Ersatznadel. Wenn du aber so ein ausgesprochener Trottel bist wie ich, dann eben nicht. Und das kommt vor, das kannst du mir ruhig glauben. Dann sitzt du da und steckst dir den Finger ins Ohr und fragst dich, was du tun sollst. Ganz einfach«, er holte einmal tief Luft. »Du nimmst eine ganz normale Kanüle, idealerweise eine für Großtiere, mit einem größeren Durchmesser, und fädelst das Nahtmaterial durch. Das funktioniert fabelhaft. Es ist viel leichter, ein dickes Organ, einen Muskel oder auch Haut damit zu nähen als mit einer kaputten Nadel. Und man braucht dafür auch weder einen Nadelhalter noch sonst irgendwelche Hilfsmittel. Dieser kleine Trick hat mir schon mehrmals aus der Bredouille geholfen.«

Der nächste Fall führte sie auf eine Farm in der Nähe von Vaalwater. Ein liebeslustiger Esel habe versucht, eine Stute durch einen Stacheldrahtzaun zu beglücken, und sich dabei schwer verletzt, hatte man ihnen gesagt.

Der Farmer, der Walter und Chris vor der Eselsweide grüßte, trug einen breitkrempigen Hut, inklusive Hutband aus Leopardenfell, extrem kurze Khakihosen, ein grünblaues Buschhemd, *Veldskoene* und Wadenschützer. Wohl um ihn vor Schlangenbissen zu schützen, wie Walter vermutete.

»*Hy lyk nie so goed Dok, maar hy kan pis*« – Er sieht nicht so gut aus, Doc, aber er kann pinkeln, informierte der Farmer die zwei Tierärzte.

Der Esel machte einen eher desolaten Eindruck. Sein Penis war stark geschwollen, hatte nässende Wunden und hing schlaff bis fast auf den Boden.

Walter sah erst den Farmer an und dann den Esel.

»*Nee, did is goed dat hy kan pis*« – Ja, das ist gut, dass er pinkeln kann.

Unter dem vertrauensvollen Blick seines Besitzers führten sie den Esel in den Zwangsstand. Dort banden sie ihm einen Sack um den Körper, der das geschwollene Organ anhob und leicht gegen den Bauch drückte. Das würde helfen, die Schwellung zu reduzieren. Sie verabreichten ein Breitspektrumantibiotikum und dispensierten noch ein paar Portionen für die nächsten Tage. Als sie gingen, gab Walter eine gute Prognose.

Wieder unterwegs, erklärte er: »Ich glaube, dass dieser arme Esel eigentlich an einem schweren Fall von Cellulitis leidet, einer ganz gewöhnlichen Infektion des Unterhautzellgewebes. Die rührt wahrscheinlich eher von einem Zeckenbiss als von seinem Liebesabenteuer.«

Chris war überrascht. Er war sich ganz sicher, dass Walter das so dem Farmer nicht erklärt hatte.

»Ach, der gute Mann war so sehr davon überzeugt, was die Ursache war, dass ich es für besser hielt, es dabei zu belassen. In solchen Situationen, das habe ich über die Jahre gelernt, spielt die Einbildungskraft eine große Rolle, und ich wollte nicht unnötig Verwirrung stiften. Glücklicherweise für den Esel, und für uns Männer im Allgemeinen, ist das Heilungsvermögen des männlichen Organs ganz ausgezeichnet!«

Delikatessen

Eine der wichtigsten Lektionen, die ich versuche meinen Studenten beizubringen, ist die, dass man durch seine Fehler lernt. Ich weiß, wir alle denken gerne, wir seien perfekt, aber wenn man lernen und sich verbessern will, muss man auch akzeptieren, dass man Fehler macht. Irren ist menschlich, wie man so schön sagt. Das kann zuweilen durchaus niederschmetternd sein oder blamabel. Aber es hilft nicht, sich deswegen verrückt zu machen. Mach weiter und lerne deine Lektion!

Einmal, vor vielen Jahren, wollte ich eine Katze sterilisieren. Es ließ sich alles ganz gut an, aber dann konnte ich die Eierstöcke nicht finden. Egal, wie und wo ich nach ihnen suchte, ich fand weder Eier-stöcke noch Gebärmutter. Irgendwann fiel es mir dann wie Schuppen von den Augen – und ich inspizierte das Hinterteil dieser Katze noch einmal ganz genau. Naja und dann nähte ich ihm ganz schnell den Bauch wieder zu und kastrierte den Kerl. Ich habe den Besitzern dann folgende Rechnung geschickt: »Ein sterilisierter Kater – Gratis!«

Ein anderes Mal war ich schon auf dem Heimweg, nachdem ich ein *Jersey*-Kalb geholt hatte, nur um dann vom Farmer wieder angerufen zu werden. Er bat mich höflich, ich solle den Job doch zu Ende bringen. Natürlich fuhr ich sofort zurück und holte das zweite Kalb heraus. Zwillinge sind zwar ungewöhnlich bei Kühen, aber sie kommen vor. Drillinge allerdings sind äußerst selten, aber aus irgendeinem Grund sah ich noch einmal nach, und man glaubt es kaum, da war tatsächlich noch ein drittes Kalb. Drillinge, in der Tat.

Für mich war es immer ein Privileg, jungen, aufstrebenden Tierärzten ein paar der Lektionen vermitteln zu dürfen, die ich über die Jahre hinweg gelernt habe. Als ich als junger Mann selbst meine ersten Schritte als Tierarzt wagte, hatte ich ein paar ganz großartige Mentoren. Ich werde nie Dr. Wallander vergessen, wie er zu meiner Rettung kam, als ich damals hinter der Kuh stand, wie der Ochs vorm Goldenen Tor, aber ich will mich hier nicht wiederholen.

Über die Jahre hinweg hatte ich alle möglichen Studenten. Da waren fleißige und hochbegabte, wie Chris, der später seine eigene, sehr erfolgreiche Praxis in Port Alfred leiten sollte. Dann wiedrum andere, wie Peter, der mit der Hyäne tanzte, und der einen kleinen Richtungswechsel benötigte. Ganz besonders gefiel es mir aber, wenn meine Studenten auch einen gewissen Sinn für Humor hatten.

Alex war als deutsche Austauschstudentin nach *Onderstepoort* gekommen, um dort zwei Semester zu verbringen. Aber sie wollte auch gerne Erfahrungen in einer privaten Praxis sammeln. Eines Tages begleitete sie mich, um Trächtigkeitsdiagnosen an einer großen Herde *Bonsmara*-Rinder zu erstellen. Sie hatte schon einiges an Erfahrung, wenn es zu rektalen Untersuchungen kam, damit würde es also keine Probleme geben, aber sie hatte noch nie südafrikanische Zecken gesehen. Die gibt es wohl nicht in Deutschland. Die Kuh, mit der sie gerade beschäftigt war, war ganz übel befallen, und der Bereich unter ihrem Schwanz war völlig mit Zecken verschiedenster Farben und Formen besetzt.

»Ich muss mit dem Farmer mal ein Wörtchen reden«, dachte ich, denn das war ja kein Zustand.

Mittlerweile hatte sich eine Gruppe von kleinen Jungs zusammengefunden. Es waren die Söhne der Farmarbeiter, die immer dabeiwaren, wenn etwas Interessantes passierte. Aus dem Augenwinkel sah ich, wie sie Alex mit größtem Interesse musterten. Plötzlich rissen sie die Augen weit auf. Aufgeregtes Flüstern in *Sepedi* folgte. Sie hörten sich an wie ein ganzer Schwarm Webervögel, deren Nester gerade von einer *Boomslang* ausgeraubt werden.

Ich drehte mich um, um herauszufinden, was der Grund dieser Aufregung war, und was ich sah, nahm mir erst einmal den Atem. Da stand diese hochqualifizierte, gebildete Studentin, pflückte walnussgroße Zecken vom Hinterteil einer Kuh und warf sie sich in den Mund. Sie schien mit Genuss zu kauen und zu schlucken.

Nach nur einem Bruchteil einer Sekunde war mir selbstverständlich klar, dass sie für ihre kleinen Zuschauer eine spezielle Show abzog und ihnen etwas vorspielte. Aber was sie wirklich mit den Parasiten gemacht hat, das habe ich bis heute nicht herausgefunden.

Rückkehr nach Juchow

Als ich damals in den sechziger Jahren Rainer, den deutschen Anhalter, auflas, da hatte ich natürlich keine Ahnung, dass das eine ganze Reihe unerwarteter Konsequenzen nach sich ziehen würde. Es war der Anfang einer ganz wunderbaren Freundschaft. Rainer und seine Frau Karin besuchten uns oft, und eines Tages luden sie uns nach Berlin ein.

Kurz nach unserer Ankunft dort verkündeten sie, dass sie eine Überraschung für Topsy und mich hätten. Sie hatten einen Ausflug nach Juchow geplant. Das hätte ich nie erwartet. Und ich konnte mein Glück kaum fassen, als wir am nächsten Morgen tatsächlich über die Grenze fuhren; Juchow liegt heute natürlich in Polen. Was für eine tolle Reise das war! Sie brachte so viele Erinnerungen zurück.

Mehr als fünfzig Jahre waren vergangen, seit wir Deutschland verlassen hatten, eine halbe Ewigkeit. So viel war in der Zwischenzeit passiert – Gutes, Schlechtes und auch ganz Mittelmäßiges. Es gab Zeiten, da glaubte ich, dass ich nie wieder nach Juchow zurückkehren würde, wegen der politischen Verhältnisse, des kalten Krieges, und der Tatsache, dass Juchow hinter dem Eisernen Vorhang lag. Aber so war das eben.

Um so bemerkenswerter erschien es mir, dass wir nun, im November 1996, tatsächlich in Richtung Juchow fuhren, oder vielmehr nach Juchowo, wie es heute heißt. Unsere Reise führte uns durch die polnische Winterlandschaft mit ihren endlosen Wäldern, Feldern und Seen. Die Bäume hatten schon so gut wie alle Blätter verloren, und es war eiskalt, aber es hatte noch nicht geschneit.

Was ich zuerst wirklich wiedererkannte, das war der Bahnhof von Eulenburg, dem heutigen Silnowo. Ich erinnerte mich daran, wie uns Tante Erica zu Beginn des Krieges dort abgeholt hatte, nach der langen Zugfahrt von Lübeck. Die Straße von Eulenburg nach Juchow aber sah anders aus, sie war nicht mehr mit Kopfsteinen gepflastert, sondern asphaltiert. Im Ort selbst waren meine Erinnerungen etwas verschwommen, bis wir zum Schloss kamen.

Das erkannte ich sofort wieder, genauso wie die alte Schnapsbrennerei und den Wirtschaftshof, auf dem wir so viel Zeit verbracht hatten. Es war derselbe Hof, auf dem der alte Böhm von seinem Bullen getötet worden war. Die Gebäude standen noch alle, wenn sie auch in schlechtem Zustand waren, oder halb verfallen. Der See war so schön wie immer, er erschien mir nur viel kleiner, genauso wie der Kanal, der Friedhofsberg und die Kirche. Die sah noch gut aus; was einst als evangelische Kirche gebaut worden war, wurde nun von einer katholischen Gemeinde genutzt.

Was mich wirklich überraschte, war allerdings die Tatsache, dass es in der Kirche noch genauso roch wie fünfzig Jahren zuvor, obwohl doch in der Zwischenzeit so viel passiert war. Und dasselbe passierte in der Brennerei; da stank es noch genauso wie damals. Diese Gerüche, die Kälte, die ich fünfzig Jahre lang nicht gespürt hatte, und die eisigen Winde, die von den russischen Steppen herüberbliesen, die alle brachten viele Erinnerungen und Emotionen zurück. Viel mehr als nur das, was ich mit meinen Augen sehen konnte.

Als ich auf der kleinen Brücke stand, dort wo der Kanal aus dem See fließt, bevor er sich durch den Park windet, als ich das Gurgeln des Wassers hörte und das Geräusch, das meine Schritte auf den Holzplanken machten, da kam es mir vor, als wäre das alles erst gestern passiert. Ich sah wieder vor mir, wie wir als Kinder im Sommer in dem kleinen Bach gespielt und wie wir versucht hatten, mit unseren bloßen Händen Fische zu fangen.

Irgendwie haben die Winter ganz besonders deutliche Erinnerungen hinterlassen, vielleicht, weil sie so ganz anders sind als das, woran wir in Südafrika gewöhnt sind. So werde ich nie vergessen, wie ich zum ersten Mal Schnee und Eis gesehen habe, wie wir Schlittschuh gelaufen und Ski gefahren sind und uns mit unseren Schlitten den Friedhofsberg hinuntergestürzt haben.

Ich überredete Topsy zu einem Spaziergang durch den Buchengang, wo Hänschen und ich unsere ersten Schießexperimente durchgeführt hatten. Es war so bitterkalt, dass wir schon bald wieder umdrehten. Wir gingen allerdings weit genug, um die Markierungen wiederzuerkennen, die wir damals in die Baumrinde geritzt hatten. Sie waren kaum noch zu entziffern. Die Bäume waren gewachsen, und ihre Wurzeln reichten quer über den Weg, aber für mich fühlte es sich noch genauso ehrfurchteinflößend an, durch diese Buchenallee zu laufen, wie damals, als ich ein kleiner Junge war.

Vieles hatte sich seitdem verändert. Nach dem Ende des Krieges waren die Ländereien verstaatlicht und das Gut Juchow Teil einer Kooperative geworden. Das Schloss selbst hatte offensichtlich seine beste Zeit hinter sich. Während der Besetzung durch die Russen war es als Verwaltungsgebäude genutzt worden und später, unter der polnischen Regierung, als Kindergarten. Irgendwann fielen dann Reparaturarbeiten an, vor allem das Dach hätte neu gedeckt werden müssen. Da das sehr kostspielig war, beschlossen die zuständigen Behörden, stattdessen in ein neues Gebäude umzuziehen. Schloss Juchow wurde verlassen. Und wenn ein Gebäude erst einmal verlassen ist, setzt der Verfall vor allem in den nördlichen Breitengraden schnell ein, mit den immer wiederkehrenden Frost- und Tauzyklen und dem vielen Regen.

Es überraschte mich zu sehen, dass die Hauptfassade des Schlosses nach wie vor gut in Schuss war, genauso wie der neue Flügel, in dem Tante Erica mit ihrer Familie gewohnt hatte. Von hinten sah man aber, dass die ganze Rückwand und der erste Stock eingestürzt waren.

Ich fragte mich natürlich, was meine Eltern sagen würden, wenn sie das alles hätten sehen können. Leider weilten sie nicht mehr unter uns. Mein Vater war 1982 gestorben und meine Mutter 1991. Ich wünschte mir so, dass ich meine Erinnerungen mit ihnen hätte teilen können.

Wir wanderten durch die Gebäude, oder was von ihnen übrig geblieben war. Die Schlosshalle, in der wir damals das Erntedankfest gefeiert hatten, barg nach wie vor ein gewisses Gefühl der Erhabenheit. Wir kletterten über die Schutthaufen der eingestürzten Mauern in den Park, und ich glaubte, meinen Augen nicht zu trauen, als ich von einem der Äste des großen alten Lindenbaums diese leuchtenden bernsteingelben Augen auf uns herunterblicken sah.

Die Linde hatte nur noch ein paar wenige Blätter, aber sie hatten genau dieselbe Farbe wie die Augen der Eule, die uns beobachtete. Die Eulen im Park waren mir immer ein wenig unheimlich gewesen, vor allem, wenn sie mitten in der Nacht riefen. Es hatte da eine ganz besonders große gegeben, und ich fragte mich eine Sekunde lang, ob... Aber nein, es konnte natürlich nicht dieselbe gewesen sein.

Als wir aus Polen zurückkamen, blieben Topsy und ich noch für ein paar Tage in Berlin, bevor wir zu einem großen Familientreffen nach Lübeck weiterreisten. Auf dem Weg dorthin entschlossen wir uns, einen alten Freund zu besuchen: Gerd Zieganeck, den Mann mit dem gelben Fahrrad. Jedes Jahr, nachdem er Weihnachten mit uns auf *Boekenhout* verbracht hatte, schickte er uns eine Postkarte von den fernen Orten, die er besuchte, manchmal zusammen mit Zeitungsberichten über seine Fahrradabenteuer. Ich musste jedes Mal lachen, wenn jemand in unserem Haus seinen Namen erwähnte, denn Topsy konnte einfach nicht anders, als aufzuseufzen und zu sagen: »Gerd Zieganeck mit dem gelben Fahrrad, was war das doch für ein toller Mann!«

In Lübeck hatte ich dann noch das Glück, meinen Lieblingsonkel Boli wiederzusehen, der ja einst mein großer Held gewesen war. Onkel Boli ging nicht mehr auf die Jagd, aber er hatte immer noch einen sehr beeindruckenden Achtundzwanzig-Ender in seinem Büro hängen.

Nach zwei Wochen im winterlichen Deutschland waren Topsy und ich froh, wieder nach Hause zu kommen. Obwohl wir diese Reise immens genossen hatten, bestand kein Zweifel, wo unser Zuhause war. Und dort sollten bald ein paar interessante Veränderungen stattfinden.

Ein neues Kapitel

Der junge Elefant hat Angst. Er steht am Ufer des Flusses und trötet. Seine Ohren sind abgespreizt, die Augen weit aufgerissen. Wenn er könnte, würde er die Stirn runzeln. Die Familie der Warzenschweine hingegen scheint eher zufrieden zu sein. Mit ihren stramm in die Luft gestreckten Schwänzen sind die Mitglieder dieser kleinen Gruppe forsch im Busch unterwegs. Eines von ihnen hat sich entschieden, ein Schlammbad zu nehmen und wälzt sich ganz genüsslich im Matsch. Der langhaarige *Waterbuck* ist so gut getarnt, er verschwindet fast in den ihn umgebenden Büschen, während das Spitzmaulnashorn dem Beobachter direkt in die Augen schaut. Es lässt keinen Zweifel, dass es weiß, wer hier der Stärkere ist, und dass es angreifen würde, sollte es nötig werden.

Es war keine leichte Wahl. Walter hatte sie vor sich in seinem Büro aufgestellt. Der Elefant und das Nashorn standen auf dem Schreibtisch, der *Waterbuck* lehnte am Bücherregal und die Warzenschweine hatten ein Plätzchen auf der Fensterbank gefunden. Er war dabei, Bilder für die anstehende Kunstausstellung auszusuchen, die erste ihrer Art in Vaalwater. Annelien, seine Kunstlehrerin, hatte ihm am Tag zuvor davon erzählt. Zuerst hatte er gedacht, er hätte sich verhört, was häufiger geschah in letzter Zeit.

»Ja, Walter, ich meine das ganz im Ernst. Ich würde wirklich gerne deine Bilder auf der Ausstellung zeigen.«

»Ach, Annelien, ich glaube wirklich nicht, dass sie gut genug sind.«

»Jetzt mach aber mal halblang. Du bist bei weitem der talentierteste Schüler, den ich seit langer Zeit habe. Es wäre wirklich jammerschade, wenn du deine Bilder nicht ausstellen würdest.«

»Meinst du das wirklich im Ernst?«

»Na klar! Deine Bilder sind etwas ganz Besonderes.«

Walter hatte sich am Kopf gekratzt.

»Und was genau ist deiner Meinung nach daran so besonders? Wenn ich sie mir anschaue, dann sehe ich nur, wie viel ich noch lernen muss!« Auf der anderen Seite fühlte er sich natürlich geschmeichelt von dem, was Annelien gerade gesagt hatte.

»Na gut, deine Technik wird sich mit Sicherheit in Zukunft noch verbessern, aber das ist reine Übungssache. Und jeder kann das lernen. Ich rede hier von etwas ganz anderem. Du hast Talent und mehr als das. Du siehst viele Dinge, vor allem in der Natur, anders als andere Leute. Es ist schwer zu erklären, aber egal ob ich mir deinen Elefanten anschaue, das Nashorn, die Giraffe oder irgendein anderes deiner Bilder, was ich da sehe, ist ein großes Verständnis. Du verstehst die Tiere, und du verstehst die Natur. Da ist Leidenschaft. Es ist fast, als ob du wüsstest, wie es sich anfühlt, der kleine Elefant zu sein, der sich vor dem Wasser fürchtet, oder wie es für das Warzenschwein ist, sich im Schlamm zu suhlen.«

Walter lächelte. Vielleicht hatte Annelien ja recht. Er hatte einfach noch nie darüber nachgedacht. Sahen andere Leute die Welt wirklich mit anderen Augen? Wie dem auch sei, er hatte zugestimmt und jetzt musste er wählen.

Seine Augen fielen auf sein jüngstes Bild, das noch auf der Staffelei stand und trocknete. Er fragte sich, was seine Lehrerin wohl davon halten würde.

»Ich darf nicht vergessen, es ihr zu zeigen«, dachte er. Es war das letzte Bild in einer Serie von Cricket spielenden Meerkatzen. »Sie denkt bestimmt, dass ich jetzt total übergeschnappt bin, aber um ehrlich zu sein, mir gefallen sie.«

Topsy mochte sie auch, genauso wie Debbie, Nick und die Enkelkinder. Sie waren recht einfach gehalten, aber durchaus effektiv. Das Meerkatzen Cricket-Team. Sie spielten ein *One-Day-International* und trugen bunte Trikots, oder wie auch immer man die Kleidung von Cricketspielern nannte. Sie standen auf ihren Hinterfüßen, wie es nur Meerkatzen können, und es gab einen *Wicketkeeper*, einen *Bowler* und einen *Batsman*. Alle hatten sie einen schelmischen Gesichtsausdruck.

Eine andere Aktivität, für die er nun endlich Zeit hatte, war das Schreiben. Er hatte einen alten Computer übernommen, und mühsam, mit zwei Fingern, hatte er begonnen, mit Worten Bilder zu zeichnen. Er hatte damit angefangen, die Eindrücke aus seiner Umgebung zu Papier zu bringen, schrieb über die Jahreszeiten, Fauna und Flora, und was ihm sonst so in den Sinn kam. Oft ließ er seinen Gedanken freien Lauf, und eine Erinnerung führte zur nächsten. Vielleicht würde er eines Tages all diese Erinnerungen mit den besten seiner Fotos zusammenfügen können. Wenn er so zurückdachte, gab es einige Geschichten zu erzählen, die könnten ganz leicht ein Buch füllen. Er hatte auch begonnen, seine Kindheitserinnerungen aufzuschreiben, die Reise nach Juchow sowie die Abenteuer und Erfahrungen, an die er sich erinnerte, aber er kam nur langsam voran. Dieses Projekt würde noch einige Zeit beanspruchen, bis es vollendet war. Malen mit Pinsel und Farbe war da um einiges einfacher.

»Es ist schon erstaunlich, wie sich das Leben so ändert«, dachte Walter, während er noch über der Auswahl seiner Bilder brütete. »Wer hätte jemals gedacht, als wir in *Boekenhout* oder *Weltevreden* lebten, dass ich eines Tages Zeit haben würde, zum Kunstunterricht zu gehen, dass ich malen und schreiben würde? Und wem wäre überhaupt in den Sinn gekommen, dass wir in Vaalwater leben würden?«

Aber auf der anderen Seite war es vielleicht gar nicht so seltsam. Malen und Schreiben hatten ihm schon immer Freude bereitet. Er hatte einfach nie die Zeit dafür gehabt. Seine Gedanken wanderten zu Tony, seinem Kindermädchen auf Juchow. Während der langen, kalten Wintermonate hatten sie viele Stunden lang im Kinderzimmer zusammengesessen, und sie hatte sich bemüht, seine kreative Seite zu wecken.

Das Leben hatte sich in den letzten Jahren in der Tat sehr verändert für die Eschenburgs. Nicht lange nach ihrer Rückkehr aus Juchow waren sie nach Vaalwater gezogen, dem einzigen größeren Ort, der wirklich mitten im Waterberg lag und nicht in dessen Randgebiet. Jetzt, fast zehn Jahre später, war Walter so gut wie im Ruhestand.

»Und so seltsam es sich auch anhört«, dachte er, »es ist alles so gekommen, weil ein deutscher Industrieller eine Farm in Afrika haben wollte.«

Nach seinem ersten Aufenthalt in Südafrika hatte sich Hans Kunzmann in das ganze Land, aber ganz besonders in den Waterberg verliebt. Da er ausgesprochen wohlhabend war, hatte er bald eine Handvoll Farmen in der Gegend um Vaalwater erworben. Aber anders als viele der anderen Ausländer, die sich in diesem Teil der Welt niedergelassen hatten, folgte er nicht dem Trend, seine Ländereien in ihren natürlichen Zustand zurückzuversetzen. Seiner Meinung nach musste das Land genutzt werden und Nahrungsmittel auf den Tisch bringen. Er begann, *Brahman*-Rinder zu züchten, und in weniger als zehn Jahren war er der stolze Besitzer einer der größten und produktivsten Herden in der Region. Etwas mehr als zwölfhundert Rinder lebten auf *Bella Vista*, wie er seine Farm getauft hatte, die aus fast siebentausend Hektar *Bushveld* bestand. Er hätte dies nie ohne die Hilfe von Walter schaffen können, der nicht nur sein Tierarzt, sondern auch ein guter Freund, Berater und Dolmetscher geworden war.

Schnell hatte Hans erkannt, dass Walter die Fähigkeiten und Kenntnisse hatte, die ihm selbst fehlten. Es bestand kein Zweifel, dass Walter der beste Tierarzt in einem weiten Umkreis war und eine Menge an Erfahrung hatte, was die Rinderzucht betraf. Er wusste, wie man eine Herde managte, wie man die besten Zuchttiere auswählte, welche Impfungen wann verabreicht werden mussten und wie man Dinge in Ordnung brachte, wenn einmal etwas falsch lief. Es dauerte nicht lange, und Hans bot Walter eine permanente Anstellung an. Er sollte der für *Bella Vista* verantwortliche Tierarzt werden.

Zuerst hatte Walter etwas gezögert, er wollte seine Unabhängigkeit nicht aufgeben, aber die Bedingungen waren gut. Teil ihres Übereinkommens war ein schönes Haus auf einer kleinen Farm ein paar Kilometer außerhalb von Vaalwater, auf halbem Weg nach *Bella Vista*. Hier konnte er mit seiner eigenen Praxis weitermachen, und es gab es ausreichend Platz für die Pferde und eine kleine Herde Schweizer Braunvieh. Das kleine Häuschen im Garten war ideal für

George, der für sie arbeitete, seit Paraffin und Flying Machine in Rente gegangen waren, und ein Teil von Walters Klienten wohnte in der Gegend rund um Vaalwater. Am wichtigsten aber war, dass Topsy beides gefiel. Das Haus und der Gedanke, dass er eine Daueranstellung haben würde. Zum ersten Mal in seinem Berufsleben würde er ein festes Einkommen haben. Keine Geldsorgen mehr – das war am Ende der entscheidende Faktor gewesen.

Es war eine unglaubliche Erleichterung für Walter, dass er sich nun ganz seiner tierärztlichen Arbeit auf der Farm widmen konnte, ohne eine Rechnung für jede seiner Bewegungen schreiben zu müssen. Er war nie gut gewesen im Umgang mit Geld, was Topsy geradezu verrückt machen konnte. Das verstand er zwar, aber wusste es nicht wirklich zu ändern. Er war sich nicht sicher, woher seine Aversion kam, aber seiner Meinung nach war es eine furchtbare Angewohnheit, dass einige seiner Kollegen vor einer Behandlung erst nachfragten, ob der Patientenbesitzer auch die Rechnung bezahlen konnte. Musste das Wohlergehen der Tiere nicht ganz vorne stehen?

Hans Kunzmann war genau das Gegenteil. Geld war für ihn alles gewesen, sein ganzes Leben lang. Und er hatte jede Menge. So viel, dass er nicht wusste, was er damit anfangen sollte, wie Walter neidlos festgestellt hatte. Die zwei Männer, obwohl so unterschiedlich, verstanden sich gut. Ihre Freundschaft beruhte auf gegenseitigem Respekt und Verrtauen.

Insgesamt war es eine gute Entscheidung gewesen.

»Und jetzt, zehn Jahre später, sitze ich tatsächlich hier und habe die innere Ruhe, zu malen.« Walter sah sich seine Bilder noch einmal an. Den Elefanten wollte er auf jeden Fall zur Ausstellung mitnehmen und das Nashorn auch. Und die Warzenschweine, die hatten etwas ganz Besonderes.

»Irgendwie macht es auch Spaß, Rentner zu sein, trotz des hohen Alters.« Natürlich hatte er sich nicht völlig zur Ruhe gesetzt, das könnte er gar nicht. Aber seine Arbeitslast war doch sehr reduziert. Er fuhr nach *Bella Vista*, wann immer sie ihn dort brauchten, und einige seiner anderen Klienten behaupteten steif und fest, dass sie niemals auch nur daran denken würden, einen anderen Tierarzt zu rufen. Das hieß, dass er nach wie vor an den meisten Tagen seine Runde fuhr, aber mit mehr Zeit, um sich mit seinen Patienten und deren Besitzern zu unterhalten, von denen viele gute Freunde geworden waren.

Mehr oder weniger hatte er seine Aktivitäten als Wildtierarzt mit der Begründung aufgegeben, das es Zeit sei für die jüngere Generation, das Ruder zu übernehmen. Er vermisste die Spannung und den Nervenkitzel, die damit verbunden waren, aber allein die Tatsache, dass er nun mitten im Waterberg lebte, sorgte dafür, dass es ihm an Begegnungen mit wilden Tieren nicht fehlte.

Walters Blick fiel auf eine Bleistiftzeichnung, die er noch nicht für die Ausstellung in Betracht gezogen hatte. Sie stellte einen ausgewachsenen Elefanten dar, der aussah, als würde er sich ganz furchtbar über etwas aufregen.

Er erinnerte sich noch ganz deutlich an die Situation, die dieses Bild inspiriert hatte. Er musste lachen, wenn er an Timo dachte, der für die Kunzmanns in Deutschland als Koch arbeitete. Sie mochten den jungen Mann und hatten ihn eingeladen, sie bei ihrer nächsten Reise nach Vaalwater zu begleiten. Timo hatte sich auf Anhieb gut mit Walter verstanden, und besonders gut hatte es ihm gefallen, mit ihm durch den Busch zu fahren und ihn dabei mit Fragen zu löchern.

»Er ist halt ein Stadtkind«, hatte Hans zu Walter gesagt, als dieser eine Bemerkung über die Neugier des jungen Mannes und seine Naivität gemacht hatte. Aber wie immer genoss er es, sein Wissen weiterzugeben, und Timo nahm es auf wie ein durstiges Tier Wasser.

Eines Nachmittags fuhren sie gemeinsam in den *Marakele*-Nationalpark in der Nähe von Thabazimbi, angeblich, um irgendetwas abzuliefern, aber eigentlich, um sich dort einmal gut umzusehen.

Marakele, was auf *Setswana* soviel heißt wie ›Ort der Zuflucht‹, war zur sicheren Heimat für Breit- und Spitzmaulnashörner und für eine ganze Menge verschiedener Antilopenarten geworden. Auf einigen der Felswände hatten sich Kolonien der seltenen Kapgeier niedergelassen. Die zahlreichen Elefantenherden, die Reisende aus den 1850er-Jahren beschrieben hatten, waren zwar zu Beginn des zwanzigsten Jahrhunderts ausgerottet worden, aber mittlerweile hatte sich das Blatt gewendet, und die ersten Elefanten waren 1999 wieder eingeführt worden. Seitdem waren mehrere Familiengruppen aus anderen Naturschutzgebieten nach *Marakele* umgesiedelt worden.

Für Timo waren alle wilden Tiere neu und aufregend, aber einen Elefanten zu sehen, das stand ganz oben auf seiner Wunschliste. Er hatte Walter angefleht, ihm doch zumindest einen einzigen Dickhäuter aus der Nähe zu zeigen, bevor er nach Deutschland zurückkehren musste.

Sie waren schon eine ganze Weile kreuz und quer durch den Nationalpark gefahren, als Timos Traum plötzlich wahr wurde. Auf halber Strecke entlang einer Teerstraße, die sich einen steilen Berghang hinaufwandt, stand ihnen plötzlich ein Elefantenbulle gegenüber. Er wedelte mit den Ohren und war ganz offensichtlich in Musth. Die Straße war gerade breit genug für ein Auto. Auf der rechten Seite war eine undurchdringliche Wand dichten Gebüschs und links ein steiler Felsabhang, wie man sie so oft im Waterberg findet.

Walter hielt sofort an. Der Elefant kam mit einer beunruhigenden Geschwindigkeit auf sie zu und schien nicht vorzuhaben, seine Richtung zu ändern.

Walter legte den Rückwartsgang ein. Er drehte sich zu Timo, um ihm die Situation zu erklären, aber ihm blieben die Worte im Halse stecken.

Timo hatte das Fenster runtergekurbelt, und, bevor Walter ihn daran hindern konnte, lehnte er seinen Oberkörper, so weit er konnte, hinaus, wedelte wild mit einem Arm herum und hielt sich mit dem anderen die Nase zu. Dabei trompetete er laut.

Der Elefant, der ganz offensichtlich nicht in Stimmung war, sich auf den Arm nehmen zu lassen, ging zum Angriff über. Er kam ihnen so nah, dass Walter nur noch Ohren, Stoßzähne und Rüssel sah. Er trat das Gaspedal durch, und mit Höchstgeschwindigkeit rasten sie rückwärts den Hang hinunter. Zuweilen kamen sie dem Abgrund gefährlich nahe. Es schien eine Ewigkeit zu dauern, bis sie unten ankamen, wo sich die Straße weitete. Walter wendete mit quietschenden Reifen und fuhr davon.

Nachdem sie einen sicheren Abstand zwischen sich und den Elefanten gebracht hatten, hielt er an und wandte sich Timo zu. Von dessen Übermut war nichts mehr übrig. Er war so tief wie möglich in seinen Sitz gesunken und schien auf die Hälfte seiner normalen Größe geschrumpft zu sein.

»Gut«, dachte Walter, »wie es scheint, hat er einen ordentlichen Schrecken bekommen. Jetzt weiß er wenigstens, dass mit Elefanten nicht zu spaßen ist.«

»Ach du liebe Güte«, brachte Timo dann irgendwann ganz schwach hervor, während seine Zähne noch immer klapperten. »Der Elefant sah aus, als meinte er es ernst! Das hätte ich nie gedacht...«

Walter wurde aus seinen Erinnerungen gerissen, als Topsy in sein Büro trat.

»Und was ist mit den Hortensien?« Sie deutete auf ein Stillleben, das er erst kürzlich fertiggestellt hatte: ein Strauß rosa Blüten in einer blauen Suppenschüssel, die er sich aus ihrer Küche ausgeliehen hatte. »Die finde ich unheimlich schön.«

Die Eröffnung der Ausstellung war ein großer Erfolg. Der kleine Elefant hatte ein neues Zuhause gefunden, genauso wie die Warzenschweine. Walter und Topsy waren gerade wieder zu Hause angekommen, als ihr Telefon klingelte. Es war Patricia, die mit Walter zusammen zu den Malstunden ging und seit vielen Jahren eine enge Freundin der Eschenburgs war.

»Walter, es tut mir ganz furchtbar leid, aber ich habe aus Versehen eines deiner Bilder eingepackt. Ich weiss auch nicht, wie das passiert ist.«

»Ach ja? Hast du das?«

»Ja, das schöne mit den rosa Hortensien.« Patricia erklärte, dass sie es inmitten ihrer eigenen Bilder gefunden hatte, als sie diese zu Hause auspacken wollte.

»Ach ja? Hast du das?« Walters Lächeln wurde immer breiter.

»Na, ich frage mich, worüber er sich gerade so amüsiert«, wunderte sich Topsy.

Patricia schlug nun vor, dass sie ihm das Bild gerne abkaufen würde, da es ihr so gut gefiel. Sie würde den angegebenen Preis am nächsten Tag vorbeibringen.

»Nein, das wirst du nicht.«

»Wie meinst du denn das?« Patricia verstand gar nichts mehr.

»Ich meine, dass das Bild dir gehört. Es ist ein Geschenk von uns. Ende der Diskussion. Freu dich einfach!« Walter legte auf und sah Topsy an: »Manchmal frage ich mich, warum man sich so gut fühlt, wenn man jemandem ein Geschenk gemacht hat?«

Freundschaften

»Schau mich nicht so an!« Walter sprach mit Frederick, dem Schlangenadler, der auf dem obersten Regalbrett des Eckschranks saß. »Du hast deine Mahlzeit heute schon gehabt. Ja, du bist ganz schön verwöhnt.«

Er war in seinem Behandlungsraum und wischte den Operationstisch ab. Er hatte gerade den Hund der Gousens wieder zusammengeflickt, einen *Boerbul* namens Tokolosh. Der war herumgestreunt, hatte eine läufige Hündin verfolgt und sich in einem Stacheldrahtzaun verfangen. Es war ein ziemlich hässlicher Riss gewesen, der heftig geblutet hatte. Walter hatte vorgeschlagen, dass sie den Hund doch kastrieren sollten, denn es war nicht das erste Mal, dass Tokolosh von zu Hause ausgerissen war und sich dann Schaden zugefügt hatte, aber seine Besitzer wollten davon nichts hören.

»Aber Doc, wir züchten doch mit ihm. Das bringt gutes Geld.«

»Dann solltet ihr aber auch dafür sorgen, dass er brav zu Hause bleibt.«

Etwas beschämt hatten sie mit den Schultern gezuckt und versprochen, ihr Bestes zu tun.

»Siehst du, so geht das, wenn man den Mädels hinterherjagt«, setzte Walter die Unterhaltung mit seinem gefiederten Freund fort, während er die Instrumente wusch und zum Sterilisieren vorbereitete. Sein Blick fiel auf den Vogeldreck auf dem Fußboden.

»Jetzt schau dir mal an, was du hier wieder fabriziert hast. Morgen muss ich George bitten, mal ordentlich sauber zu machen, sonst vergraulen wir noch unsere nächsten Patienten.«

George Baloyi kümmerte sich nicht nur um die Kühe, die Pferde und den Garten, er fungierte auch als tierärztlicher Assistent. Der beste, den Walter je gehabt hatte.

Frederick behielt Walter von seinem Aussichtspunkt aus im Auge, antwortete aber nicht.

»Ich weiß ja, dir wird langsam langweilig, aber du musst dich einfach gedulden. Noch eine Woche oder so, und dein Flügel wird geheilt sein.«

Der Vogel schien zu verstehen und drehte seinen Kopf von einer Seite auf die andere. Es war nun schon zwei Wochen her, dass die Petersons Walter gebeten hatten, sich den verunglückten Adler anzuschauen. Er war mit dem Allradfahrzeug eines Urlauberpaares zusammengestoßen. Die obere Kante der Windschutzscheibe hatte ihn gerade erwischt, als er über die Straße geflogen war. Sie hatten angenommen, dass er weitergeflogen sei, aber als sie beim Supermarkt in Vaalwalter hielten, sahen sie, dass der junge Vogel zwischen ihrem Autodach und dem Dachzelt steckengeblieben war.

»Es sieht so aus, als sei sein Flügel gebrochen«, hatte Walter gesagt, als er zur Rettung des Vogels gekommen war. »Ich denke, das können wir in Ordnung bringen, ich nehme ihn mit in meine Praxis. Und nein, um Bezahlung brauchen Sie sich nicht zu kümmern, es ist ja nicht Ihr Vogel, oder? Ich werde einfach sehen, was sich da machen lässt.«

Frederick hatte sich erstaunlich schnell von seinem Missgeschick erholt und wurde langsam ungeduldig. Er flatterte immer energischer durch die Praxisräume und ihn zu handhaben, wurde von Tag zu Tag schwieriger. Walter und Topsy waren dazu übergegangen, ihn mit der Grillzange zu füttern, denn sie fürchteten um ihre Finger.

Frederick schien zu wissen, dass er sich benehmen musste, wenn Patienten und ihre Besitzer die Praxisräume betraten. Dann verzog er sich vom Behandlungstisch auf das oberste Schrankregal, von wo aus er alles mit Adleraugen beobachtete.

»Ok, ok, ist ja schon gut. Wenn du versprichst, dass du dich gut benimmst, dann schau ich mal nach, ob Topsy vielleicht noch etwas Hackfleisch für dich hat. Ansonsten muss ich dir halt noch eine Ratte schießen, aber da hättest du auch nichts dagegen, so wie ich dich kenne, was?« Walter zweifelte nicht eine Sekunde daran, dass der Vogel ihn verstand. Ihr etwas einseitige Gespräch wurde unterbrochen, als er Topsy quer über den Hof rufen hörte.

»Na, was jetzt wohl los ist?«

»Walter, hörst du schlecht oder was?«

»Nein, nein, hier bin ich. Was hast du gesagt?«

»Ich habe gesagt, dass du gleich losfahren musst, zu Anna. Ganz schnell. Sie sagt, die Lage sei ernst. Ich bin mir nicht sicher, was da passiert ist, aber es hört sich an, als sei einer ihrer Hunde mit einem Warzenschwein zusammengestoßen.«

Walter griff schnell nach der Schale mit seinen OP-Instrumenten und rannte aus der Praxis. Er wusste aus Erfahrung, dass es, wenn Anna ihn anrief, weil es ein Problem mit ihren Hunden gab, eine dringliche Angelegenheit war. Er sprang in seinen weißen Toyota und raste die Schotterpiste entlang. Es war mitten im Winter und würde bald dunkel werden. Auf halber Strecke nach *Lapala*, wo Anna mit ihren sieben Hunden lebte, drehte er den Lichtschalter.

»Mist, diese blöden Lichter funktionieren ja schon wieder nicht. Die müssen wirklich repariert werden. Naja, ich hoffe mal, dass ich dort ankomme, bevor es völlig dunkel ist.«

Während er durch die Dämmerung fuhr, behielt Walter die Straße, die durch das Naturschutzgebiet zu Annas Haus führte, genau im Auge. Es war gar nicht lange her, dass er genau hier ein unangenehmes Zusammentreffen mit einer Schwarzen Mamba gehabt hatte. Die Schlange, die gut und gerne dreieinhalb Meter lang gewesen war und sich offensichtlich von seinem Auto bedroht gefühlt hatte, hatte sich zur Angriffshaltung aufgerichtet. Sie hatte ihm direkt durch das offene Fenster in die Augen geschaut. Er hatte das schwarze Innere des Reptilienmauls gesehen, das Gaspedal durchgetreten und war davongerast, so schnell sein Auto es zugelassen hatte. Er hatte so einen Schreck bekommen, dass sich sein Herzschlag immer noch angehört hatte wie der Hufschlag einer ganzen Herde Büffel, als er zehn Minuten später auf Annas Hof gefahren war. Jetzt, zu dieser Jahreszeit, müssten sich die Schlangen eigentlich verzogen haben, aber man wusste das nie so genau.

Anna selbst hatte mehr als ihren Anteil an Schlangengeschichten erlebt. Sie war überhaupt eine ganz erstaunliche Person, dachte Walter. Irgendwie schien der Waterberg außergewöhnliche

Menschen anzuziehen. Er und Topsy hatten Anna kennengelernt, als sie vor vielen Jahren in die Gegend gezogen war, zusammen mit einer kuriosen Mischung verschiedener Hunde und Pferde, die sie als ihre Familie bezeichnete. Sie waren schnell enge Freunde geworden und genossen es, sich gegenseitig ihre Lebensgeschichten und Abenteuer zu erzählen.

Anna war während des Zweiten Weltkrieges in England aufgewachsen, und diese Zeit und die damit verbundenen Erfahrungen hatten unauslöschliche Erinnerungen hinterlassen, genauso wie für Walters in Deutschland. Früh erkannte sie, dass sie nicht dafür geschaffen war, ein konventionelles Leben auf den Britischen Inseln zu führen. So überraschte es nicht, dass sie sich, nachdem sie Jura studiert und an einigen Expeditionen teilgenommen hatte, in Ghana niederließ, wo sie mit ihrem ersten Mann eine Maschinenbauwerkstatt betrieb.

Von Kindesbeinen an, so erzählte Anna immer, war sie ein ›Tiermensch‹ gewesen, und während sie in Ghana lebte, hatte sie nicht nur Rennpferde trainiert, an Wettkämpfen teilgenommen und eine ganze Kollektion gefiederter und behaarter Hausgäste beherbergt, sie war auch ehrenamtliche Wildhüterin geworden. Das war der Beginn einer lebenslangen Leidenschaft für den Naturschutz, die darin gipfelte, dass Anna viele Jahre später in Kenya, wohin sie mit ihrem zweiten Ehemann in den siebziger Jahren gezogen war, ein Naturreservat für Nashörner aufbaute. Sie war die treibende Kraft bei der Einrichtung des *Lewa Wildlife Conservancy* gewesen, das zum Ziel hatte, die kenianische Spitzmaulnashornpopulation vom Aussterben zu bewahren.

Anna beobachtete die Nashörner regelmäßig, studierte deren Verhalten und entwickelte schon bald eine ganz besondere Beziehung zu ihnen. Sie schrieb ein Buch über ihre Erfahrungen und wurde schon bald für Nashörner das, was Dian Fossey für Gorillas war, Joy Adams für Löwen und Jane Goodall für Schimpansen.

Die *Rhino-Lady*, wie sie im Allgemeinen genannt wurde, hatte sich im Waterberg niedergelassen und zwar genau in derselben Gegend, in der Walter sein erstes Nashorn betäubt hatte. Sie wolle sich hier zur Ruhe setzen, hatte sie gesagt. Aber Anna konnte nicht still sitzen. Wenn sie nicht außer Landes war, um Vorträge zu halten oder Spenden für die Erhaltung der Nashörner zu sammeln, dann war sie hoch zu Ross unterwegs, wanderte mit ihren Hunden durch den Busch oder brachte sich etwas Neues bei. Nichts schien sie aufhalten zu können. Erst vor Kurzem war sie von einer Expedition zu Pferd in Botswana zurückgekommen, die viele ihrer Mitreisenden, die meisten waren eine oder zwei Generationen jünger als sie, völlig erschöpft hatte.

»Ach, das war doch gar nichts«, hatte sie nur gesagt, »verglichen mit den Reisen, die wir früher in die Sahara unternommen haben, oder durch den Hindukusch.«

Anna war auf jeden Fall eine Person, auf die man zählen konnte, aber Vorsicht war allen angeraten, die ihren Weg kreuzten. Es war eine allgemein bekannte Tatsache, dass sie keine Gefangenen nahm. Einige der Schlangen, die das Leben ihrer geliebten Hunde in Gefahr gebracht hatten, hatten das zu spüren bekommen.

Walter fand Anna auf der Terrasse ihres Holzhauses, das auf Stelzen mitten im Busch stand. Neben ihr saßen ihr Nachbar und Freund Collin und ein mittelgroßer Hund.

»Gott sei Dank, dass du hier bist. Fidelio hatte einen Zusammenstoß mit einem Warzenschwein und blutet ganz fürchterlich.«

Walter sah sofort, dass Anna nicht übertrieb. Das Warzenschwein hatte den Pointer an der Schulter verletzt, und sein Blut war überall.

»Du kannst deinen Finger jetzt aus der Wunde nehmen, damit ich mir das mal richtig anschauen kann.«

Die Blutung war so stark gewesen, dass Collin versucht hatte, sie abzudrücken. »Aber das Loch ist so groß, ich musste meinen Finger da richtig reinstecken«, sagte er etwas verstört.

»Du hast ihm damit wahrscheinlich das Leben gerettet.«

Es dauerte nicht lange, und Walter hatte die Blutung gestillt und die klaffende Wunde von innen nach außen mit ein paar engen Stichen zugenäht.

»Diese verdammten Warzenschweine sind echt ein Problem«, sagte Anna in der Zwischenzeit. »Früher waren sie noch scheu, aber mittlerweile kommen sie bis ans Haus. Und Fidelio ist zwar mutig, aber nicht allzu schlau, wie man sieht. Er ist einfach drauflos-gegangen, und der große Eber, naja, der hat sich das nicht gefallen lassen.«

Nach getaner Arbeit saßen Anna, Walter und Collin mit einem Drink auf ihrer Veranda. »Wie geht es denn deinem anderen Hund? Ich meine den, den dein Freund Python, beinahe zum Frühstück verspeist hat«, fragte Walter.

»Ach, Othello? Dem geht's gut, und er ist etwas vorsichtiger dieser Tage, wenn ihm eine Pythonschlange begegnet. Ich glaube, er hat seine Lektion gelernt. Aber habe ich euch schon erzählt, dass ich mir nach diesem Vorfall eine brasilianische Schlangenflinte zugelegt habe?«

»Eine brasilianische Schlangenflinte? Was um Himmels willen ist das denn?«

»Ich weiß auch nicht genau, inwieweit die anders ist als andere Waffen, damit habe ich normalerweise nichts am Hut. Das Ding hat nur eine Reichweite von ungefähr zwei Metern, aber da richtet sie ganz ordentlichen Schaden an.«

»Und? Funktioniert das? Ich meine, hast du sie schon mal ausprobiert?«

»Naja, ich denke, du kannst damit wohl auf eine Puffotter schießen oder auch eine Python, wenn es denn sein muss, aber ich hätte Bedenken, sie an einer Schwarzen Mamba auszuprobieren. Die sind einfach viel zu schnell, und dann wollen sie vielleicht Rache. Auf jeden Fall sind zwei Meter Abstand für meinen Geschmack viel zu wenig, wenn es um Schwarze Mambas geht. Ich habe allerdings schon in Betracht gezogen, sie an einer Kobra auszuprobieren.« Anna trank noch einen Schluck.

Ein paar Wochen zuvor hatten ihre Hunde plötzlich wie wild angefangen zu bellen, woraufhin sie eine große Schlange auf ihrer Veranda bemerkt hatte. »Sofort rief ich alle Hund ins Haus, knallte die Glastür zu und rannte nach oben, um mich auszustatten. Aber als ich dann in voller Montur wieder nach draußen kam, da war die Schlange natürlich schon lange verschwunden. Ich suchte noch eine Weile, aber zugegebermaßen nur halbherzig. Ich musste dann doch nicht unbedingt ausprobieren, wie gut meine Ausrüstung, die aus Gummistiefeln, Schutzbrille und der brasilianischen Schlangenflinte bestand, funktionierte. Vor allem nicht an einer Kobra von der Größe. Die lag wahrscheinlich irgendwo im Gebüsch und hat sich über meinen Aufzug totgelacht.«

Walter lachte und stand auf. »Ich glaube, ich muss jetzt los, sonst gibt's Ärger zu Hause.« Er packte seine Sachen, schlenderte zum *Bakkie* und ließ den Motor an. »Mist, ich habe ja ganz vergessen, dass ich kein Licht habe.«

»Warum nimmst du denn dann nicht meins?«, schlug Anna vor. »Ich muss morgen sowieso in die Stadt, dann können wir wieder tauschen.«

Schon ganz hungrig aufs Abendessen machte sich Walter in Annas Auto auf den Heimweg. Kurz bevor er auf die asphaltierte Hauptstraße kam, traf er ein Schlagloch und alle Lichter gingen aus. Er fuhr wohl doch etwas schneller, als der Wagen das gewohnt war. Egal, was er versuchte, er konnte sie nicht wieder zum Leuchten bringen.

»Umkehren bringt jetzt auch nichts mehr.« Er sah sich um und war erleichtert, als er eine Taschenlampe unter dem Sitz fand. Langsam fuhr er im Mondschein weiter, und wann immer ihm ein Auto entgegen kam, schwenkte er seine Laterne hin und her.

Am nächsten Tag, als er auf *Bella Vista* ankam, um die Zeckenbehandlung der Rinder zu kontrollieren, bemerkte sein Freund und Kollege Charles kopfschüttelnd: »*Jeez*, Walter, es gibt heutzutage doch mehr Idioten als man denkt, vor allem auf der Straße. Du wirst es nicht glauben, aber gestern Abend auf dem

Heimweg ist mir wieder so ein Irrer begegnet. Der ist ohne Licht gefahren, hat aber dauerned mit einer Taschenlampe durch die Gegend gewedelt, wie ein Verrückter. Ich sag' dir, Dinge gibt's... Man sollte es nicht für möglich halten!«

COURAGE

Anna ist wirklich eine ganz außergewöhnliche Person, da besteht kein Zweifel. Wir haben viele Nachmittage und Abende miteinander verbracht und uns ihre Geschichten angehört. Davon gibt es einige. Sie ist zum Beispiel die einzige Frau, die ich kenne, die ganz allein ihren Hund aus dem Maul einer Python befreit hat.

Die fünf Meter lange Schlange hatte sich Othello gegriffen und war dabei, ihn zu würgen. Sie hatte sich dreimal um den armen Hund gewunden, und seine Zunge war schon ganz blau, als Anna die beiden sah. Sie hatte kurz zuvor aufgeregtes Bellen gehört und dann eine ganz ominöse Stille, die ihr verdächtig erschienen war. Als sie sah, in was für einer Zwangslage ihr Liebling steckte, zögerte sie nicht lange, griff sich ein Küchenmesser und setzte sich rittlings auf den Angreifer, damit sie ihn ordentlich zu fassen bekam. Sie musste ein paar Mal zustechen, bevor der von Othello abließ und sich zornig Anna zuwandte.

»Eins kann ich euch sagen, die haben Mundgeruch, diese Pythons, ganz, ganz fürchterlichen Mundgeruch«, erzählte sie uns hinterher.

Ich bin mir nicht ganz sicher, was als nächstes passiert ist, aber die Schlange änderte ihre Meinung und zog es vor, ins Gebüsch zu verschwinden, anstatt sich dem Zorn dieser zierlichen Frau auszusetzen. Anna war ganz offensichtlich nicht nur mit einem Küchenmesser bewaffnet, sondern auch mit einer großen Portion Courage.

Anna ist immer mutig, da zieh' ich meinen Hut. Außerdem ist sie eine unerschrockende Abenteurerin, eine gewiefte Reiterin, erfolgreiche Geschäftsfrau, passionierte Naturschützerin und ganz besonders gute Freundin. Aber eins ist sie nicht: Anna ist keine Köchin. Nicht nur, dass sie keine gute Köchin wäre, nein, Anna kocht einfach überhaupt nicht. Nie.

»Ich habe das sogar in meinen Ehevertrag eintragen lassen«, hat sie uns irgendwann einmal erzählt, und Topsy, die ja eine ausgesprochen gute Köchin ist, glaubte, sie hätte nicht recht gehört.

»Du hast was?«

»Ja, genau. In unserem Ehevertrag stand genau das, schwarz auf weiß.«

»Du bist ja verrückt, Anna.«

»Nein, im Gegenteil. Ich habe mir nur die Lektionen, die ich in meiner ersten Ehe gelernt habe, zu Herzen genommen. Egal, was dir die Männer versprechen, wenn sie dich heiraten wollen, hinterher kommt es doch immer anders. Und so habe ich, um alle Missverständnisse zu vermeiden, vermerken lassen: Ich werde nicht kochen, und ich werde bergsteigen.«

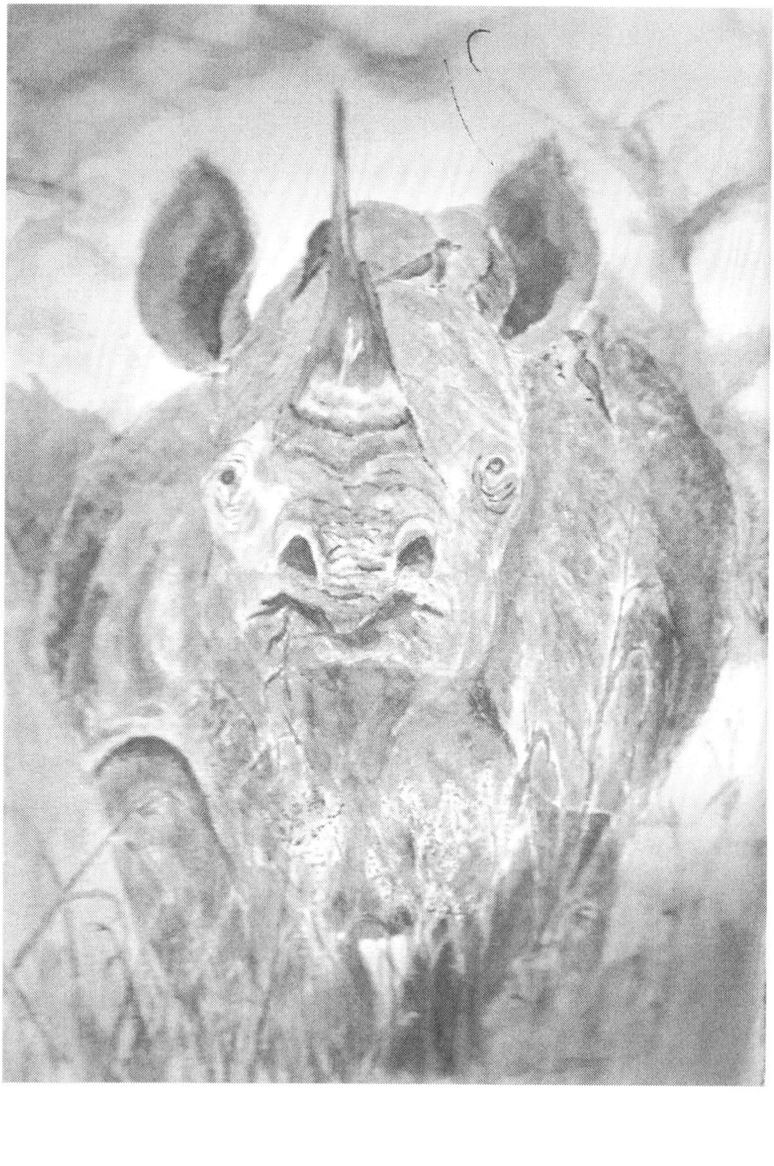

Ein ganz normaler Tag

Walter stand immer gerne früh auf, besonders im Sommer. Die Tage waren einfach zu kurz und das Leben zu kostbar, um es zu verschlafen. Es gab immer so viel zu tun. An einem kühlen Oktobermorgen, die Sommerhitze hatte sich noch nicht wirklich über den Waterberg gesenkt, machte er sich auf den Weg in den Hof.

Entsprechend seinem Morgenritual würde er jetzt erst die Hühner rauslassen, dann die Enten, die Gänse und schließlich die Pferde füttern. Er würde sich die Kühe anschauen, von denen er eine Topsy getauft hatte, und George Baloyi grüßen, dessen Gesellschaft und Hilfe er sehr zu schätzen wusste.

George war ein ausgesprochen religiöser Mann und erst kürzlich zum Bischof in seiner Kirche ernannt worden. »Ich bin nicht groß«, hatte er gesagt, als Walter und Topsy ihm zu dieser Ehre gratuliert hatten, »und ich habe auch keinen dicken Bauch, aber trotzdem bin ich jetzt Bischof geworden.«

Die normale Geräuschkulisse füllte die Morgenluft. Der Bischof sang ein paar Hymnen, während er die Kühe melkte, die Vögel zwitscherten und die Gänse schnatterten begeistert. Aber als Walter sich dem Hühnerstall näherte, hielt er inne. Eine unheimliche Stille lag über diesem Teil des Gartens. Normalerweise konnte er um diese Zeit das Glucksen der Hennen hören, das gelegentliche Krähen des Hahns und das Tschirpen der Küken. Mit einer düsteren Vorahnung ging er um die Ecke und öffnete das Gatter.

»Ach nee, nicht schon wieder!« Er stöhnte, als er die große Python in der Ecke liegen sah. Deren aufgeblähter Körper ließ keinen Zweifel aufkommen, warum die Hühner so ruhig, und wohin sie verschwunden waren.

»Weißt du was? Du bist so ein richtig blöder Hund! Topsy war so stolz auf ihre Hennen und die Küken. Wenn sie das hier sieht, dann bringt sie dich um.«

Die Schlange öffnete nicht einmal die Augen. Am Abend zuor hatte sie eine Lücke im Zaun gefunden, und die war gerade groß genug gewesen, dass sie hatte hindurchschlüpfen können. Nur der Hahn war ihrem Appetit entkommen. Er war ein weiser, alter Kerl und hatte sich zum Schlafen auf einen hohen Pfosten ganz hinten im Gehege zurückgezogen. Jezt fing er an zu krähen; wahrscheinlich regte es ihn doch auf, dass er seine Damen verloren hatte.

»Ach du, halt doch die Klappe! Du hättest deine Mädels besser verteidigen sollen!« Walter verließ den Hühnerstall und den wenig beeindruckten Hahn und schloss die Tür sorgfältig, so dass der Dieb nicht entkommen konnte. Es war völlig unmöglich, dass der sich durch die Lücke im Zaun wieder hinauszwängen konnte, dafür war er nach seinem Mitternachtsmahl zu dick. Ganz ruhig, damit Topsy keinen Verdacht schöpfte, lief er hinüber zur alten Scheune und holte einen leeren Sack und eine Schnur.

»George, komm doch bitte mal hier her. Ich brauche deine Hilfe.«

»Ja Doc, ich komme gleich.«

»Nein, George, nicht gleich, ich brauche dich hier sofort!«

Als George sah, was passiert war, schüttelte er nur den Kopf. »*Jirre*, wenn die *Gogo* das herausfindet, dann bringt sie diese *Nkoka* um.«

»Genau. Deshalb müssen wir uns beeilen und sie hier wegschaffen, bevor Topsy es sieht.«

»Aber Doc, meinst du nicht, dass dieser Dieb seine gerechte Strafe verdient hat? Ich könnte ihn mit meiner Steinschleuder töten.« George hatte ein Funkeln in den Augen.

»Unsinn. Pythons sind vom Aussterben bedroht. Und sie machen nur, was ihrer Natur entspricht. Die sind nicht wirklich gefährlich für uns. Wir fangen sie, und später lasse ich sie dann auf *Bella Vista* wieder laufen; im Gebüsch, weit ab vom Schuss.«

»Ja, Doc, aber...«

»Nix aber, jetzt nimm einfach den Sack hier und halt ihn für mich auf.«

Mit einem Besen bewaffnet hielt er den Schlangenkopf auf den Boden, um einen schmerzhaften, wenn auch ungiftigen Biss zu vermeiden, fasste die Python am Schwanz und manövrierte sie in den Sack. George verschloss diesen schnell, und zusammen hoben sie ihn auf die Ladefläche von Walters Toyota.

»Ach ja, George, wir erzählen Topsy besser nichts davon.«

»Ok, Doc, ich werd's versuchen. Aber du weißt ja, wie sie ist.«

Zurück in der Küche genoss Walter gerade seine zweite Tasse Kaffee und bereitete den täglichen Obstsalat zu, als er den lauten Schrei über den Hof schallen hörte, den er erwartet hatte, seit sie die Python gefangen hatten. Offensichtlich hatte Topsy herausgefunden, was passiert war.

»Wo ist der verfluchte Dieb? Ich bringe ihn um! Wo zum Teufel ist er?« Sie stürmte in die Küche, die Haare standen ihr zu Berge. »Ich hole jetzt meine Pistole. Und ich werde den Mistkerl finden.«

Sie sah Walter an.

»Ha, ich kenne dich doch. Du hast ihn wahrscheinlich wieder gefangen. George weigert sich, mir zu sagen, was du mit ihm gemacht hast, aber ich wette, er liegt auf deinem *Bakkie*. Jetzt krieg ich ihn, den Dieb!«

»Topsy, warte doch nur einen Augenblick.«

»Nein, ich warte keinen Augenblick. Ich werde ihn jetzt sofort erschießen!«

»Aber warte doch, ich werde ihn auf der anderen Seite vom Fluss freilassen, von dort kommt er nie wieder hierher zurück, das verspreche ich!«

»Auf keinen Fall. Pythons kommen immer wieder in ihr Territorium zurück. Außerdem ist das schon das zweite Mal in diesem Sommer, dass die mein Geflügel gestohlen haben.«

Die Opfer des vorherigen Diebs, den sie im Ententeich erwischt hatten, waren fünf Entenküken gewesen.

»Das kann doch gar nicht derselbe sein, denn du hast den letzten doch erschossen!«

»Das ist mir doch egal! Die sind doch alle gleich!«

»Topsy, wenn Nick und Debbie zu Ohren kommt, dass du schon wieder eine Python erschossen hast, dann wird sie das ganz schön enttäuschen. Du weißt doch, dass die vom Aussterben bedroht sind!«

»Vom Aussterben bedroht! Wer sagt denn so was? Die sind nicht mehr vom Aussterben bedroht, als mein linker Fuß! Aber eins sage ich dir, wenn die in meinen Garten kommen und meine Hühner fressen, dann sind sie ganz sicher vom Aussterben bedroht. Du lässt die da drüben frei und schwupps kommt sie zurück und frisst meine Buschbabys. Das kommt überhaupt nicht in Frage. Ich werde den Schweinehund jetzt erschießen, und du kannst machen was du willst.«

Walter wendete sich wieder seinem Obstsalat zu. Er wusste, wenn erst einmal die Buschbabys ins Gespräch kamen, gab es nichts mehr, was Topsys Meinung ändern konnte. Sie liebte diese kleinen Kreaturen über alles, und er musste zugeben, dass sie schon mehrmals Schlangen am Fuße ihres Futterplatzes und des Schlafbaums gefunden hatten.

Während er in der Küche beschäftigt war und einen Plan für die weiteren Aktivitäten des Tages machte, lauschte er mit einem Ohr, was im Hof passierte. Er hörte keine Schüsse, sondern noch einen Schrei, und kurz darauf erschien Topsy wieder.

»Wo ist diese verdammte Schlange?«

»Hinten auf dem *Bakkie*.« Er gab sich geschlagen, während gleichzeitig seine Hoffnung wuchs.

»Nein, da ist sie eben nicht! Da ist nur ein leerer Sack!« Topsy drehte sich auf dem Absatz um, murmelte etwas davon, wie jemand nur zu unfähig sein konnte, um einen Sack zuzubinden, während Walter vorgab, nichts zu hören.

Topsy beauftragte George, nach dem Reptil zu suchen, und Walter wusste, dass George ihre Meinung teilte. Immer seltener riefen sie ihn, wenn sie eine Schlange im Garten gefunden hatten. Erst schießen und dann Fragen stellen, schien das Motto der beiden zu sein.

Das Telefon klingelte und einen Moment später steckte Walter seinen Kopf aus der Hintertür,

»Topsy, die Mullers haben gerade angerufen. Ihr Hund ist von einer Puffotter gebissen worden, sie bringen ihn jetzt gleich vorbei.«

Er bereitete alles vor, um sich um das zweite Schlangenopfer des Tages zu kümmern. Dieses Jahr schienen die Schlangen für die Jahreszeit schon recht aktiv zu sein. »Vielleicht hat es ja damit zu tun, dass wir Menschen immer weiter auf ihren Lebensraum übergreifen, und sie deshalb mehr in Erscheinung treten und öfter in Gärten und Hinterhöfen gesehen werden«, dachte er, »oder vielleicht sind wir auch einfach aufmerksamer geworden?«

Der Labrador, den die Mullers brachten, war in einem schlechten Zustand. Das Gewebe um den Biss herum war schon stark angeschwollen und würde in kürzester Zeit nekrotisch werden. Er konnte sehen, dass der Hund, obwohl er ruhig war, unter extrem starken Schmerzen litt. Es gab nicht viel, was er tun konnte, außer seinen Kreislauf zu stabilisieren, eine Infusion anzuhängen und ihm Cortison, Antibiotika und Schmerzmittel in hohen Dosen zu verabreichen.

»Und was ist mit Gegengift? Haben Sie das nicht hier?«, wollte Herr Muller wissen.

Walter verneinte. »Erstens gibt es keine Garantie, dass es überhaupt wirkt. Und zweitens braucht man eine ganze Menge davon. Es ist sehr teuer, und die wenigsten Leute wollen oder können so viel Geld dafür ausgeben. Es lohnt sich für uns nicht, hier einen Vorrat anzulegen, denn die Nachfrage ist sehr gering und das Haltbarkeitsdatum schnell überschritten, bevor wir eine Gelegenheit haben, es zu benutzen. Wenn dies ein Kobrabiss wäre, dann würde ich in Erwägung ziehen, Sie mit Ihrem Hund nach *Onderstepoort* zu schicken, wo sie eine Beatmungsmaschine haben. Wie Sie sicher wissen, haben Kobras ein hauptsächlich neurotoxisches Gift, das Atemstillstand verursacht. Aber mit der Puffotter und ihrem zelltoxischen Gift ist das hier das Beste, was wir tun können. Wenn er durchkommt, dann müssen wir eventuell operieren und das nekrotische Gewebe herausschneiden. Aber jetzt warten wir erst einmal ab. Er bleibt hier im Behandlungsraum, so dass ich regelmäßig kontrollieren kann, wie es ihm geht. Ich werde Sie selbstverständlich sofort anrufen, falls es irgendwelche Veränderungen geben sollte.«

»Bitte seien Sie ganz ehrlich, Doc, dürfen wir uns denn Hoffnung machen, dass er durchkommt?«

Walter konnte den besorgten Hundebesitzern nicht wirklich eine klare Antwort geben. Stattdessen erzählte er ihnen eine Geschichte, die er am Tag zuvor gehört hatte.

»Sie kennen doch Dr. Albert, oder? Den Allgemeinmediziner in Vaalwater? Er hat einen alten Jack Russel, und der wurde vor einer Weile von einer Schlange gebissen. Keiner hat es mitbekommen, aber den Symptomen nach zu urteilen, muss es sich wohl um eine Kobra gehandelt haben. Er war in einem wirklich schlechten Zustand, aber wir gaben ihm eine Infusion und hofften auf das Beste. Und Felix, der Glückliche, schaffte es. Als ich Dr. Albert gestern sah, hat er mir erzählt, dass Felix nun endlich seine Rache bekommen hat. Dazu muss man wissen, dass Felix völlig blind ist, aber das scheint ihn nicht weiter zu stören. Letztes Wochenende hörte Dr. Albert den Schlangenalarm der Vögel im Garten, und Felix bellte ganz aufgeregt. Als er endlich dazukam, sah er, dass sein Hund in einen ernsten Zweikampf mit einer großen Kobra verwickelt war. Schlange und Hund waren sich so nahe und so aufeinander konzentriert, dass Albert beschloss, sich nicht einzumischen, denn er hatte Angst, dass ein Moment der Ablenkung dazu führen könnte, dass Felix den Todesbiss erhielt. Er überließ die beiden ihrem Schicksal.

Wie Felix es am Ende geschafft hat, das weiß keiner, aber Albert sagt, dass er ihn wenig später auf dem Rasen liegen sah, und er ganz genüsslich die Kobra Happen für Happen verzehrte. Angeblich war er damit bis spät in die Nacht beschäftigt, aber es war wohl ganz offensichtlich, dass er nicht auf einen einzigen Bissen verzichten würde. Schließlich war das seine Belohnung für den mutigen Kampf.«

»Unglaublich!« Die Mullers wussten nicht so recht, was sie sonst dazu sagen sollten.

»Gut, jetzt fahren Sie erst einmal nach Hause; es gibt nichts, was Sie hier tun könnten. Ich rufe Sie später an.«

Walter ging von seinen Behandlungsräumen zurück zum Haus. Dort schien sich alles ein wenig beruhigt zu haben, und er war froh, dass der Hühnerdieb entkommen war.

Eine, die nicht so viel Glück gehabt hatte, das war die Python, die George im Jahr zuvor mit seinem Katapult erwischt hatte. Topsy war von dieser Heldentat so beeindruckt gewesen, dass sie ihren Fotoapparat geholt und ein Bild von der toten Schlange gemacht hatte, die völlig unversehrt aussah. Erst vor ein paar Tagen hatte Walter nun genau dieses Bild aus Georges Portemonnaie herauslugen sehen.

»Oh, du hast immer noch das alte Pythonfoto?«

»Ja, Doc, und ich benutze es oft.«

»Wie? Was meinst du denn damit?«

»Ja, Doc. Wenn du tagsüber unterwegs bist, dann kommen hier manchmal Leute vorbei, aus der Stadt. Fremde. Die kommen ans Tor und fragen, ob wir nicht einen Job für sie hätten. Man weiß ja nie, ob das gute Leute sind oder *Tsotsies.* Also zeige ich ihnen das Bild von der Python und sage: *»ja, die werk is slang oppas* - du kannst unser Schlangenhüter sein. Morgens musst du sie rausbringen, in den Busch, damit sie fressen kann. Und nachmittags bringst du sie dann wieder rein.« Die Antwort ist immer: »Oh, das tut uns leid, das können wir nicht«, und die kommen nie wieder!«

Über die vielen Jahre, die George nun schon für die Eschenburgs arbeitete, hatte Walter seinen Einfallsreichtum zu schätzen gelernt. Er war nicht nur in der Lage, Pythons, Puffottern und Kobras mit seinem Katapult und einer hundertprozentigen Trefferrate zu erlegen, er konnte auch alle möglichen Maschinen reparieren, Häuser bauen und schweißen. Aber am wichtigsten war für Walter, dass er es verstand, mit Tieren umzugehen. Er kannte seine Rinder, Pferde und Hunde gut.

George half Walter oft, seine Patienten zu behandeln, und hatte gelernt, kleinere Fälle selbst zu versorgen. Er half beim Kalben, wusste, was zu tun war, wenn ein Pferd Kolik hatte, und hatte ein Zertifikat erworben, das ihm seine Fähigkeiten in künstlicher Besamung bescheinigte. Irgendwie, dachte Walter manchmal, schien er die Talente von Paraffin und Flying Machine in sich zu vereinen. Lächelnd erinnerte sich Walter daran, wie George auf seine ganz eigene Art vor Kurzem seine Geschiche ein paar Besuchern erzählt hatte.

»Doc Eschenburg und die *Gogo*, die kennen mich schon seit langer, langer Zeit. Seit ich ein *Pikkinin* war. Meine Eltern haben damals auf *Rosslene* gelebt und gearbeitet, das ist die Farm, die den Spencers gehört hat, in der Nähe von Naboomspruit, oder Mookgophong, wie wir es heute nennen. Nachdem ich mit der Schule fertig war, fing ich auch an, für die Spencers zu arbeiten, und ich war dort, als der Löwe kam, 1972. Ich erinnere mich noch genau daran, denn das war dasselbe Jahr, in dem ich geheiratet habe. Der Löwe war gefährlich. Er tötete jede Menge Rinder, und wir hatten alle unheimlich Angst.«

Als die Spencers dann nach Botswana zogen, hatte sich George entschlossen, in Südafrika zu bleiben, und Walter und Topsy hatten nicht gezögert, ihm einen Job anzubieten. Georges Bewunderung für Walter kannte keine Grenzen, und er nannte ihn *The Number-One-Person for dogs, cows and horses.* Aber was ihm am besten gefiel, war seine Fähigkeit zu improvisieren.

»Du weißt ja, die Buren sagen gerne *a boer maak a plan*?, ich sag' dir, unser Doc Eschenburg, der ist ein echter *Boer.* Der hat immer einen Plan. Das Wort ›unmöglich‹, das kennt er überhaupt nicht.«

Aber George war sich auch bewusst, dass es einige Dinge gab, die er Walter beibringen konnte.

»Der Doc, der ist der Beste, wenn es um Tiere geht. Aber Maschinen? Nein. Er ist kein Doktor für Maschinen!«

Als Zeichen ihrer Dankbarkeit hatten Walter und Topsy George ihren alten blauen Toyota geschenkt. Und da George nicht nur ein Bischof in der *United Apostolic Church* war, sondern auch so einiges über traditionelle Bräuche und Aberglauben wusste, hatte er einen *Duiker*-Schädel auf dem Armaturenbrett seines Wagens platziert. »Das ist der *Pudhi.* Der beschützt mein Auto«, hatte er Walter erklärt.

»So so, der *Pudhi* beschützt dein Auto? Wie das denn?«

»Erinnerst du dich nicht, Doc, wie der *Pudhi* das Kudu getötet hat? Die *Tsotsies*, die haben alle Angst vor dem *Pudhi*, das ist die Wahrheit. Und nicht nur die *Tsotsies*, alle Leute, sogar die Polizei, die sehen ihn und er macht ihnen Angst. Sie sagen: »Dieser Mann, der ist ein Bischof, aber er ist auch ein *Sangoma*!« Natürlich bin ich kein *Sangoma*, aber es funktioniert trotzdem.«

Walter machte sich auf den Weg zurück in den Garten, um zu sehen, wie er den Zaun des Hühnergeheges am besten reparieren konnte, um zukünftige Diebstähle zu vermeiden. Als er sah, dass dieser Job schon erledigt war, schmunzelte er. Es überraschte ihn nicht wirklich.

»Manchmal weiß ich nicht, was wir ohne George machen würden!«, dachte er und schlenderte weiter zu seinem *Bakkie*.

GEDANKEN

Es ist schon seltsam, wie das Leben einen so verändert. Es ist noch gar nicht so lange her, da hätte es mir gar nichts ausgemacht, diese Python selbst zu erschießen. Aber heutzutage will ich eigentlich gar nichts mehr schießen. Vielleicht werde ich ja doch langsam alt. Oder vielleicht haben sich die Zeiten auch geändert. Als ich ein junger Mann war, dachte ich mir nichts dabei, wenn wir Springhasen zu Tode geprügelt oder auf Stachelschweine geschossen haben. Heute scheint mir das nicht mehr angebracht. Aber die eigentliche Frage ist doch, warum lieben und verhätscheln wir manche Tiere, aber finden es richtig, andere zu töten?

Auf der anderen Seite kann ich Topsy und George gut verstehen, dass sie alle die Schlangen töten wollen, die sich auf ihr Gebiet vorwagen. Ganz besonders dann, wenn sie eine Gefahr darstellen für ihre Haustiere, oder schlimmer noch, für ihr eigenes Leben.

Naturschutz ist in den letzten Jahren ziemlich in Mode gekommen, was ganz großartig ist, da besteht gar kein Zweifel. Aber manche Ideen haben mit den Realitäten eines Lebens im Busch, wo man Tag für Tag mit den natürlichen und oft sehr reellen Gefahren der Wildnis lebt, wenig zu tun. Das ist eine ganz andere Geschichte.

Nimm Anna zum Beispiel. Sie hat ihr ganzes Leben dem Naturschutz gewidmet und sogar ihr Tafelsilber dafür verkauft. Aber gewarnt sei die Schlange, die sich auf ihre Veranda wagt.

Manchmal bringt das Leben im Busch schwere Entscheidungen mit sich. Und selten sind die Dinge so einfach zu beurteilen, wie sie einem vom Komfort des eigenen Lehnstuhls erscheinen mögen.

Veränderungen

Nach diesem etwas turbulenten Beginn des Tages fuhr Walter los, um seine Hausbesuche zu erledigen. Er war erleichtert, dass der Hühnerdieb davongekommen war und in guter Hoffnung, dass der Hund von Mullers sich vom Puffotterbiss erholen würde. Er lieferte die Milch seiner Kühe bei der Grundschule und der Suppenküche im Township Leseding ab, und überall wurde der Doc mit einem freundlichen Lächeln gegrüßt. Er fuhr bei der örtlichen Arztprazis vorbei, um sich ein paar zahnärztliche Instrumente auszuleihen, und dann weiter in Richtung Alma, um ein älteres Ehepaar zu besuchen.

Frau Lamprecht hatte ihn am Abend zuvor angerufen und gebeten vorbeizukommen, um sich ihre alte Katze anzuschauen. Sie fraß nichts mehr, hatte deutlich an Gewicht verloren und roch ziemlich streng aus dem Mund.

»Na, wenn das kein fauler Zahn ist«, hatte er gedacht – und recht behalten. Das konnte gerichtet werden, ganz zu Frau Lamprechts Erleichterung, denn die Katze war ihre beste Freundin. Die alte Dame war den Tränen nahe gewesen, als er sie in Narkose gelegt und angefangen hatte, mit der Zange zu hantieren.

»Aber Sie werden ihr doch nicht weh tun, Doc?«

»Keine Sorge, Sie werden sehen, Ihre Freundin wird sich wie neu fühlen, wenn sie feststellt, dass dieser schreckliche Zahn weg ist.«

Um sicherzugehen, dass wirklich alles in Ordnung war, blieb er nach der Operation noch eine kleine Weile und wartete, bis seine Patientin wieder aufwachte. In der Zwischenzeit bot ihm Frau Lamprecht ein Stück ihrer leckeren *Melktert* an. Dieser traditionelle südafrikanische Kuchen war eins von Walters Lieblingsgerichten, und er konnte einfach nicht widerstehen. Er sah, wie Frau Lamprechts Gesicht aufleuchtete, als er sich noch ein zweites Stück nahm.

Diese *Melktert*, das musste er neidlos zugeben, war eine der besten die er je gegessen hatte; die Kruste war süß und knusprig, und die reichhaltige, milchige Füllung mit einer großzügigen Schicht Zimt bedeckt.

Anstatt danach den direkten Weg nach Hause zu nehmen, fuhr er einen Umweg über den *Rankins Pass*. Es gab eigentlich keinen triftigen Grund dafür, außer dass ihm die Gegend sehr gut gefiel, und er sich gerne einmal wieder den Zustand des *Velds* in dieser Ecke des Waterbergs ansehen wollte. Es war nach wie vor extrem trocken, so wie überall, und er konnte sehen, wo die Feuer gewütet hatten. Sie brauchten den Regen wirklich bald, aber es war wieder keine einzige Wolke am strahlend blauen Himmel zu sehen.

Es war genau dieser strahlend blaue Himmel, der den Aviator, dessen Farm er sich jetzt näherte, nach Südafrika gelockt hatte. Er war einer der vielen Ausländer, die sich während des letzten Jahrzehnts im Waterberg niedergelassen hatten, und nun stolzer Besiter einer florierenden Farm. Ursprünglich kam er aus Holland und war Pilot von Beruf.

Es musste Walters sechster Sinn gewesen sein, der ihn dazu verleitet hatte, auf der Farm des Aviators anzuhalten, um mit Ronnie, dem Verwalter, ein Schwätzchen zu halten. Es gab eigentlich keinen triftigen Grund für diesen Besuch, außer dass er mal wieder ›Hallo‹ sagen wollte. Er hatte Ronnie und seine Frau Linda seit Ewigkeiten nicht gesehen. Als er sich verabschiedete, nach noch einem Kaffee und ein paar *Rusks*, wollte sein *Bakkie* nicht anspringen.

»Ach nein, das kann doch gar nicht sein, *Come on, old girl.*«

»Ist alles in Ordnung, Doc?«

Walter versuchte es noch einmal, aber mit dem gleichen Ergebnis.

»Ja, mmh, eigentlich nicht.«

Er konnte es selbst nicht glauben, aber es schien, als sei ihm tatsächlich der Sprit ausgegangen. Glücklicherweise gab es davon eine ganze Menge in den Dieseltanks der Farm, und Ronnie war froh, helfen zu können.

»Na, da bin ich aber froh, dass ich hier vorbeigeschaut habe«, dachte Walter, als er sich wieder auf der Straße befand, seinen Tank bis zum Anschlag gefüllt. Und Ronnie hatte ihn nicht einmal dafür bezahlen lassen. »Das wäre ein langer Spaziergang geworden. Ich werde wohl wirklich langsam alt, wenn ich nun schon vergesse zu tanken.« Dann schüttelte er den Kopf. »Was soll's. Ende gut, alles gut.« Es war schließlich nicht das erste Mal, dass ihm Fortuna zugelächelt hatte.

Er fuhr zu einem schnellen Mittagessen mit Topsy nach Hause und um einen Blick auf Mullers Hund werfen zu können. So weit, so gut. Der Labrador schlief und schien auf dem Weg der Besserung zu sein. Walter entschloss sich, die heutige Siesta sausen zu lassen, und machte sich noch einmal auf den Weg. Da war noch ein Patient, dem er einen Besuch abstatten wollte.

Vaalwater war erst kürzlich in Mabatlane umgetauft worden, und Walter hatte sich noch nicht so richtig an den neuen Namen gewöhnt. Als er nun durch das Ortszentrum fuhr, wobei seine tierärztlichen Instrumente fröhlich auf der Ladefläche des *Bakkie* herumsprangen, runzelte er plötzlich die Stirn. Irgendetwas schien heute anders zu sein als sonst. »Oder bilde ich mir das nur ein?« Es war Freitagnachmittag und freitags war eigentlich immer viel los im Ort, aber heute stimmete etwas nicht. Natürlich war ihm klar, wie sehr die Stadt sich im letzten Jahrzehnt verändert hatte, und nicht nur, was den neuen Namen betraf. Da waren der Wandel von Apartheid zur Demokratie, der ständig wachsende Zustrom von Zuwanderern aus aller Welt und der blühende Fremdenverkehr, die Vaalwater, oder vielmehr Mabatlane, verändert hatten.

Die kleine Stadt war, seit sie im frühen 19. Jahrhundert als Handelsposten gegründet worden war, langsam aber stetig gewachsen und schnell zum Markt- und Handelsplatz für die Farmer und Siedler geworden, die sich den Waterberg als ihre neue Heimat auserkoren hatten.

Menschen hatten hier schon seit Urzeiten gelebt, aber nie in großer Anzahl. Zu sauer war das Gras, zu steil die Schluchten und zu verbreitet die Krankheiten. Aber alle hatten sie ihre Spuren hinterlassen. Fragmente von Werkzeugen der Steinzeitmenschen und

Felsmalereien der Khoi und San waren Zeugen ihrer Anwesenheit in der Gegend, genauso wie die Ruinen von Nguni Siedlungen, die Archäologen vor nicht allzu langer Zeit entdeckt hatten.

Heute lebten hier Tswana und Sotho, Shangaan, Ndebele und Zulu, sowie Afrikaans und Englisch sprechende Südafrikaner. Dazu kamen Menschen aus geradezu jedem Teil der Welt. Nicht nur hatten sich Deutsche und Holländer hier niedergelassen sowie Spanier, Franzosen und Engländer, sondern auch Pakistanis und Chinesen und natürlich Somalis, Mozambikaner und Menschen aus Simbabwe.

Die Zeiten änderten sich in der Tat, oder war Veränderung die einzige feste Größe? Veränderungen waren auf jeden Fall etwas, womit einige der eher konservativen Menschen in der Gegend sich schwer taten. Es war gar nicht lange her, da war die Geschäftssprache hier Afrikaans, und nur Afrikaans gewesen. Heute hingegen erschien Vaalwater wie ein kleiner Turm von Babel.

Walter schüttelte nochmal seinen Kopf. Am Stoppschild auf der Hauptstraße, das er normalerweise zu ignorieren pflegte, brachte er seinen Toyota zum Stehen. Wie viele Autofahrer in dieser ländlichen Gegend dachte er, dass solche Verkehrsschilder doch eher überflüssig waren. Warum halten, wenn sowieso niemand kam? Aber heute war er nicht in Eile, und es war eine gute Gelegenheit, sich genauer umzuschauen und zu verstehen, was hier vor sich ging. Hatte er nun schon Wahnvorstellungen, oder sah er jetzt tatsächlich Leute auf Bäumen sitzen? Die Straße selbst war verlassen und das an dem Tag, an dem die meisten Bewohner normalerweise ihren Wocheneinkauf erledigten oder sich auf ein erfrischendes Getränk an einem der vielen informellen Obst und Gemüsestände trafen; auch etwas, was zwanzig Jahre zuvor noch völlig unvorstellbar gewesen war.

Langsam fuhr Walter weiter und sah, dass er recht hatte. Einige Leute kletterten nun von den Ästen der Bäume herunter, wobei sie sich ganz aufgeregt unterhielten. Er war sich immer noch nicht ganz sicher, was hier vor sch ging, als er einen kleinen Aufruhr außerhalb des *Co-op* bemerkte. Geichzeitig kam ihm ein weißer Land Cruiser entgegen. Es war Charles, sein Freund und Kollege von *Bella Vista*. Walter machte ihm ein Zeichen anzuhalten.

Über das Rattern der Dieselmotoren rief er: »Hey, Charles, was ist denn hier los?«

»Du wirst es nicht glauben, Walter, aber eins von Viljoens Nashörnern ist ausgebrochen. Du bist ein bisschen spät dran, du hast die ganze *Action* verpasst. Aber vor ein paar Minuten ist das Biest noch wie wildgeworden die Hauptstraße hoch und runtergerannt.«

»Ach so, deshalb saßen alle in den Bäumen.« Jetzt verstand Walter.

»Genau. Du hättest das sehen sollen! Das Nashorn war so richtig wütend, und es nahm ein paar Leute aufs Korn, aber glücklicherweise wurde niemand verletzt. Gut, dass wir so viele große Bäume im Ort haben!«

Walter nickte. Er hatte seine Erfahrungen mit Nashörnern gemacht und war einige Male selbst aufs Horn genommen worden. Ein wütendes Nashorn war nicht zum Lachen. Witzigerweise hieß es immer, man sollte in einem solchen Fall auf einen Baum klettern. Aber wenn er in die Bredouille geraten war, schien nie ein Baum in der Nähe gewesen zu sein.

»Viljoen hat es mit dem Betäubungsgewehr erwischt, da drüben beim *Co-op*. Jetzt sind sie gerade dabei, es zu verladen.«

Ein anderes Auto näherte sich ihnen nun von hinten und hupte.

»Oh, ich fahre besser weiter. Muss zurück zur Farm. Bis morgen!«

Beim *Co-op* löste sich die Menschenmenge langsam auf. Das Nashorn, dessen Augen mit einem grünen Tuch verbunden waren, war schon auf die Ladefläche eines großen Transporters verfrachtet worden. Walter sah wie Viljoen, der Besitzer des örtlichen *Game Capture*-Unternehmens, neben dem Lkw stand, seinen dicken Bauch herausstreckte und sehr zufrieden mit sich selbst zu sein schien.

»Vor zehn Jahren wäre ich das gewesen«, überlegte er. Zusammen mit Reuben hatte er viele Wildtiere gedartet. Eine ihrer ersten Expeditionen hatte sie zum Zambezi geführt. Sie waren von der simbabweanischen Naturschutzbehörde um Hilfe gebeten worden, denn nach heftigen Regenfällen war der Fluss über die Ufer getreten, und eine ganze Elefantenherde saß in der Falle auf einer kleinen Insel mitten im Fluss. So hatte man zumindest gedacht.

Es hatte sie einiges an Mühe und Zeit gekostet, aber irgendwann hatten sie es geschafft, mit Hilfe des Hubschraubers die ganze Herde dicht ans Ufer zu treiben. Dann hatten sie die Elefanten betäubt, auf eine Fähre verladen und ans andere Ufer gebracht. Walter musste immer noch laut lachen, wenn er sich an diese aufwändige Aktion erinnerte – und daran, was danach geschehen war. Sobald die Tiere das Aufwachmittel bekommen hatten und wieder völlig zu sich gekommen waren, schienen sie sich zu orientieren, schüttelten die Köpfe und schwammen dann durch die strömenden Fluten zurück auf ihre Insel mitten im Fluss.

Aber das war schon lange her. Heutzutage zog Walter es vor, diese Art von Abenteuer einer jüngeren und fitteren Generation zu überlassen. Er musste sich selbst eingestehen, dass er, wenn es ums Rennen ging, nicht mehr wirklich schnell genug war, ganz zu schweigen vom auf die Bäume Klettern. Zu viel gutes Essen.

Game capture war mittlerweile ein großes Geschäft geworden. Es ging um viel Geld, und in der Tat, eine neue Generation hatte das Ruder übernommen. Mehr und mehr Landbesitzer hatten begonnen, Wildtiere zu züchten. Zu Anfang hatte so mancher sich über sie lustig gemacht. *Bunny huggers* hatte man sie genant, aber in der Zwischenzeit hatten viele der damaligen Schwarzseher ihre Meinung geändert. Offensichtlich ging es dabei nicht nur um Naturschutz, sondern auch darum, Geld zu verdienen. Das alles war nur durch die Veränderungen im politischen Klima in Südafrika möglich geworden, durch die Freilassung von Nelson Mandela und die Bewegung zur Demokratie hin. Der Tourismus wuchs ständig, und die Großwildjagd war ein Mordsgeschäft, im wahrsten Sinne des Wortes. Trophäentiere wurden für riesige Summen an Jäger aus Übersee verkauft, und diese Gelder wurden entweder genutzt, um für die Naturschutzkosten aufzukommen – oder sie wanderten direkt in private Taschen. Für manche, hatte Walter festgestellt, war das ein Problem. Wie dem auch sei, Wildtiere zu züchten, um Farmen und neu eingerichtete Nationalparks mit der ursprünglichen Fauna wieder besiedeln zu können, half auch, die Rechnungen zu bezahlen.

Über die Jahre hinweg waren Elefanten, Büffel, Nashörner, Löwen und eine ganze Reihe verschiedener Antilopenarten wieder in die Biosphäre des Waterbergs eingeführt worden, die meisten mit Erfolg. Die Bevölkerungszahlen stiegen.

Die Ausnahme waren Nashörner, die in ganz Afrika stark vom Aussterben bedroht waren. Sie vermehrten sich sehr langam, und ihre Anzahl war nach wie vor gering, vor allem, was das Spitzmaulnashorn betraf. Das größte Problem aber war das Wildern. Die Situation war ernsthaft außer Kontrolle geraten, und die Anzahl der gewilderten und verstümmelten Nashörner stieg ständig. Meist waren die Wilderer hochorganisierte Kriminelle, denen alle Mittel zur Verfügung standen, die sie benötigten, inklusive Hubschrauber, Betäubungsgewehre und Medikamente. In einigen Fällen wurde sogar vermutet, dass Tierärzte involviert waren. Walter schüttelte den Kopf und grübelte, als er weiterfuhr. Das war ganz offensichtlich eine andere Art von Tierarzt.

Er bog auf die Melkrivierstraße ab, auf seinem Weg zur *Triple-B Ranch*, einer der erfolgreichsten und am längsten etablierten Farmen im Waterberg. Er wollte dort einem alten Pferd namens Diana einen Besuch abstatten, das sich gerade von einem unangenehmen Zusammentreffen mit einem Nashorn erholte. Dieses hatte Diana, der dominanten Stuten ihrer Herde, die ganze Hinterhand aufgerissen. Walter hatte gut und gerne zwei Stunden gebraucht, bis er die Wunde wieder zugenäht hatte, und gegen Ende musste er sogar auf einen seiner alten Tricks zurückgreifen und eine Kanüle zum Nähen benutzen, da seine Nadel stumpf geworden war. Es kam äußerst selten vor, dass er so viele Stiche auf einmal setzen musste.

Zu seiner Rechten fuhr er jetzt an der Abzweigung nach *Boschdraai* vorbei, was Herz und Seele von *Triple-B* war, und wo Charles und Nina Baber wohnten. Diese Farm war ein gutes Beispiel dafür, wie sich die Dinge in den letzten Jahren verändert hatten. Was vor mehr als hundert Jahren als eine kleine Rinderfarm begonnen hatte, war stetig gewachsen, und zeitweise lebten dort mehrere Tausend Rinder. Walter erinnerte sich nur zu gut an die vielen Stunden, ja Tage, die er dort verbracht hatte, um Trächtigkeitsuntersuchungen durchzuführen, oft vom Morgengrauen bis zur Abenddämmerung.

Auf dem Rückweg hatte er vor, dort Halt zu machen und seine alten Freunde auf eine Tasse Tee zu besuchen. Er hatte sie schon seit Ewigkeiten nicht gesehen und er hatte das Gefühl, dass sie, genau wie er selbst, Überbleibsel aus einer anderen, längst vergangenen Zeit waren.

Ihre zwei Söhne hatten mittlerweile die Farm übernommen. Sie waren mit der Zeit gegangen und hatten diversifiziert. Nach wie vor wurden natürlich Rinder gezüchtet, aber nun gab es auch *Horizon Horseback Adventures*, wo Reiter und Touristen Urlaub machten, und ein anderer Teil der Ländereien war in ein Wildreservat und Jagdgebiet umgewandelt worden.

»War es denn eine gute Idee, dass ihr euch auf Wildtiere verlegt habt?«, hatte Topsy Charles und Nina in ihrer direkten Art gefragt, als sie sich zum letzten Mal gesehen hatten.

»Ja, auf jeden Fall. Es ist aber unheimlich viel Arbeit«, hatte Nina geantwortet, »und das Marketing ist so wichtig. Das ist etwas, worüber wir uns vorher nie Gedanken gemacht haben.«

»Der Wert der Tiere ist so unglaublich hoch«, hatte Charles hinzugefügt, »was natürlich heißt, dass man sich viel mehr Sorgen um sie machen muss. Wir haben elf Nashörner auf der Farm, du kannst dir vorstellen, dass wir uns ständig sorgen, mit all diesen Wilderern, die hier ihr Unwesen treiben. Man weiß ja gar nicht mehr, wem man noch trauen kann.«

Ja, er sollte wirklich dort vorbeischauen auf dem Heimweg, dachte Walter. Er mochte die beiden alten Leute, und Nina war es in den letzten Monaten nicht allzu gut gegangen.

Manchmal, wenn er ganz ehrlich mit sich war, da fühlte er sich auch etwas müde in letzter Zeit. Nicht, dass er krank war. Im Gegenteil, ihm fehlte nichts. Nichts anderes als das Übliche auf jeden Fall. Das Herz, das nicht mehr ganz so funktionierte, wie es sollte, und das Wasser in der Lunge, das manchmal ein wenig schlimmer war, als es eigentlich sein sollte. Vor allem, wenn er vergaß, seine Tabletten zu nehmen. Aber das war es nicht. Es war eher eine allgmeine Müdigkeit, die er spürte. Genauso wie sein Vater war er schon immer in der Lage gewesen, zu jeder Zeit überall seine Augen für ein minutenlanges Nickerchen zu schließen. Das war sehr nützlich, vor allem, wenn es spät wurde während einer Dinner Party. Wenn er die Augen dann wieder öffnete, fühlte er sich wie neu. Aber das hier, das war irgendwie anders.

Vielleicht bildete er sich das auch alles nur ein, wurde paranoid mit dem Alter. Es war nur ein paar Tage her, dass seine alte Freundin Patricia ihn bewundernd angeschaut hatte, nachdem er ein schwieriges Kalb geholt hatte. »Meine Güte Walter, du bist ja noch stark wie ein Büffel!«, hatte sie gesagt. Das tat natürlich gut, und sie hatte ja recht, wenn es nötig war, dann konnte er noch ganz ordentlich zupacken. Wie dem auch sei, zu viel darüber nachzudenken, half auch nicht. Und überhaupt, es war doch erst ein paar Jahre her, dass er seinen siebzigsten Geburtstag gefeiert hatte.

Er kam auf *Horizon* an und freute sich, dort seinen Freund Shane anzutreffen.

Shane hatte einen ganz außergewöhnlichen Draht zu Pferden, und von dem Moment an, in dem sie sich vor fast zwanzig Jahren kennengelernt hatten, hatten sich die zwei Männer gut verstanden und waren enge Freunde geworden. Ihre Freundschaft basierte auf gegenseitigem Respekt und gemeinsamen Interessen, und oft konnte man die beiden sehen, wie sie zusammen am Zaun lehnten und ausführlich diskutierten, wie man am besten Krankheiten, Verletzungen oder Schlangenbisse behandelte. Beide Männer standen neuen Vorschlägen aufgeschlossen gegenüber und waren immer dazu bereit, innovative Behandlungsmethoden auszuprobieren. Diese Gespräche fanden sie beide hochinteressant, denn sie näherten sich Problemen von unterschiedlichen Seiten. Walter nutzte seine jahrelange Erfahrung als Buschtierarzt, sein inneres Verständnis von Natur und Tieren, seine Fähigkeit, direkt den Kern der Sache zu erkennen und auch eine gute Portion seines sechsten Sinns. Shane auf der anderen Seite fehlten zwar der medizinische Hintergrund und die langen Jahre des Büffelns an der Universität, dafür hatte er aber entdeckt, dass das Internet ihm eine Fülle von Informationen zur Verfügung stellen konnte.

»Walter, das ist wie eine Erleuchtung«, pflegte er zu sagen. »Auf einmal habe ich es direkt in Reichweite, wie sie anderswo Druse, Piroplasmose oder Schlangenbisse behandeln. Das ist nicht nur eine Erleuchtung, es ist eine Revolution!«

Walter hörte ihm genau zu. Er fand, dass die neuartigen Informationsquellen faszinierend waren, aber er hatte es trotzdem noch nicht geschafft, sich wirklich in diese Internetgeschichte einzuarbeiten. Eines Tages würde er vielleicht dazu kommen.

In der Zwischenzeit berieten sie sich oft, tauschten Gedanken und Vorschläge aus, hörten sich die Ideen des anderen an und diskutierten alternative Behandlungsmöglichkeiten. Sie waren beide bereit, den Ideen das anderen Raum zu geben.

So waren sie kürzlich auf eine besonders einfallsreiche Methode gestoßen, was man bei einem Puffotterbiss tun konnte, wenn, wie es häufig vorkam, der Kopf des Pferdes betroffen war. Wegen der hochgradigen Schwellung konnte es schnell zum Erstickungstod kommen. Schob man nun dem Patienten jeweils ein kurzes Stück Gartenschlauch in die Nüstern, konnte man die Atemwege freihalten, bis die Schwellung abgeklungen war. Es schien fast zu einfach, um wahr zu sein.

Am meisten Kopfschmerzen bereitete ihnen jedoch, so wie allen Pferdebesitzern in der Region, die Afrikanische Pferdepest. Diese Viruserkrankung war eine Herausforderung und ein Fluch und vor allem schlecht vorhersagbar. Sie hatten gemeinsam gute und schlechte Jahre erlebt – und sie hatten ein paar ganz fürchterliche Jahre gehabt, in denen sie viele Pferde an die Krankheit verloren hatten, egal, was sie dagegen taten. Aber weder Walter noch Shane gaben je auf, wenn es darum ging, bessere Behandlungsmethoden dagegen zu finden, genauso wie sie nie einen Patienten aufgaben. Alles wurde probiert, egal, ob es sich dabei um konventionelle oder alternative Medizin handelte. »Wenn man es mit der Pferdepest zu tun hat, dann muss man pragmatisch sein«, da waren sich Walter und Shane einig. »Es ist ganz egal, ob man versteht, wie und warum etwas funktioniert, so lange es nur hilft.«

Walter hatte es immer genossen, anderen mit seinen Buschmethoden zu imponieren, und er wusste, dass Shane diese verstand und zu schätzen wusste. Von Anfang an hatte er mit einem Minimum an tierärztlicher Ausrüstung auskommen und oft ganz und gar auf sich selbst und seinen Einfallsreichtum vetrauen müssen. Damals hatte er gelernt, wie man improvisierte. Genauso wie Shane hatte er Herausforderungen immer gemocht und beide waren sich einig, dass die einfachsten Lösungen oft die besten waren.

Nachdem sie ein Weilchen geplaudert und Walter Shane von den Ereignissen des Nachmittags in Vaalwater berichtet hatte, sahen sie sich gemeinsam Diana an. Sie waren zufrieden, wie die Wunde verheilt war, die ihr das Nashorn ein paar Wochen zuvor zugefügt hatte.

Walter war schon dabei, wieder ins Auto zu steigen, da erinnerte er sich.

»Ach, Shane, warte mal einen Augenblick. Fast hätte ich es vergessen. Ich habe dir mal wieder eine meiner Kreationen mitgebracht!«

»Oh ja? Was denn? Deinen hausgemachten Hüttenkäse? Der letzte war ganz lecker!«

»Ja, das auch. Aber hier, das ist für euch.« Er übergab seinem Freund ein Päckchen, das in fettiges Papier eingewickelt war. »Kudufleisch, selbst geräuchert. Neues Rezept. Sag Bescheid, was du davon hältst!«

Und damit war er wieder unterwegs und ließ nur eine Staubwolke zurück.

Shane stand noch eine ganze Weile im Hof und sah Walter nach. Dann drehte er sich zu Laura um, die aus ihrem Büro gekommen war, um sich von Walter zu verabschieden.

»Weißt du«, sagte er, »Walter ist eine ganz großer Mensch. Ich glaube, er ist der größte Mensch, den ich kenne. Manchmal habe ich das Gefühl, die werden so heute nicht mehr gemacht. Ich glaube fast, es gibt da eine alte Art von Buschleuten, die am Aussterben ist. Und ich will gar nicht behaupten, dass die jüngere Generation schlechter ist, oder weniger weiß, aber die scheinen einfach nicht aus demselben Holz geschnitzt zu sein. Menschen wie Walter leben den Busch. Man könnte sie nicht davon trennen, selbst wenn man das wollte. Für die jüngere Generation ist es eher ein Arbeitzplatz oder vielleicht ein Wohnort, aber nicht wirklich, wer sie sind. Da ist irgendwas, was diese alten Buschleute zu etwas ganz besonderem macht. Und die meisten haben ein ganz genügsames Leben gelebt. Schau dir nur Walter an. Er hat nie in einem vornehmen Haus gewohnt. Sein Schlafzimmer erinnert an eine Zelle. Heutzutage hat er einen alten Computer, aber sonst? Er hat einen Gewehrschrank und seine Schuhe, und das war's. Und das macht nichts. Das ist es nicht, worum es im Leben geht.

Vielleicht hat es ja damit zu tun, dass das Leben im Waterberg nicht einfach ist. Es ist schwierig, hier zu überleben. Und so schön der Waterberg ist, es ist ein harter Ort. Tiere sterben schnell. Menschen sterben schnell. Vielleicht hat es damit zu tun, dass man immer irgendwie auf einem Grat wandert und dass das stärkere Menschen und stärkere Beziehungen hervorbringt. Man versteht, dass das Leben zerbrechlich ist und dass man hart arbeiten muss, um durchzukommen. Ich glaube, dass es das ist, was großartige Menschen ausmacht.«

Fishing in heaven

Opa, Opa, komm schon, lass uns endlich angeln gehen!« Luke hatte Walter schon den ganzen Tag damit in den Ohren gelegen. »Ach bitte, Opa, ich will doch meine neue Angelrute ausprobieren, die ich zu Weihnachten bekommen habe!«

»Du willst wirklich angeln gehen? Heute?«, zog Walter den jüngsten seiner Enkel auf.

»Na klar, Opa, und du hast das gestern versprochen!«

Walter stand am Küchentisch und bereitete Hüttenkäse zu. Er verkaufte einen Großteil der Milch, die seine kleine Herde Braunvieh produzierte, aber was übrig blieb, das verwendete er gerne zum Käsemachen.

»Ich glaube, hier muss etwas Knoblauch rein und schwarzer Pfeffer, und, was meinst du, Luke, sollen wir ein paar Frühlingszwiebeln und Petersilie in den anderen mischen?«

»Ja, Opa.« Luke seufzte. Das Einzige, was ihn zur Zeit wirklich interessierte, war Angeln.

»Dad, dieser Käse hier ist ganz köstlich, ganz besonders der mit Knoblauch und Dill.«

Walter drehte sich um und sah, dass Debbie nun auch in die Küche gekommen war.

»Und, Dad, wenn du keine Lust hast, dann brauchst du wirklich nicht mit Luke angeln zu gehen.«

»Keine Sorge, Debs, natürlich habe ich Lust. Ich will ihn vorher nur noch etwas auf die Folter spannen.«

»Das habe ich doch vermutet.« Debbie wusste, dass ihr Vater genauso gerne angeln ging wie ihr Sohn Luke. Ihr Blick fiel auf das kleine gerahmte Bild, das an der Küchenwand hing. *If there is no fishing in heaven, I'm not going!* – Wenn im Himmel nicht geangelt wir, dann gehe ich da nicht hin.

»Luke hat uns schon ganz verrückt gemacht, die letzten zwei Wochen. Da sind wir im Okavango Delta unterwegs und sehen die aufregendsten Tiere, aber das Einzige worüber Luke reden kann, ist Angeln. Wenn er könnte, dann würde er Fische atmen, schlafen und essen.«

»Ich weiß, mir ging es genauso, als ich in seinem Alter war. Sobald ich mit dieser Portion hier fertig bin, gehen wir.«

Debbie und Nick waren am Abend zuvor angekommen, zusammen mit Jade, Hannah und Luke. Nachdem sie ihren Sommerurlaub in Botswana verbracht hatten, waren sie nun auf dem Heimweg. Walter und Topsy waren immer überglücklich, wenn ›die Kinder‹ kamen. Das Haus brummte geradezu vor Leben. Hannah und Jade kamen nun auch in die Küche und erzählten begeistert, was sie unterwegs alles gesehen hatten. Leierantilopen, Giraffen und Nilpferde, aber am meisten beeindruckt hatten sie die Löwen.

»Und Dad, die Vögel waren einfach unglaublich!« Debbie wusste, wo die Prioritäten ihres Vaters lagen.

»Also, erzählt!«, bat der, während er die Dosen mit dem frischen Käse in den Kühlschrank verfrachtete. »Habt ihr die Afrikanische Fischeule gesehen?«

Debbie lachte. Jedes Mal, wenn sie von einem Ausflug nach Botswana oder in den Kruger Park zurückkamen, fragte Walter, ob sie diesen scheuen Vogel gesehen hatten.

»Leider nicht. Aber ein paar ganz schöne Perlkauze.«

»Ja, die sind total süß«, piepste Hannah, »und so winzig!«

»Die sehen aus, also ob sie noch zwei Augen hinten im Kopf hätten«, fügte Jade hinzu.

»Wir haben auch den Blaß-Uhu gesehen, und jede Menge Schreiseeadler. Wir haben sogar beobachtet, wie einer von denen einen Fisch gefangen hat!«

»Aber keine Afrikanische Fischeule? Wisst ihr denn überhaupt, wie die aussieht?«

»Ja, Opa, natürlich«, antworteten die Kinder wie aus einem Mund.

»Sie ist groß, wie ein Uhu«, sagte Hannah.

»Aber sie ist hellbraun und hat große, schwarze Augen«, fügte Jade hinzu.

»Und richtig heißt sie *Scotopelia Peli.*« Wie immer beeindruckte Luke alle mit seiner Kenntnis der lateinischen Namen. »Sie lebt in großen Bäumen ganz nah am Wasser, so dass sie Fische fangen kann!«

Walter freute sich. Das hatte er ihnen gut beigebracht!

Debbie und Nick sprachen oft darüber, wie viel sie alle von Walter gelernt hatten. Sein Wissen über Fauna und Flora schien grenzenlos. Aber Debbie hatte oft das Gefühl, dass es um mehr ging. Ihr Vater schien zu verstehen, wie die Natur in ihrem Innersten funktionierte, wie alles miteinander zusammen- und voneinander abhing. Walter schien oft zu denken wie die Tiere, die er beobachtete, und er unterhielt sich gerne mit ihnen. Er führte regelmäßig Gespräche mit dem großen Uhu, der auf ihrem Grundstück lebte, und genauso hatte er es auch auf *Weltevreden* und *Boekenhout* gehalten. Er hatte sein ganzes Leben lang schon eine ganz spezielle Beziehung zu Eulen aller Art gehabt, seit damals, als ihm ihr Ruf in Juchow eine Gänsehaut über den Rücken gejagt hatte. Nur die Afrikanische Fischeule, die hatte er noch nie zu Gesicht bekommen.

»Ja, wir haben vielleicht die Afrikanische Fischeule verpasst«, sagte Nick nun, während er sich den Rest des Käses von den Fingern leckte, »aber habt ihr euren Opa schon einmal nach seinem Treffen mit der Eule auf dem Plumpsklo befragt?«

Walter gab vor, nichts gehört zu haben, also fuhr Nick fort: »Vor langer, langer Zeit, drehte euer Großvater seine Runden und besuchte Patienten auf abgelegenen Farmen. Ausgerechnet am Ende der Welt überkam ihn plötzlich das dringende Bedürfnis, sich zu erleichtern. So hielt er bei einem kleinen Farmgeschäft in der Nähe von Moordrift, das weit und breit das einzige Haus in der Gegend war. Er hoffte, dass es dort eine Toilette gab, die er benutzen konnte.

Ja, natürlich, wurde ihm versichert, da ist eine hinterm Haus. Wir benutzen sie nicht oft, aber hier ist der Schlüssel.

Als er die Tür zu einem wackeligen Verschlag öffnete, staunte er nicht schlecht. Da saß tatsächlich eine Schleiereule auf dem hölzernen Sitz des Plumpsklos. Er musste wohl wirklich ganz dringend, denn er ließ sich direkt neben den Vogel nieder.«

»Hat sich die Eule denn nicht aus dem Staub gemacht?«

»Nein, die saß wahrscheinlich gerade auf ihren Eiern und hat sich geweigert, auch nur einen Zentimeter zu weichen. Da hockten sie also nebeneinander, und die Eule zischte ihn immer wieder an. Nachdem er fertig war, schloss er einfach die Tür wieder ab und gab den Schlüssel zurück.«

»Also, wer kommt mit zum Angeln?« Walter war froh, das Thema wechseln zu können.

»Yeah!« Luke rannte los, um seine Angelrute zu holen, während seine Schwestern das Angebot dankend ablehnten. »Aber bringt uns einen Fisch fürs Abendessen mit!«

Eine halbe Stunde später tuckerten Walter und Luke in Richtung Staudamm auf *Bella Vista.* An diesem warmen Spätsommernachmittag passierten sie die Weiden, auf denen die *Brahman*-Rinder grasten. Sie hatten guten Regen gehabt diesen Sommer, das Gras stand hoch und die Kälber sahen wohlgenährt und gesund aus.

»Ach, wie schön ist es doch, das *Veld* so zu sehen«, dachte Walter. Obwohl er mittlerweile fast vollständig von seinen Pflichten auf der Farm befreit war, sah er doch immer nach dem Rechten, wenn er über das Farmgelände fuhr. Er konnte einfach nicht anders. »Es sieht so aus, als würden wir so langsam, aber sicher alles auf die Reihe kriegen. Die Bewirtschaftung dieser Farm läuft mittlerweile wie eine gut geölte Maschine«, freute er sich.

»Oh, schau mal dort!« Er zeigte auf eine Gruppe Kudus, die entspannt in einem der Rindergehege stand. Die Antilopen spitzten ihre Ohren und sahen sie an. Sie hatten das Fahrzeug schon lange bemerkt, waren aber ganz ruhig geblieben. Sie schienen sich versichern zu wollen, wer sich ihnen da näherte, bevor sie sich wieder dem Äsen zuwandten.

»Die sind richtig zahm geworden hier auf der Farm. Hier wird ja nicht gejagt, und ich bin mir sicher, dass sie das wissen.« Sie betrachteten die Tiere ein paar Minuten lang, aber dann wollte Luke weiter.

Als sie am Damm ankamen, parkte Walter ganz in der Nähe seines Lieblingsangelorts. Sie packten ihre Ausrüstung aus, köderten die Haken und warfen die Leinen ins Wasser. Schweigend saßen sie nebeneinander. Sie beobachteten einen Graufischer, wie er sich von seinem Beobachtungsposten auf einem nahegelegenen Ast immer wieder ins Wasser stürzte. Ein paar Mal knabberte etwas an ihren Ködern, ab und zu zog es leicht an der Angelschnur, aber richtig anbeißen wollte noch nichts.

Webervögel zwitscherten im Schilf, ein Paar Nilgänse flog über sie hinweg, und der Einsiedlerkuckuck rief sein lautes *Piet my vrou, piet my vrou.*

»Warum ruft er eigentlich ›Peter, meine Frau‹, Opa?«

»Das weiß ich wirklich nicht«, antwortete Walter. »Es ist ganz offensichtlich eine Übersetzung davon, wie sich sein Ruf auf Afrikaans anhört, aber für mich hat das noch nie wirklich einen Sinn ergeben.«

Bevor er seine Erklärung noch vertiefen konnte, fing Lukes Angelrolle an zu surren. Nach einem langen Kampf, nach dem sie beide völlig durchnässt waren, gelang es Luke, erst einen Barsch an Land zu ziehen und dann noch einen. Nach dem dritten Fisch beschlossen sie, dass sie genug hatten, und es nun Zeit war, zum Abendessen nach Hause zu fahren.

Völlig durchnässt, aber überglücklich packten Großvater und Enkel ihre Sachen zusammen und fuhren in Richtung Sonnenuntergang.

Zusammenhänge

Manch einer mag über Land fahren und dabei nur sein Vieh sehen. Aber ich sage immer, man muss nur genau hinschauen, dann erkennt man die Zusammenhänge. Man merkt zum Beispiel schnell, dass die Kühe und ihre Kälber nie alleine sind, sondern ihr Leben in der Gesellschaft unzähliger anderer Arten verbringen. Da sind zum Beispiel die Kuhreiher, die sich im wahrsten Sinne des Wortes vom Rücken der Rinder ernähren, außerdem Kiebitze und Lerchen sowie viele Savannen- und Wiesenvögel. Mein Freund Tiputip ruft den Regen, während Adler, Bussarde, Milane und andere Greifvögel die Welt von oben beobachten. Diese sind natürlich auf der Jagd nach den vielen kleinen Nagetieren, Insekten und anderen Lebewesen, die im Gras zu Hause sind. Tausende Schwalben und die farbenprächtigsten Spinte jagen durch die Luft, oder sie ruhen sich auf Zäunen oder anderen höhergelegenen Beobachtungsposten aus. Und wie würden wir doch den Ruf des Schreiseeadlers vermissen.

Als ob das nicht genug wäre, sind da noch die vielen Antilopenarten, die den Kälbern Gesellschaft leisten. Aber das, wie ich finde, vielleicht seltsamste Wesen in dieser Runde ist der Springhase. Für mich sieht er aus, wie ein Minikänguruh, und er erinnert mich immer an Australien. Er scheint hier irgendwie fehl am Platz zu sein. Weit gefehlt! Fröhlich hüpft er auf seinen kraftvollen Hinterbeinen durch die Gegend und benutzt seine kurzen Ärmchen nur, um nach Futter zu suchen und Graswurzeln auszugraben.

Diese werden auch von den Buschschweinen genossen, die des Nachts auf die grünen Wiesen pilgern, um zu grasen und zu graben. Wir sehen sie selten, ganz anders als ihre mutigeren Vettern, die Warzenschweine. Die sind tagaktiv und bringen einen oft zum Lachen, wenn sie in Reih und Glied über die Wiesen marschieren. Langsam können sie sich an uns Menschen gewöhnen und ihre Scheu verlieren, was, wie unsere Freundin Anna weiß, nicht immer eine gute Sache ist.

Der Farmdamm, aus dem auch die Kühe und Kälber trinken, verfügt über ein ganz eigenes Spektrum an Biodiversität, mit seinen zahllosen Amphibien, Reptilien und mindestens zwanzig Fischarten, von denen manche ganz köstlich sind. Es gibt Krokodile und Schlangen, Leguane, Sumpfschildkröten und eine ganz unglaubliche Vielfalt an Insekten, Skorpionen und Spinnen. Die *Kommetjie's Gat Kat* wohnt hier am Wasser, genauso wie der Otter, und ab und an kommt auch ein Strandwolf vorbei.

Es ist eine meiner großen Freuden im Leben, Zeit im Busch zu verbringen und das Leben mit allen Sinnen zu erfahren. Etwas ganz Besonderes ist das nach dem ersten Sommerregen. Jedes Wesen unter der Sonne scheint sich zu freuen, wenn die Wolken beginnen, sich am Horizont aufzutürmen und dann von Norden herangezogen kommen, bevor sie mit lautem Blitz und Donner aufbrechen und sich entladen. Wenn sich danach das Wetter wieder aufklärt, dampft der Boden. Neue Wolken bilden sich fast sofort, und schnell kommt es wieder zu einem Wolkenbruch. Bald kommt es mir so vor, als würde es Gras regnen. Wo gestern noch nur trockene Erde war, ist heute ein grüner Schimmer zu sehen, und mit jedem fallenden Regentropfen wachsen die Grashalme.

Langsam erscheinen kleine Quellen zwischen den Hügeln und an den Felswänden. Die großen Flüsse, die monate-, manchmal jahrelang trocken waren, beginnen wieder zu fließen. Wasserstellen und Staudämme füllen sich, und oft laufen sie auch über. Dann macht der Waterberg seinem Namen alle Ehre. Überall scheint es Wasser zu geben, und die Felswände schimmern nur so vor Feuchtigkeit.

Als die ersten Siedler europäischer Abstammung vom Kap der Guten Hoffnung hierherkamen, da muss es sich um ein nasses Jahr gehandelt haben, in dem viele klare Bäche von den Bergen herunterflossen. Der Waterberg muss ihnen wie ein Paradies vorgekommen sein, nachdem sie durch die vertrockneten und harschen Landschaften der Karoo und des Highvelds gezogen waren. Aber auch das Paradies hat seine Schattenseiten. Zecken, Moskitos und Fliegen fühlen sich wohl in den warmen und feuchten Bedingungen und werden schnell zur Last für Mensch und Tier, indem sie ernsthafte Krankheiten übertragen.

Aber wer würde sich nicht freuen, wenn die ganze Welt plötzlich erblüht, wenn alles wächst und gedeiht, auch wenn es das eine oder andere Problem gibt. Plötzlich arbeiten Mistkäfer überall und vergraben ihre sorgfältig gerollten Kugeln in der feuchten Erde; das scheint harte Arbeit zu sein. Flammenlilien blühen, genauso wie die Indigofera und die Cotyledonen, Ricinus communis und die Lobelien. Und die Bäume! Wie schön sind die weiß und grün blühenden Dombeyas, und die seltenere rosa Variante. Buschweiden zeigen ihre blassgelben Blüten und der Boerbohnenbaum überrascht uns mit seinen leuchtend roten Blüten. Es scheint wie ein Wunder, aber plötzlich gibt es keinen Staub mehr und auch das letzte Stückchen Erde ist mit Vegetation bedeckt.

Die Vögel bauen ihre Nester und rufen mögliche Partner mit ihrem Paarungsruf. Sogar an den heißesten Tagen hören wir den Ruf des Einsiedlerkuckucks vom Sonnenaufgang bis zur Abenddämmerung, wahrend seine Frau ein passendes Nest sucht, in das sie ihr Ei legen kann. In unserem Garten haben wir schon mehrfach beobachten können, wie ein Paar Bülbül ein hungriges Kuckuckjunges großgezogen haben, das fast doppelt so groß war wie sie.

Wenn wir die Kuckucke beobachten, dann überrascht uns deren Einfallsreichtum, aber gleichzeitig tun uns die Bülbüls leid, die ja deren Küken großziehen anstatt ihr eigenes. Genauso wie der Kuckuck sind Eichhörnchen, Agamen, Schlangen und Eulen Nesträuber, aber sie haben natürlich trotzdem einen Platz in unserem Garten – und in der Natur. Wie viel ärmer wäre unser Leben doch ohne sie? Ja, wer leben will, stört immer auch das Leben von anderen.

Wir bewundern die Eule für ihre Weisheit und Anmut, aber gleichzeitig tun uns die Buschbabys leid, die sie jagt. Insektenfresser sind unsere Freunde geworden, aber sie verhindern auch, dass Schmetterlinge schlüpfen. Diese legen ihre Eier, und die Raupen fressen die Blätter unserer geliebten Bäume, während Samenfresser unsere Blumen- und Gemüsebeete stören. Sogar der hübsche Nektarvogel zerstört die

Blüten, um an deren Nektar zu kommen, benutzt Spinnennetze, um sein Nest zu bauen und verfüttert deren Bewohner an seine Jungen.

Im Endeffekt hängt doch alles zusammen, und wir sind alle, wenn auch manchmal auf unerklärliche Weise, miteinander verbunden.

Das Ende

Alles ist miteinander verbunden – Walter verstand diese Zusammenhänge besser als viele andere. Das Gefühl des Zeitdrucks, das er während der Aufzeichnung seiner Erinnerungen so deutlich gespürt hatte, es war nicht unbegründet gewesen.

Heute bleibt sein blauer Lieblingssessel leer. Er sitzt nicht mehr darin und wird niemals dieses Buch, seine Lebensgeschichte, lesen.

Am 16. September 2009 senkte sich eine tiefe Traurigkeit über das Haus der Eschenburgs, den Waterberg und überall dort nieder, wo Menschen Walter gekannt, geliebt und respektiert hatten.

Während ich dieses Buch schrieb, weit weg von Vaalwater, hörte ich die Eule oft. Ihre Rufe begleiteten meine Versuche, Walters Worte und Erinnerungen, Familienanekdoten sowie die Geschichten von Freunden, Kollegen und Verwandten zu einem Ganzen zusammenzufügen.

Walter hatte sein ganzes Leben lang eine ganz besondere Beziehung zu Eulen. In der Nacht nach seinem Tod saß der große Uhu im Terminalia-Baum, der im Garten der Eschenburgs in Vaalwater steht, und rief ununterbrochen bis in die frühen Morgenstunden hinein. Eine Woche später sahen Nick, Debbie und die Kinder die Afrikanische Fischeule zum ersten Mal; den Vogel, den Walter sein Leben lang so gerne hatte sehen wollen.

Epilog

Es sollte mehr als ein Jahr vergehen, bis ich das Haus der Eschenburgs wieder besuchte. Viel war in der Zwischenzeit geschehen. Topsy hatte lernen müssen, alleine zurechtzukommen. Es war nicht einfach, aber das Leben ging weiter. Es musste einfach weitergehen. George war bei ihr geblieben und half ihr mit den täglichen Aufgaben, und die Menagerie, vielfältig wie immer, leistete ihnen Gesellschaft.

Als ich ankam, wurde ich von Tessa, Walters altem Labrador, Domino, dem Dalmatiner, und Duffy, einem Malteser begrüßt. Die Schweizer Kühe waren verkauft worden, aber die Familien der Hühner, Enten und Gänse waren gewachsen, und eine Handvoll Pferde graste hinter dem Haus. Jeden Abend erschienen die Buschbabys für ihre Ration Erdbeerjoghurt mit Würmern, bevor sie sich mit übermütigen Sprüngen in die Nacht verabschiedeten. Sie waren mittlerweile so zahm geworden, dass noch nicht einmal das laute Bellen von Georges Hunden Sam und Bullet sie stören konnte.

Diese beiden waren selbstverständlich auch Teil der Familie. Sam war eines Tages von einem Nachbarn in Walters Praxis gebracht worden, nachdem er ihn halbtot auf der Straße gefunden hatte. Er war überfahren und dann für tot gehalten worden. Die Sache sah nicht gut aus, aber Walter hatte ihn behandelt und verkündet: »Wenn er durchkommt, dann behalten wir ihn.«

Sams besten Freund und Kollegen hatte George im nahegelegenen Township aufgelesen. »Ich werde ihn *Bullet* nennen«, hatte er gesagt, als er Walter und Topsy den kleinen grau-weißen Hund mit den großen Ohren vorstellte, »denn er ist so schnell wie eine Kugel und er wird alle Tsotsies in die Flucht schlagen.«

Obwohl Topsy und George nach wie vor alle Schlangen, die sich auf ihr Gelände wagten, mit größter Entschlossenheit verfolgten, war José, eine amerikanische Kornnatter, mit ins Haus eingezogen.

»José ist unser *bodyguard*, das ist sein Job. Aber um ehrlich zu sein, habe ich ihn eigentlich richtig lieb gewonnen«, überraschte sich Topsy selbst. Während José sich oft um Topsys Schultern schlängelte, unterhielt *Parrot,* der Afrikanische Graupapagei, jeden, der bereit war, ihm zuzuhören, mit fantastischem Geplapper.

Wenn es darum ging, verlorene Seelen aufzulesen und Besucher willkommen zu heißen, hatte sich nichts geändert, und der letze Neuankömmling war Buddy, ein junger Labrador.

»Es war schon fast unheimlich«, erzählte Topsy, »ich war gerade am Überlegen, ob ich mir nicht doch einen anderen Hund anschaffen sollte, als Buddy plötzlich aus dem Nichts auftauchte. Er war ungefähr vier Monate alt und bestand nur aus Haut und Knochen. Er fühlte sich hier sofort zu Hause und schon nach kürzester Zeit schien es, als sei er schon immer hier gewesen.«

Wir aßen zusammen mit Anna, der Rhino-Lady, zu Mittag. Sie war zu einer wichtigen Stütze für Topsy geworden in diesen schweren Zeiten. Im *Bush-Stop-Cafe* in Vaalwater genoss Anna ihr Stammgericht, Apfelkuchen mit Vanilleeis.

»Nein, ich esse keinen Salat«, erklärte sie allen, die ihre Wahl in Frage stellten, und damit war das Thema erledigt. Es gab Wichtigeres im Leben als Essen für sie, die in ihrem Ehevertrag festgehalten hatte, dass sie niemals kochen würde.

Topsy und ich hörten uns Geschichten über ihr letztes Abenteuer an, eine Kamelsafari im Norden Kenias, nur wenige Wochen vor ihrem einundachzigsten Geburtstag.

»Kamele sind unglaublich bequem, das sind ganz wunderbare Tiere«, berichtete sie, nachdem wir gefragt hatten, wie sie das denn alles geschafft hatte. Schließlich hatte sie sich einige Monate zuvor die Hüfte gebrochen.

Anna wischte energisch den letzten Rest Vanilleeis von ihrem Teller. »Die Leute fragen mich immer: Ist das nicht gefährlich, all diese Dinge die du machst? Und ich weiß genau, dass sie denken, ich sei völlig übergeschnappt. Aber dann frage ich sie, wo sie glauben, dass ich mir die Hüfte gebrochen habe. Beim Reiten? Beim Reisen in

Afrika? Beim Bergsteigen? Nein. In meiner eigenen Küche – als ob es keinen besseren Ort dafür gegeben hätte. Ganz einfach. Also, warum um alles in der Welt sollte ich deshalb aufhören, das zu tun, was mir am meisten Freude bereitet?«

Unser Gespräch wanderte vom tragischen Tod eines Wildhüters, der von einem Elefanten überrannt worden war, zu Piraten vor der Küste Somalias, und schließlich kamen wir auf das Wildern von Nashörnern zu sprechen, das in der Gegend überhand genommen hatte.

»Hast du gehört«, fragte Topsy, »die haben einen ganzen Wildererring gefasst. Und einer von denen, man glaubt es kaum, ist ein Tierarzt.«

»Ich weiß, es ist einfach zum verrücktwerden. Das sind keine normalen Diebe, sondern organisierte Kriminelle.«

»Ja, schon, aber ein Tierarzt? Ein Tierarzt, der Nashörner abschlachtet? Wenn das wahr ist, dann ist das unglaublich. Und es spricht gegen alles, wofür ein Tierarzt steht. Wenn Walter das wüsste, er würde sich im Grabe umdrehen.«

Als wir am letzten Abend meines Besuchs endlich beschlossen, dass es Zeit war, die Hunde noch einmal rauszulassen und dann ins Bett zu gehen, gab es plötzlich einen Aufruhr am Zaun, dem langes und aufgeregtes Bellen folgte.

Topsy schaltete ihre Taschenlampe an, und wir sahen uns zwei Paar orange leuchtenden Augen gegenüber, die von einem schwarz-weißen Heiligenschein umgeben schienen.

»Stachelschweine!«, rief Topsy. »Stachelschweine, die Mistkerle. Schau sie dir nur an!«

Sie standen auf der anderen Seite des Zauns, und mit ihren aufgestellten Stacheln sahen sie direkt furchterregend aus. Als wir uns einen Schritt näherten, taten sie dasselbe, was den Metallzaun zum Schwirren brachte.

»Hier, halt mal die Taschenlampe, ich hole meine Pistole.«

»Du holst deine was?« Ich glaubte, nicht recht gehört zu haben.

»Meine Pistole. Ich muss die zwei Sauhunde hier erschießen.«

»Aber du kannst doch nicht einfach...?« Ich war fasziniert vom Anblick dieser zwei furchtlosen Tiere.

»Ach, Schwachsinn. Natürlich muss ich sie erschießen. Sonst bringen die meine Hunde um. In Nullkommanichts. Wenn die Hunde in ihre Nähe kommen, dann werden sie von den Stacheln aufgespießt. Und wenn sie das nicht gleich umbringt, dann brechen die Dinger ab und verursachen eine Blutvergiftung, wie du sie noch nie gesehen hast.«

Topsy verschwand im Haus. Wenn es darum ging, das Leben ihrer vierbeinigen Freunde zu beschützen, konnte sie niemand aufhalten.

Die Stachelschweine machten keine Anstalten, den Rückzug anzutreten. Mutig blieben sie stehen, bis Topsy wieder erschien.

»Halt die Hunde fest und leuchte mit der Taschenlampe«, kommandierte sie, änderte dann aber ihre Meinung und sagte, »nein, gib mir die Taschenlampe und nimm Duffy.«

Der Schuss hallte durch die dunkle Nacht. Jetzt ging es erst richtig los. Die Stachelschweine rannten und ihre Stacheln flogen in alle Richtungen. Sam und Bullet kamen aus dem Gartenhäuschen gerast, und George folgte ihnen dicht auf den Fersen.

»George, Stachelschweine!«

»Ach so.« George war offensichtlich erleichtert.

Unsere Zaungäste hatten wohl einen ordentlichen Schrecken bekommen und einige ihrer Stacheln verloren, aber sonst schienen sie unverletzt. Wir sahen, wie sie in Windeseile die Böschung zum Fluss herunterrannten.

»Also gut, der Spaß ist vorbei. Zeit, ins Bett zu gehen.« Topsy war nun ganz ruhig. »Danke, George, und gute Nacht.«

Am nächsten Morgen bestätigte George, dass die Stachelschweine in der Tat noch einmal davongekommen waren.

»Ach, das ist auch gut so.« Topsy zündete sich eine Zigarette an. »Aber weißt du was? Wir sollten Nick und Debbie nichts davon erzählen; das würde sie nur unnötig aufregen.«

In der Tat, das Leben war nicht immer einfach, aber es ging weiter. Es musste einfach weitergehen.

Ende

Illustrationen

1. *Seite 40 - Juchow, 1930s*. Mit freundlicher Genehmigung von B. Hannig. Alle Rechte vorbehalten
2. *Seite 112 - Elsa, Walter and Comtesse*. Mit freundlicher Genehmigung von E. Mortimer. Alle Rechte vorbehalten
3. *Seite 128 - Graduation*; Seite 140/141 - *Getting married*; Seite 204 - *'His first rhino'*; Seite 241 - *Microscope*. Mit freundlicher Genehmigung von T. Eschenburg. Alle Rechte vorbehalten.
4. Seite 205 - Drawing. Mit freundlicher Genehmigung von Tiger Solomon. Alle Rechte vorbehalten.
5. *Seiten 285/286 - Juchow Castle*. S. Rohrbach. Alle Rechte vorbehalten.
6. *Seite 296 - Meerkat Cricket World Cup*; Seite 305 - *Warthogs*; Seite 308 - *Anna's Rhino*; Seite 336 - *Waterbuck*. Mit freundlicher Genehmigung von T. Eschenburg. Alle Rechte vorbehalten.

www.peppertreechronicles.com

Printed in Poland
by Amazon Fulfillment
Poland Sp. z o.o., Wrocław

52266753R00209